Ortografía de uso del español actual

Leonardo Gómez Torrego

ESPAÑOL ACTUAL

Proyecto editorial
Elsa Aguiar Baixauli
Concepción Maldonado González

Autoría
Leonardo Gómez Torrego

Revisión
Alberto Gómez Font
Fernando J. Martínez Hurtado
Teresa Maseda Garrido

Índices y correspondencias
José Ramón Fernández de Cano y Martín
Ana Gegúndez Verdasco
Paloma Jover Gómez-Ferrer
Juan Lázaro Betancor
Marta Román Hernández

Comunidades autónomas
Eugenio Bustos Gisbert
Clara Eugenia Hernández Cabrera
M.ª Teresa Losarcos Azcárate
Araceli Matas Roselló
José Pallarés Moreno
Josep Palomero Almela
M.ª Ángeles Pérez Rubio
José Antonio Samper Padilla
Josep Santamaría España
Manuel Rodríguez Alonso

Ejercicios y cuadros de errores frecuentes
Fernando J. Martínez Hurtado

Colaboración
Juan Lázaro Betancor

Diseño de interiores
Isidro García Sepúlveda

Diseño de cubierta
Alfonso Ruano
Julio Sánchez

Coordinación editorial
Paloma Jover Gómez-Ferrer
Marta Román Hernández

Dirección editorial
Concepción Maldonado González

ISBN: 84-348-6880-6 / Depósito Legal: M-25989-2000 / Preimpresión: Grafilia SL
Huertas Industrias Gráficas - Camino Viejo de Getafe, 55 - Fuenlabrada (Madrid)
Impreso en España - *Printed in Spain*

Presentación

Vivimos hoy en la sociedad de las comunicaciones. El proceso de globalización que amplía redes y acorta distancias es ya un hecho. La lengua escrita, antes patrimonio de una aristocracia, es ahora propiedad común, canal fundamental de comunicación y medio de transmisión de la cultura. La lengua escrita juega un papel fundamental en nuestro siglo. Y la ortografía cobra protagonismo en la comunicación.

Todos estamos de acuerdo en que la transmisión de mensajes escritos es posible sin necesidad de estrechas normas ortográficas; pero nadie puede negar que la ortografía contribuye a construir esa herramienta fundamental de comunicación que es el lenguaje y a mantener su unidad, a la vez que constituye, en ocasiones, la única forma que tenemos de presentarnos ante los demás (¿qué impresión nos causa un *currículum vitae* plagado de errores ortográficos?, ¿cuántas dificultades podemos encontrar para entender un mensaje que no ha sido puntuado adecuadamente?).

Sin embargo, la ortografía ha sido, a menudo, asignatura pendiente en la enseñanza de la lengua: un montón de reglas, a veces sin demasiadas explicaciones ni aplicaciones, que había que recitar pero que difícilmente lográbamos después utilizar en los textos.

Esta Ortografía de uso del español actual que presentamos a continuación trata, como las demás, las cuestiones relacionadas con las letras y las palabras, con la acentuación y la puntuación; sin embargo, hemos dejado a un lado complicados planteamientos teóricos, o enormes listados de reglas memorísticas y de difíciles normas sin explicación. Esta Ortografía resuelve cuestiones que hoy a muchos nos hacen dudar a la hora de escribir o pronunciar extranjerismos y otras muchas palabras de reciente creación. Esta Ortografía analiza los casos concretos y da soluciones razonadas, sin dejar por ello de exponer los principios básicos que nos permiten entender por qué se ha producido el error. Las explicaciones están siempre acompañadas de ejemplos de uso cuidadosamente seleccionados y procedentes del español actual.

Además, esta Ortografía de uso del español actual incluye cuestiones nuevas que no han sido tratadas antes en otras ortografías: la correcta presentación y preparación de textos impresos (ortotipografía), la pronunciación y ortografía de las palabras procedentes de otras lenguas cuando las incorporamos a nuestro idioma, la correcta escritura de topónimos y nombres propios..., así como un exhaustivo índice final que permite acceder con facilidad a todos sus contenidos.

La Ortografía de uso del español actual se convierte así en un medio para facilitar y mejorar la comunicación, en un mecanismo de descubrimiento de la lengua y, sobre todo, en una ayuda real para todos los que utilizamos la lengua escrita en nuestra comunicación diaria con los demás.

Ediciones SM

Prólogo

Cualquier *Ortografía* trata de los diferentes aspectos relacionados con la correcta escritura: las letras, las sílabas, las palabras, la acentuación, la puntuación... Esta ORTOGRAFÍA DE USO DEL ESPAÑOL ACTUAL, incluye, además de estas cuestiones, algunos aspectos que hacen de ella una obra diferente:

- **Claridad en la presentación.** Esta ORTOGRAFÍA DE USO DEL ESPAÑOL ACTUAL se presenta con un diseño cuidado que diferencia gráficamente los distintos apartados de cada unidad (reglas, cuadros de errores frecuentes, dificultades ortográficas específicas en función de las zonas geográficas, etc.) y los distintos elementos que componen el manual (unidades, ejercicios e índices).
- **Claridad en los contenidos.** Sólo si el lenguaje es claro, los contenidos son claros. Por eso hemos procurado emplear un lenguaje preciso y explicar la ortografía evitando aquellos términos que, por su especialización, resultan poco evidentes para el usuario (así, por ejemplo, hemos preferido el término *sonido* al de *fonema,* o hemos evitado detenernos en la descripción de las diferencias que existen entre semivocal y semiconsonante).
- **Ortografía de uso.** Las dificultades que se plantean en la escritura no se resuelven, evidentemente, con una larga serie de reglas memorísticas; el abanico de soluciones debe ser mucho más amplio. Por eso, nuestra ORTOGRAFÍA DE USO DEL ESPAÑOL ACTUAL introduce como novedades cuestiones generalmente ausentes en otros manuales ortográficos: toponimia, numerales, pronunciación, uso del corrector ortográfico de los procesadores de textos, una correcta presentación de textos escritos, etc.
- **Actualidad.** Además de las dudas ortográficas tradicionales, los cambios que se producen en la lengua plantean nuevas cuestiones cada día. Nuestra ORTOGRAFÍA DE USO DEL ESPAÑOL ACTUAL resuelve también estas dificultades a partir de ejemplos actuales que incluyen neologismos, extranjerismos y otras palabras o expresiones no recogidas aún en el *Diccionario* académico.
- **Atención especial a las distintas comunidades autónomas.** El español no es homogéneo en toda la zona hispanohablante. Por eso creemos necesario atender a las dificultades específicas que pueden tener los hablantes de castellano en las diferentes áreas geográficas.
- **Páginas de ejercicios.** Una selección de ejercicios (con las correspondientes soluciones) para practicar y consolidar los contenidos expuestos en el texto y potenciar una reflexión aún más detenida sobre ciertos aspectos ortográficos.
- **Índice final exhaustivo.** Nuestra ORTOGRAFÍA DE USO DEL ESPAÑOL ACTUAL es un manual de consulta, no un conjunto de planteamientos teóricos. A partir de una duda concreta, se puede acceder a su solución de forma rápida, sencilla e intuitiva, a través de las más de 40 páginas finales de índice.

Prólogo

La ORTOGRAFÍA DE USO DEL ESPAÑOL ACTUAL está dividida en cuatro bloques fundamentales:

I. **Ortografía de las letras y las palabras:** explicación de las dificultades que pueden producir los desajustes que existen entre los sonidos y las grafías del castellano.

II. **Acentuación:** conocimiento de las normas básicas de acentuación para una correcta escritura y pronunciación.

III. **Puntuación:** exposición de los principios que rigen la puntuación como herramienta para estructurar las ideas en la lengua escrita.

IV. **Otras cuestiones ortográficas:** información sobre otros elementos relacionados con la correcta escritura y presentación de textos.

Cada uno de ellos aparece seguido de una serie de ejercicios que consolidan e, incluso, amplían los contenidos trabajados en el bloque.

Cada bloque se compone de una serie de unidades, generalmente estructuradas de la siguiente forma:

- Presentación de los contenidos que se van a trabajar en la unidad (apartado generalmente denominado ***Cuestiones previas***)
- Enumeración de una serie de reglas útiles
- Aclaraciones sobre las reglas, y exposición de nuevos contenidos que amplían lo explicado anteriormente
- Cuestiones relacionadas con las dificultades específicas de las diferentes áreas geográficas del español
- Cuadro de errores frecuentes

Esta ORTOGRAFÍA DE USO DEL ESPAÑOL ACTUAL es una obra destinada a un público amplio y heterogéneo; una obra práctica, clara, actual y de uso, que resuelve de forma sencilla y razonada las dudas ortográficas que a todos los hablantes se nos plantean a la hora de comunicarnos por escrito con otras personas.

Leonardo Gómez Torrego

A lo largo de las unidades aparecen únicamente dos **signos convencionales**:

* → indica que lo que aparece a continuación es una pronunciación o transcripción incorrecta

[ ] → indica que lo que aparece entre los corchetes corresponde a una pronunciación aproximada (ya que hemos evitado los signos fonéticos convencionales en pro de la claridad)

Índice

Índice

Índice

Índice

Índice

Índice

Índice

I

Ortografía de las letras y las palabras

1 Ortografía de la letra *h*

1 1 Cuestiones previas

1 1.1 La letra *h*

La letra *h* no representa, generalmente, ningún sonido en castellano. Ejemplos:

hombre *tahúr* *hola*

En algunas zonas del español, y también en ciertas palabras de origen extranjero, la *h* se pronuncia con aspiración (como una *j* muy suave). Ejemplos:

hachís: pronunciado generalmente [jachís] (con *j* suave)
hitleriano: pronunciado generalmente [jitleriáno] (con *j* suave)
harto: pronunciado en algunas zonas [járto] (con *j* suave)

1 1.2 La letra *h* en el dígrafo *ch*

La letra *h* forma parte también del dígrafo *ch* (suma de dos letras que representan un solo sonido). Ejemplos:

chaval *cachete* *chimpancé*

Cuando el dígrafo *ch* es inicial de una palabra que debe escribirse con mayúscula, sólo se escribe como tal el primero de los dos componentes del dígrafo. Ejemplos:

Chile, no **CHile* *Charlie,* no **CHarlie*

- Hasta abril de 1994 (X Congreso de Academias de la Lengua Española), la Real Academia Española consideraba la secuencia *ch* como una sola letra con el nombre de «che». La *ch* era, por tanto, una letra del abecedario situada entre la *c* y la *d*.

  A partir de 1994, la Academia considera, **a efectos de ordenación alfabética**, la secuencia *ch* como un dígrafo; es decir, las palabras con *ch* deben aparecer en el diccionario entre las palabras escritas con *ce* y las escritas con *ci*.

  No obstante, **a efectos fónicos**, la *Ortografía* académica de 1999 sigue considerando la secuencia *ch* como una letra, ya que representa un solo sonido.

1 1.3 Posición de la letra *h*

La *h* en castellano puede aparecer en distintas posiciones:

- Al principio de palabra. Ejemplos:

  hueco *hierba* *hocico*

- En el interior de una palabra (*h* intercalada). Ejemplos:

  ahumado *deshielo* *rehacer*

- Al final de palabra (sólo en algunas interjecciones). Ejemplos:

  ¡Bah! *¡Ah!* *¡Oh!* *¡Eh!* *¡Uh!*

1 1.4 Origen de la letra *h*

La *h* de las palabras castellanas puede tener diversos orígenes:

- En algunos casos procede de una ***h* latina**. Ejemplos:

  hombre < *hominem* *prohibir* < *prohibere*
  vehículo < *vehiculum* *exhausto* < *exhaustum*

- En otros, procede de una ***f*- inicial latina**. Ejemplos:

  hierro < *ferrum* *hembra* < *feminam*

  A veces la *f*- latina no parece inicial porque hay un prefijo (auténtico o aparente) o porque se trata de una palabra compuesta. Ejemplos:

  deshacer < *de+ex+facere*
  retahíla < *recta+filam*
  desahuciar < *dis+a+fiduciare*

- Otras veces es **otra** la **procedencia**. Ejemplos:

  hermano: del latín *germanu*
  huevo: del latín *ovum* (la *h* se añadió para evitar pronunciaciones erróneas con *b* o con *g*)
  harén, alhaja: del árabe
  hélice, hedonista: del griego
  hurra: del inglés
  hamaca: de lenguas amerindias

- Por último, la *h* intercalada apareció, en algunas palabras, como una **marca de hiato**. Ejemplos:

  vahído *truhán*

1 2 Algunas reglas útiles de la *h*

- Se escriben con *h* todas las palabras que empiezan por ***hia-***, ***hie-***, ***hue-***, ***hui-***. Ejemplos:

  hiato *hielo* *hueso* *huida*

- Se escriben con *h* todas las formas de los verbos cuyo infinitivo lleva *h-* inicial. Ejemplos:

  hablar: habló, hablaba, hablaré...
  habitar: habitábamos, habitaréis, habitan...
  hacer: hizo, haría, hecho...

- Se escriben con *h* las palabras que empiezan con los siguientes elementos compositivos:

  hagio- (santo): *hagiografía, hagiógrafo...*
  hecto- (cien): *hectómetro, hectárea, hectogramo...*
  helio- (sol): *heliotropo, heliotropismo, helioterapia...*
  hemi- (medio): *hemiciclo, hemisferio, hemiplejía...*
  hemo-, ***hema-***, ***hemato-*** (sangre): *hematíes, hemofílico, hemorroide, hematoma, hemoglobina, hemofilia, hemorragia...*
  hepta- (siete): *heptasílabo, heptágono...*
  hetero- (otro, diferente): *heterogéneo, heterogeneidad, heterodoxo, heterodoxia, heterosexual...*
  hexa- (seis): *hexaedro, hexágono, hexasílabo...*
  hidro-, ***hidra-*** (agua): *hidrógeno, hidroterapia, hidráulico, hidrato...*
  higro- (humedad): *higrometría, higrómetro...*
  hiper- (en exceso, muy grande): *hipermercado, hipersensible...*
  hipno- (sueño): *hipnosis, hipnotismo, hipnotizar...*
  hipo- (caballo): *hípico, hipopótamo, hipódromo...*
  hipo- (debajo de, escaso): *hipocondríaco, hipodermis, hipocentro, hipofunción, hipotensión, hipoglucemia...*
  holo- (entero): *holocausto, hológrafo...*
  homo-, ***homeo-*** (igual, semejante): *homosexual, homogéneo, homeopatía...*

1 Ortografía de la letra *h*

1 3 Familias léxicas con *h*

1 3.1 Utilidad de las familias léxicas

Muchas palabras que se escriben con *h* en castellano no siguen ninguna regla, por lo que se hace necesaria la consulta del diccionario para conocer su escritura. Sin embargo, en muchos casos se puede acudir a las familias léxicas para recordar si una palabra lleva *h* o no. Generalmente, se escriben con *h* las palabras de la misma familia léxica. Ejemplos:

- ***h**acer: rehacer, deshacer...*
- ***h**istoria: prehistoria, intrahistoria...*
- ***h**ollín: deshollinar, deshollinador...*

1 3.2 Algunas familias léxicas con *h*- inicial

- ***h**acer: hacedor, hacedero, hecho...*
- ***h**ierro: herrero, herradura, herramienta...*
- ***h**ilo: hilera, hilado, hilacho, hilar, hilvanar...*
- ***h**oja: hojarasca, hojaldre, hojalata...*
- ***h**ombre: humano, humanidad, humanitario, humanizar...*
- ***h**ormiga: hormiguero, hormiguilla, hormigueo...*
- ***h**uerto: hortelano, huertano, hortaliza...*

1 3.3 Algunas familias léxicas con -*h*- intercalada

- *ad**h**erir: adherente, adherencia, adhesivo...*
- *a**h**ogar: ahogo, desahogo, desahogar...*
- *a**h**orrar: ahorro, ahorrativo...*
- *ex**h**ortar: exhortación, exhortativo...*
- *pro**h**ibir: prohibitivo, prohibición, prohibido...*
- *co**h**erente: coherencia, cohesión...*

1 3.4 Algunas familias léxicas que varían en el uso de la *h*

Unas cuantas palabras que llevan *h* en el diptongo *hue*, no la llevan en las demás palabras de su familia léxica correspondiente o en las de su misma flexión verbal. Ejemplos:

- ***hue**co: oquedad...*
- ***hué**rfano: orfandad, orfanato...*
- ***hue**so: óseo, osamenta, osario...*
- ***Hue**sca: oscense...*
- ***hue**vo: óvulo, ovario, ovíparo...*
- *oler: **hue**lo, **hue**les...*

1.4 Palabras homófonas con *h* y sin *h*

1.4.1 Pares o grupos de palabras homófonas con *h* y sin *h*

Las palabras homófonas son aquellas que suenan igual pero se escriben de forma diferente y tienen distinto significado. Éstos son algunos ejemplos de palabras homófonas con *h* y sin *h* en las que es más frecuente cometer errores:

- deshecho / desecho

  – **deshecho**: participio del verbo *deshacer*. Ejemplo:

    ¿Has deshecho tú la cama?

  – **desecho**: forma del verbo *desechar* (dejar de usar, rechazar). Ejemplo:

    Siempre desecho lo que no me interesa.

  desecho: residuo. Ejemplo:

    Los desechos industriales contaminaron el río.

- ha / a / ah

  – **ha**: forma del verbo *haber,* que se utiliza generalmente para formar tiempos compuestos o para formar perífrasis verbales. Ejemplos:

    Ha llegado Juan.
    Usted ha de disculparse ahora.

  La forma no auxiliar del verbo es hoy arcaica. Ejemplo:

    Tiempo ha que no hablamos.

  – **a**: preposición. Ejemplo:

    Me voy a Murcia la semana que viene.

  – **ah**: interjección. Ejemplo:

    ¡Ah, ya lo entiendo!

- haber / a ver

  – **haber**: infinitivo del verbo *haber*. Ejemplos:

    Va a haber que tomar una decisión.
    Debía de haber unas quinientas personas.

– **a ver**: preposición *a* + verbo *ver*. Ejemplos:

¡A ver cómo te portas!
María va a ver a su madre.

- **había / avía**

– **había**: forma del verbo *haber*. Ejemplos:

Carlota no había dicho nada.
Había tanta gente que no pudimos entrar.

– **avía**: forma del verbo *aviar* (preparar, disponer). Ejemplo:

Avía lo que necesites, que yo te ayudo.

- **habría / abría**

– **habría**: forma del verbo *haber*. Ejemplos:

Si lo hubiera sabido, te lo habría dicho.
Habría unas seis mil personas.

– **abría**: forma del verbo *abrir*. Ejemplo:

La puerta se abría sola.

- **haya / aya / halla**

– **haya**: forma del verbo *haber*. Ejemplo:

Ojalá haya mucha gente en la fiesta.

haya: tipo de árbol. Ejemplo:

El haya es propia de climas húmedos.

– **aya**: niñera. Ejemplo:

El aya se encargaba de cuidar del niño.

– **halla**: forma del verbo *hallar*. Ejemplo:

Javier no halla la forma de localizarte.

En las zonas no yeístas (zonas en las que se distinguen en la pronunciación *ll* e *y*), estas palabras no son homófonas sino parónimas, ya que no se pronuncian igual aunque sí de forma parecida.

- **hecho / echo**

– **hecho**: participio del verbo *hacer*. Ejemplo:

¿Has hecho ya las maletas?

hecho: acción. Ejemplo:

Me preocupa el hecho de que no llueva.

- **echo**: forma del verbo *echar*. Ejemplo:
  Os echo mucho de menos.

• hizo / izo

- **hizo**: forma del verbo *hacer*. Ejemplo:
  No lo hizo bien.
- **izo**: forma del verbo *izar* Ejemplo:
  La bandera la izo yo.

• honda / onda

- **honda**: profunda. Ejemplo:
  Esta zanja es muy honda.

  honda: artilugio de cuero para arrojar piedras. Ejemplo:
  David mató a Goliat con una honda.
- **onda**: curva que se forma en algunas superficies. Ejemplo:
  El viento produce ondas en la superficie del lago.

• rehusar / reusar

- **rehusar**: rechazar, no aceptar. Ejemplo:
  No quiero rehusar su invitación.
- **reusar**: volver a usar. Ejemplo:
  Voy a reusar todo ese papel para apuntes.

1 4.2 Otras palabras homófonas con *h* y sin *h*

- **deshojar**: quitar las hojas. Ejemplo: *Esas flores se están empezando a deshojar.*

  desojar: estropear la vista por forzarla demasiado. Ejemplo: *Te vas a desojar si sigues leyendo con tan poca luz.*
- **hala**: interjección; forma del verbo *halar*. Ejemplos: *¡Hala, qué haces! Aunque sé que es broma, me molesta cuando Luisa me hala el pelo.*

  ala: parte del cuerpo de algunos animales. Ejemplo: *Ese pájaro tiene el ala rota.*

- **hasta**: preposición; adverbio que significa *incluso*. Ejemplos: *Llegué hasta mi casa. Es optimista hasta cuando tiene problemas.*

  asta: cuerno; palo largo. Ejemplos: *Cogió al toro del asta derecha. Se ha partido el asta de la bandera.*

- **hato**: ropa personal en un envoltorio. Ejemplo: *Hizo un hato con sus ropas y otras pertenencias.*

  ato: forma del verbo *atar*. Ejemplo: *Si lo ato, no se escapa.*

- **herrar**: poner herraduras a una caballería. Ejemplo: *Llevaré a herrar al caballo.*

  errar: equivocarse; andar sin rumbo fijo. Ejemplos: *El cazador pudo errar el tiro. Le gusta errar por las calles al anochecer.*

- **hético(a)**: tísico. Ejemplo: *Estaba hético y no tenía fuerzas.*

  ético(a): relacionado con la moral. Ejemplo: *Creo que lo que estás haciendo no es ético.*

- **hojear**: pasar las hojas de un texto escrito. Ejemplo: *Conviene hojear los libros antes de comprarlos por si tienen algún defecto.*

  ojear: mirar de manera rápida y superficial. Ejemplo: *Marga ojeó los titulares del periódico.*

- **hola**: saludo. Ejemplo: *¡Hola!, ¿cómo estás?*

  ola: onda en la superficie del mar. Ejemplo: *Ha venido una ola y se ha llevado el castillo de arena.*

- **hoya**: concavidad en la tierra. Ejemplo: *El sepulturero introdujo el ataúd en la hoya.*

  olla: recipiente redondeado para cocinar. Ejemplo: *¿Has puesto los calabacines en la olla?*

  En las zonas no yeístas (zonas en las que se distinguen en la pronunciación *ll* e *y*), estas palabras no son homófonas sino parónimas, ya que no se pronuncian igual aunque sí de forma parecida.

- **hora**: unidad de tiempo. Ejemplo: *Ya es la hora de comer.*

  ora: forma del verbo *orar*. Ejemplo: *El sacerdote ora ante el altar.*

- **horca**: mecanismo de ejecución. Ejemplo: *Lo salvaron de morir en la horca.*

  orca: mamífero marino. Ejemplo: *La orca es un depredador.*

- **huso**: instrumento de forma alargada para hilar. Ejemplo: *La hilandera emplea el huso en su trabajo.*

  uso: forma del verbo *usar*; utilización o costumbre. Ejemplos: *Yo no uso corbata. Estos muebles se han estropeado con el uso.*

1.5 Palabras parónimas con *h* y sin *h*

Las palabras parónimas son aquellas que se escriben y se pronuncian de forma parecida y tienen significados distintos. Éstos son algunos ejemplos de palabras parónimas con *h* y sin *h*:

- **ahí**: adverbio de lugar. Ejemplo:

  Ahí está la chica que te decía.

  hay: forma del verbo *haber*. Ejemplo:

  Hay cuatro libros para ti.

  ¡ay!: interjección; quejido. Ejemplos:

  ¡Ay, qué daño me has hecho!
  El herido lanzó un ay lastimero.

- **aprehender**: apresar o capturar. Ejemplo:

  Consiguieron aprehender a los secuestradores en seguida.

  aprender: adquirir conocimientos. Ejemplo:

  Este año quiero aprender alemán.

  La Academia registra como sinónimos *aprender* y *aprehender* con el significado de «asimilar o comprender una idea»; sin embargo, para este significado, se utiliza generalmente sólo la forma *aprehender*. Ejemplo:

  Sara tiene mucha facilidad para aprehender los conceptos filosóficos.

- **aprehensión**: apresamiento o captura. Ejemplo:

  Se llevó a cabo la aprehensión de los terroristas.

  aprensión: escrúpulo o temor infundado. Ejemplo:

  Me da aprensión que bebamos del mismo vaso.

1 6 Palabras que se pueden escribir con *h* y sin *h*

El *Diccionario* académico de 1992 recoge algunas palabras escritas con y sin *h*. Ejemplos (aparece en primer lugar la forma preferida por la Academia):

acera	o	*hacera*
¡ah!	o	*¡ha!*
albahaca	o	*albaca*
alhelí	o	*alelí*
armonía	o	*harmonía*
armónico(a)	o	*harmónico(a)*
armonioso(a)	o	*harmonioso(a)*
arpa	o	*harpa*
arpía	o	*harpía*
¡arre!	o	*¡harre!*
arrear	o	*harrear*
arriero	o	*harriero*
¡hala!	o	*¡alá!*
hexagonal	o	*exagonal*
hogaño	u	*ogaño*
rendija	o	*rehendija*
reprender	o	*reprehender*
sabiondo(a)	o	*sabihondo(a)*
¡uf!	o	*¡huf!*
urraca	o	*hurraca*

La Academia registra también las formas *arrapo* y *harrapo,* aunque sólo registra *harapo, haraposo* y *harapiento;* del mismo modo se recogen *hexágono* y *exágono*, pero sólo *hexámetro, hexángulo, hexápodo* y *hexasílabo*.

Hatajo y *atajo* pueden utilizarse indistintamente para designar «grupo o conjunto». Sin embargo, con el significado de «senda» sólo puede utilizarse *atajo*. Ejemplos:

Marcos dice que sois un hatajo/atajo de gandules.
Cogí un atajo y por eso llegué primero.

1 Ortografía de la letra *h*

1 7 Algunas dificultades de la *h* para hablantes de Cataluña, Comunidad Valenciana e Islas Baleares

1 7.1 Algunas palabras, muy parecidas en castellano y en catalán y valenciano, se diferencian en la presencia o ausencia de *h*.

Por este motivo, al escribir en castellano, se producen a veces vacilaciones en algunas palabras como las siguientes:

- Sin *h* en castellano, y con *h* en catalán y valenciano:

  · *invierno*, no **hinvierno* (por influencia de *hivern*)
  · *izar*, no **hizar* (por influencia de *hissar*)
  · *subasta*, no **subhasta* (por influencia de *subhasta*)

- Con *h* en castellano, y sin *h* en catalán y valenciano:

  · *cacahuete*, no **cacauete* (por influencia de *cacauet*)
  · *cohete*, no **coete* (por influencia de *coet*)
  · *horchata*, no **orchata* (por influencia de *orxata*)
  · *huérfano*, no **uérfano* (por influencia de *orfe*)
  · *huevo*, no **uevo* (por influencia de *ou*)
  · *¡huy!*, no *¡*uy*! (por influencia de *ui!*)
  · *truhán*, no **truán* (por influencia de *truà*)

1 7.2 El dígrafo *ch* del castellano se corresponde, en muchos casos, en catalán y valenciano con las grafías *tx* (en posición interior de palabra) o *x* (a principio de sílaba o de palabra).

Por este motivo, al escribir en castellano, se producen a veces vacilaciones en palabras como las siguientes:

- Con *ch* en castellano, y con *tx* en catalán y valenciano:

  · *borracho*, no **borratxo* (por influencia de *borratxo*)
  · *coche*, no **cotxe* (por influencia de *cotxe*)
  · *despacho,* no **despatxo* (por influencia de *despatx*)
  · *salchicha*, no **salsitxa* (por influencia de *salsitxa*)

- Con *ch* en castellano, y con *x* en catalán y valenciano:

  · *cliché*, no **clixé* (por influencia de *clixé*)
  · *chato*, no **xato* (por influencia de *xato*)
  · *chorizo*, no **xorizo* (por influencia de *xoriço*)
  · *churro*, no **xurro* (por influencia de *xurro*)

1 8 Algunas dificultades de la *h* para hablantes de Galicia

1 8.1 Algunas palabras, muy parecidas en castellano y en gallego, se diferencian en la presencia o ausencia de la *h*.

Por este motivo, al escribir en castellano, se producen a veces vacilaciones como las siguientes:

- Sin *h* en castellano, y con *h* en gallego:
  - · *endecasílabo*, no **hendecasílabo* (por influencia de *hendecasílabo*)
  - · *filarmónico*, no **filharmónico* (por influencia de *filharmónico*)
- Con *h* en castellano, y sin *h* en gallego:
  - · *ahí*, no **aí* (por influencia de *aí*)
  - · *alcohol*, no **alcol* (por influencia de *alcol*)
  - · *hinchar,* no **inchar* (por influencia de *inchar*)

1 8.2 *Hasta* (adverbio o preposición) se escribe con *h* en castellano, mientras que en gallego no la lleva (*ata*). Sin embargo, la palabra castellana *asta* (palo largo o cuerno de animal), sin *h*, sí la lleva en gallego (*hasta*).

Por este motivo, al escribir en castellano, se produce a veces confusión en el uso de las palabras *hasta* y *asta.*

1 8.3 Para evitar las vacilaciones al escribir en castellano, se puede tener en cuenta, como **regla general**, que muchas de las palabras que en gallego presentan *f-* inicial tienen *h-* en castellano. Lo mismo ocurre en los derivados de estas palabras. Ejemplos:

· *hacer* (en gallego, *facer*)
rehacer (en gallego, *refacer*)
· *hablar* (en gallego, *falar*)
· *hambre* (en gallego, *fame*)
· *humo* (en gallego, *fume*)
ahumar (en gallego, *afumar*)

Por otra parte, muchas palabras que en gallego presentan *-f-* en interior de palabra, en castellano tienen *-h-* intercalada. Ejemplos:

· *almohada* (en gallego, *almofada*)
· *rehén* (en gallego, *refén*)
· *rehusar* (en gallego, *refusar*)
· *tahona* (en gallego, *tafona*)

1 9 Algunas dificultades de la *h* para hablantes de la zona del español meridional

En algunos núcleos del español meridional es frecuente la aspiración de la *h-* inicial en la pronunciación. Esta peculiaridad puede facilitar el reconocimiento de las palabras que se escriben con *h-* inicial; sin embargo, puede producir también confusión con otras palabras que empiezan con *g-* o *j-*, cuyo sonido a veces también es aspirado. Ejemplos:

· *harto,* pronunciado a veces [járto] (con *j* suave)
· *hincar,* pronunciado a veces [jincár] (con *j* suave)
· *higo,* pronunciado a veces [jígo] (con *j* suave)

· *juerga,* pronunciado a veces con *j* suave
· *jabón,* pronunciado a veces con *j* suave

1 10 Algunas dificultades de la *h* para hablantes del País Vasco y Navarra

Algunas palabras, muy parecidas en castellano y en vasco, se diferencian en la presencia o ausencia de la *h*.

Por este motivo, al escribir en castellano, se producen a veces vacilaciones en algunas palabras como las siguientes:

· *aire*, no **haire* (por influencia de *haize*)
· *historia* (cuento), no **istoria* (por influencia de *istorio*)
· *hospedar*, no **ospedar* (por influencia de *ostatu*)
· *hospital*, no **ospital* (por influencia de *ospitale*)

ATENCIÓN

Errores frecuentes

- **hecho** (participio del verbo *hacer*, o sustantivo que significa «acción») se escribe siempre con *h*, aunque *echo* (del verbo *echar*) se escribe sin *h*.
- **hincapié** se escribe siempre con *h,* ya que procede de *hincar + pie*.
- **exhaustivo, exhibir, exhortar, buhardilla**... se escriben con *h* intercalada.
- **exuberante, exuberancia, transeúnte**... nunca se escriben con *h* intercalada.
- **desahuciar** lleva la *h* entre la *a* y la *u*, y no detrás de la *s*.
- **ilación, ilativo**... se escriben siempre sin *h* (no tienen nada que ver con la familia léxica de *hilo*).

2 Ortografía de las letras *b*, *v* y *w*

2 1 Cuestiones previas

2 1.1 Las letras *b* y *v*

Las letras *b* y *v* representan un mismo sonido en castellano. Ejemplos:

*a**b**uelo* *v**uelo*
*b**alón* *v**agón*
*b**elleza* *v**eleta*
*b**illete* *v**isado*

Durante un tiempo se consideró que la *v* representaba un sonido distinto de la *b*, cercano a la *f* (labiodental), como en otras lenguas (francés, parte del catalán...), pero no es así; en castellano las letras *b* y *v* reproducen el mismo sonido.

2 1.2 Origen de la diferenciación entre *b* y *v*

En la Edad Media había una diferencia en la pronunciación de *b* y *v* (al pronunciar la *v,* no se cerraban completamente los labios; sí al pronunciar la *b*). Sin embargo, esta diferencia desapareció en el siglo XVI y comenzaron a utilizarse *b* y *v* de forma algo indiscriminada. En el siglo XIX se determinó el uso de la *b* y la *v* en función del origen de cada palabra.

- En general, la *v* castellana procede de la *v* latina. Ejemplos:

  vivir < *vivere* *vicio* < *vitium*

- En general, la *b* castellana procede de una *b* latina o de una *p* latina intervocálica, cuya pronunciación se fue relajando hasta convertirse en *b*. Ejemplos:

  beber < *bibere* *cohibir* < *cohibere*
  caber < *capere* *saber* < *sapere*

- En otros casos no existe correspondencia etimológica con el latín. Ejemplos:

  barrer < *verrere* *invierno* < *hibernum*
  boda < *vota* *abuelo* < *avolum*

2 1.3 La letra *w*

La *w* es el resultado de la unión gráfica de dos *uves*. Esta unión no constituye un dígrafo (suma de dos letras que representan un único sonido), sino que ha conformado un solo signo (*w*), escrito todo él con mayúsculas cuando es necesario (*W*).

La *w* se utiliza sólo en palabras de origen extranjero.

- Cuando son de origen inglés, la *w* se pronuncia como *u* o *gu*. Ejemplos:

  whisky [güíski] *sándwich* [sángüich]

- Cuando son de origen alemán, la *w* se pronuncia como *b*. Ejemplos:

  wagneriano [bagneriáno] *wolframio* [bolfrámio]

2 2 Algunas reglas útiles de la *b*

- Se escriben con **b** todos los verbos que acaban en ***-bir***. Ejemplos:

  *cohi**bir*** *su**bir*** *prohi**bir*** *reci**bir***

  Excepciones: *hervir, servir, vivir* y sus derivados.

- Se escriben con **b** los verbos ***deber***, ***haber***, ***caber***, ***saber*** en todas las formas en las que aparece el sonido correspondiente. Ejemplos:

  *de**b**íamos* *ha**b**ía* *ca**b**e* *sa**b**rá*

- Se escriben con **b** todos los verbos que acaban en ***-buir***. Ejemplos:

  *atri**buir*** *contri**buir*** *distri**buir*** *im**buir***

- Se escriben con **b** todos los pretéritos imperfectos de los verbos de la primera conjugación (formas en ***-aba***) y el del verbo ***ir***. Ejemplos:

  *cat**aba*** *bes**abais*** *aterriz**ábamos***
  iba ***ibais*** ***íbamos***

- Se escribe **b** siempre que aparezca este sonido delante de **l** o **r**. Ejemplos:

  *po**bl**ado* *bl**indar* *bl**usa*
  *br**asa* *a**br**ir* *br**uto*

- Se escriben con **b** todas las palabras que empiezan por las sílabas ***bu-***, ***bur-***, ***bus-***. Ejemplos:

  ***bu**tano* ***bur**del* ***bus**car*

  Excepción más común: *vudú*.

- Se escribe **b** cuando aparece este sonido al **final de sílaba o de palabra**. Ejemplos:

  *a**b**solución* *o**b**servar* *baoba**b*** *clu**b***

  Excepción: *molotov* y la palabra *ovni* (procedente de la sigla de *objeto volador no identificado*).

- Se escriben con **b** las palabras que contienen el elemento compositivo ***bio*** (vida). Ejemplos:

  bio**tipo* ***bio**logía* *micro**bio *aero**bio***

- Se escriben con **b** las palabras que comienzan por el elemento compositivo ***biblio-*** (libro). Ejemplos:

  ***biblio**bús* ***biblio**teca* ***biblio**grafía*

- Se escriben con **b** las palabras que comienzan por el prefijo ***bis-*** (dos), o sus variantes ***bi-***, ***biz-***. Ejemplos:

  ***bis**abuelo* ***bi**sílabo* ***bi**sexual* ***biz**nieto*

- Se escriben con **b** las palabras que empiezan por los prefijos ***bien-*** o ***bene-*** (bien). Ejemplos:

  ***bien**venido* ***bien**hechor* ***bene**plácito* ***bene**volente*

- Se escriben con **b** las palabras acabadas en ***-bilidad***. Ejemplos:

  *proba**bilidad*** *posi**bilidad*** *ama**bilidad***

  Excepciones: *ci**vilidad**, inci**vilidad**, mo**vilidad*** y sus derivados (ya que la terminación en estos casos es *-idad*, no *-bilidad*).

- Se escriben con **b** todas las palabras acabadas en ***-bundo(a)***. Ejemplos:

  *medita**bundo*** *vaga**bundo*** *nausea**bundo***

2 3 Algunas reglas útiles de la *v*

- Se escriben con *v* las formas del verbo *ir* en las que aparece el sonido correspondiente. Ejemplos:

  voy *vas* *vamos* *vayan*

  Excepción: las formas del pretérito imperfecto de indicativo (*iba, ibas, íbamos...*).

- Se escriben con *v* las palabras que empiezan por el elemento compositivo ***vice-*** (en vez de; inmediatamente inferior a) y sus variantes ***viz-*** y ***vi-***. Ejemplos:

  ***vice**rrector* ***viz**conde* ***vi**rrey*

- Se escriben con *v* las palabras que comienzan por el elemento compositivo ***video-***. Ejemplos:

  ***video**cinta* ***video**disco*

- Se escriben con *v* las palabras que empiezan por ***eva-***, ***eve-***, ***evi-***, ***evo-***. Ejemplos:

  ***eva**cuación* ***eve**nto* ***evi**dente* ***evo**lución*

  Excepciones: *ebonita* (material plástico), *ébano* y sus derivados.

- Se escribe *v* cuando aparece el sonido correspondiente detrás de los prefijos ***ad-*** y ***sub-***. Ejemplos:

  ***adv**iento* ***adv**erbio* ***subv**ersión* ***subv**encionar*

- Se escriben con *v* las palabras que acaban en ***-voro(a)***. Ejemplos:

  *herbí**voro*** *carní**vora*** *omní**voro***

- Se escriben con *v* los adjetivos y determinativos acabados en ***-ave***, ***-avo(a)***, ***-eve***, ***-evo(a)***, ***-ivo(a)*** cuando la palabra es llana. Ejemplos:

  *gr**ave*** *oct**ava*** *br**eve*** *long**eva*** *colect**ivo***

- Se escriben con *v* los pretéritos indefinidos que acaban en ***-uve***, ***-uviste***, ***-uvo***, ***-uvimos***, ***-uvisteis***, ***-uvieron***. Ejemplos:

  *t**uve*** *t**uvo*** *t**uvisteis***
  *and**uviste*** *and**uvimos*** *and**uvieron***

  Excepción: formas del pretérito indefinido del verbo *haber* (*h**ube**, h**ubiste**, h**ubieron**...*).

2 4 Observaciones a las reglas de la *b* y la *v*

2 4.1 Formas verbales acabadas en *-uve, -uviste...*

Los verbos cuyo pretérito indefinido termina en *-uve, -uviste*... conservan esta *v* en las formas de los pretéritos imperfectos de subjuntivo (*tuvierais, anduvierais, anduvieseis*...), y en los futuros imperfectos de subjuntivo (*tuviere, anduviere*...).

De la misma manera, la *b* de *hube, hubiste*... se mantiene en las formas *hubierais, hubieseis*... y *hubiere, hubieres*...

2 4.2 El grupo *-bs-*

Algunas palabras que contienen el grupo *-bs-* seguido de consonante admiten su escritura sin esta *b*. Ejemplos (aparece en primer lugar la forma preferida por la Real Academia Española):

oscuro(a) u *obscuro(a)*
sustracción o *substracción*
sustituir o *substituir*
sustancia o *substancia*
sustrato o *substrato*
suscribir o *subscribir*

Esta doble escritura se extiende a todas las demás palabras de las familias léxicas correspondientes. En todos los casos, actualmente se prefieren las formas sin la *b*.

Sin embargo, hay un grupo muy grande de palabras en el que no existe la alternancia, sino que es obligatorio mantener el grupo consonántico siempre. Ejemplos:

abstemio, no **astemio*
abstenerse, no **astenerse*
abstraer, no **astraer*
obsceno, no **osceno*
obstáculo, no **ostáculo*
obstinar, no **ostinar*

2 5 Familias léxicas con *b* y con *v*

2 5.1 Utilidad de las familias léxicas

Muchas palabras que se escriben con *b* o con *v* en castellano no siguen ninguna regla; por tanto, se hace necesaria la consulta del diccionario para conocer su escritura. Sin embargo, en muchos casos se puede acudir a las familias léxicas para recordar si una palabra se escribe con *b* o con *v*. Generalmente, cuando una palabra se escribe con *b* o con *v*, todas las demás pertenecientes a su familia léxica se escriben igual. Ejemplos:

bravo: bravucón, bravata, bravura, bravío...
verde: verdor, reverdecer...
lobo: lobezno, lobato...

2 5.2 Algunas familias léxicas con *b*

- *batir: abatimiento, abatir, batida, combatir...*
- *bélico: beligerante, beligerancia, belicoso, debelar...*
- *habitar: habitación, cohabitar, deshabitar...*
- *labor: laborioso, elaborar, elaboración, laboratorio...*
- *probar: prueba, aprobar, aprobado, probatura...*
- *sílaba: silábico, bisílabo, silabear...*

2 5.3 Algunas familias léxicas con *v*

- *convencer: convicción, convencimiento...*
- *nuevo: novato, novedad, novedoso, innovar, renovar, novel...*
- *vejez: vejestorio, vejete, viejo...*
- *verdad: verosímil, veraz, verdadero...*
- *verter: vertido, vertedero...*

2 6 Palabras homófonas con *b* y con *v*

2 6.1 Pares o grupos de palabras homófonas con *b* y con *v*

Las palabras homófonas son aquellas que suenan igual pero se escriben de forma diferente y tienen distinto significado. Éstos son algunos ejemplos de palabras homófonas con *b* y con *v* en las que es más frecuente cometer errores:

- **bienes / vienes**
  - **bienes**: posesiones. Ejemplo:
    Heredé los bienes de mi abuelo.
  - **vienes**: forma del verbo *venir*. Ejemplo:
    Si vienes lo verás.
- **botar / votar**
  - **botar**: dar botes o hacer que algo dé botes. Ejemplo:
    Si no aprendes a botar el balón, no podrás jugar al baloncesto.
  - **votar**: ejercer el derecho al voto. Ejemplo:
    ¿A quién vas a votar en las elecciones?
- **grabar / gravar**
  - **grabar**: señalar con una incisión. Ejemplo:
    Quiero grabar tu nombre en la medalla.

    grabar: registrar los sonidos por medio de un disco, cinta magnetofónica, etc. Ejemplo:
    Rafa y Sandra van a grabar un disco.
  - **gravar**: imponer un gravamen. Ejemplo:
    Esta casa la van a gravar con un impuesto alto.
- **haber / a ver**
  - **haber**: infinitivo del verbo *haber*. Ejemplos:
    Va a haber que tomar una decisión.
    Debía de haber unas quinientas personas.
  - **a ver**: preposición *a* + verbo *ver*. Ejemplos:
    ¡A ver cómo te portas!
    María va a ver a su madre.
- **había / avía**
  - **había**: forma del verbo *haber*. Ejemplos:
    Carlota no había dicho nada.
    Había tanta gente que no pudimos entrar.
  - **avía**: forma del verbo *aviar* (preparar, disponer). Ejemplo:
    Avía lo que necesites, que yo te ayudo.

- rebelarse / revelar
  - **rebelarse**: sublevarse u oponerse. Ejemplo:
    Hay que rebelarse contra esa tiranía.
  - **revelar**: descubrir, manifestar. Ejemplo:
    No me quiso revelar el secreto.

    revelar: hacer visible la imagen impresa de una película fotográfica. Ejemplo:
    Ya he revelado el carrete.
- tubo / tuvo
  - **tubo**: pieza hueca y cilíndrica. Ejemplo:
    Tienes roto el tubo de escape.
  - **tuvo**: forma del verbo *tener*. Ejemplo:
    No tuvo suerte en el examen.

2 6.2 Otras palabras homófonas con *b* y con *v*

- **acerbo**: áspero, duro. Ejemplo: *Tu comentario es demasiado acerbo.*

  acervo: conjunto de bienes o valores. Ejemplo: *Posee un gran acervo cultural.*
- **baca**: portaequipajes. Ejemplo: *Llevo las maletas en la baca.*

  vaca: animal. Ejemplo: *He visto unas vacas pastando.*
- **bacía**: recipiente que usaban los barberos. Ejemplo: *Don Quijote llevaba una bacía en la cabeza.*

  vacía: sin contenido. Ejemplo: *La caja está vacía.*
- **bacilo**: bacteria con forma de bastón. Ejemplo: *Los bacilos pueden producir graves enfermedades.*

  vacilo: forma del verbo *vacilar*. Ejemplo: *No vacilo nunca cuando sé lo que quiero.*
- **balido**: voz de la oveja. Ejemplo: *El pastor acudió al oír el balido de la oveja.*

  valido: participio de *valer*; persona de confianza de un rey. Ejemplos: *No ha valido la pena el esfuerzo. El valido fue designado por el rey.*

- **barón**: título aristocrático. Ejemplo: *Le otorgaron el título de barón.*

  varón: hombre. Ejemplo: *Tienen ya tres niñas y quieren que el cuarto hijo sea un varón.*

- **basto**: tosco o grosero. Ejemplo: *No seas tan basto, por favor.*

  vasto: ancho. Ejemplo: *Sus dominios abarcan un vasto territorio.*

- **valla**: línea de estacas o de tablas. Ejemplo: *Yo no puedo saltar esa valla tan alta.*

  vaya: forma del verbo *ir*. Ejemplo: *Tal vez vaya esta tarde al río.*

  baya: clase de fruto. Ejemplo: *¿No sabías que el tomate es una baya?*

  En las zonas no yeístas (zonas en las que se distinguen en la pronunciación *ll* e *y*) estas palabras no son homófonas sino parónimas, ya que no se pronuncian igual.

- **bello**: hermoso. Ejemplo: *Es un paisaje muy bello.*

  vello: pelo corto y suave. Ejemplo: *Alejandro tiene mucho vello en las manos.*

- **bobina**: carrete o rollo. Ejemplo: *Compré una bobina de hilo.*

  bovina: relacionada con el toro o la vaca. Ejemplo: *Mi padre se dedica a la ganadería bovina.*

- **cabo**: extremo de algo; categoría militar. Ejemplos: *Ha quedado un cabo suelto. El tío Alberto era cabo.*

  cavo: forma del verbo *cavar*. Ejemplo: *Yo cavo el huerto todos los fines de semana.*

- **combino**: forma del verbo *combinar*. Ejemplo: *Durante el verano combino la actividad con el descanso.*

  convino: forma del verbo *convenir*. Ejemplo: *No lo hizo porque no le convino.*

- **Nobel**: premio. Ejemplo: *Cela es premio Nobel de Literatura.*

  novel: con poca experiencia. Ejemplo: *Todavía eres un escritor novel.*

- **sabia**: que sabe mucho. Ejemplo: *Es una mujer muy sabia.*

  savia: sustancia líquida de las plantas. Ejemplo: *Las plantas se nutren con la savia.*

2.7 Palabras parónimas con *b* y con *v*

Las palabras parónimas son aquellas que se escriben y se pronuncian de forma parecida pero tienen significados distintos. Éstos son algunos ejemplos de palabras parónimas con *b* y con *v*.

- **absolver**: perdonar o declarar libre de culpa. Ejemplo:

  Al final se decidió absolver al acusado de todos los cargos.

  absorber: captar, atraer, chupar. Ejemplo:

  Esta crema es muy fácil de absorber.

- **convidar**: invitar a una comida o una bebida. Ejemplo:

  Como es su cumpleaños, nos quiere convidar a un aperitivo.

  combinar: coordinar o armonizar. Ejemplo:

  Enrique sabe combinar los estudios con el trabajo.

- **hibernar**: pasar el invierno en fase de hibernación. Ejemplo:

  Algunos animales hibernan en los meses fríos.

  invernar: pasar el invierno en un lugar. Ejemplo:

  Las aves invernan en países cálidos.

- **libido**: deseo sexual. Ejemplo:

  Los afrodisiacos excitan la libido.

  lívido: muy pálido. Ejemplo:

  Se quedó lívido del susto.

2.8 Palabras que se pueden escribir con *b* y con *v*

El *Diccionario* académico de 1992 recoge algunas palabras escritas con *b* y con *v*. Ejemplos (aparece en primer lugar la forma preferida por la Academia):

boceras o *voceras*
chabola o *chavola*
serbio(a) o *servio(a)*

2 9 Algunas cuestiones sobre la *w*

2 9.1 Palabras con *w* en el *Diccionario* académico

En las palabras que han sido totalmente incorporadas al idioma, la RAE ha cambiado la *w* por una *v*. Ejemplos:

váter, del inglés *water*
vagón, del francés *wagon*

Otras veces, la Academia, junto a la grafía adaptada al castellano, ha conservado la grafía original. Ejemplos (aparece en primer lugar la forma preferida por la Academia):

darwinismo o *darvinismo*
esvástica o *swástica*
güisqui o *whisky*
volframio o *wolframio*

No obstante, la Academia ha incluido en su *Diccionario* algunas palabras con una única grafía en la que aparece la *w*. Ejemplos:

sándwich *wéber*

- Aunque la RAE recoge *darwinismo* y *darvinismo*, sólo registra los adjetivos *darviniano* y *darvinista*.
- La palabra *whisky* fue castellanizada por la RAE como *güisqui*, pero sigue siendo mucho más habitual la forma inglesa. El *Diccionario* académico registra ambas, aunque no aparecen los derivados *whiskería* y *güisquería*.

2 9.2 Palabras con *w* que no han sido recogidas en el *Diccionario* académico

Hay algunas palabras inglesas con *w* que se emplean en español, pero que no registra el *Diccionario* académico. Ejemplos:

walkie-talkie *walkman*
waterpolo *western*
windsurf *web*

En todas ellas la *w* representa el sonido de la *u* o de *gu*.

2.10 Algunas dificultades de *b/v* para hablantes de Cataluña, Comunidad Valenciana e Islas Baleares

2.10.1 Algunas palabras, muy parecidas en castellano y en catalán y valenciano, se diferencian en la presencia de *b* y *v*.

Por este motivo, al escribir en castellano, se producen a veces vacilaciones como las siguientes:

- Con *b* en castellano, y con *v* en catalán o valenciano:
  - · *almíbar*, no **almívar* (por influencia de *almívar*)
  - · *aprobar*, no **aprovar* (por influencia de *aprovar*)
  - · *cambio*, no **canvio* (por influencia de *canvi*)
  - · *cobarde*, no **covarde* (por influencia de *covard*)
  - · *gobierno*, no **govierno* (por influencia de *govern*)
  - · *probar*, no **provar* (por influencia de *provar*)
  - · *taberna*, no **taverna* (por influencia de *taverna*)
  - · *trébol*, no **trévol* (por influencia de *trèvol*)
- Con *v* en castellano, y con *b* en catalán o valenciano:
  - · *calvo,* no **calbo* (por influencia de *calb*)
  - · *trovador*, no **trobador* (por influencia de *trobador*)
  - · *vasco*, no **basco* (por influencia de *basc*)
  - · *verruga*, no **berruga* (por influencia de *berruga*)
  - · *viga*, no **biga* (por influencia de *biga*)
  - · *volcar*, no **bolcar* (por influencia de *bolcar*)

2.10.2 En catalán y en valenciano los pretéritos imperfectos de la primera conjugación se escriben con *v*, mientras que en castellano se escriben siempre con *b*.

Por este motivo, al escribir en castellano, se producen a veces vacilaciones como las siguientes:

- · *cantaba*, no **cantava* (por influencia de *cantava*)
- · *miraba*, no **mirava* (por influencia de *mirava*)
- · *amaba*, no **amava* (por influencia de *amava*)

2.10.3 El verbo *haber*, que se escribe con *b* en castellano, se escribe siempre con *v* en catalán y valenciano (*haver*).

Por este motivo, al escribir en castellano, se producen a veces errores en la escritura de las formas de este verbo.

2 11 Algunas dificultades de *b*/*v* para hablantes de Galicia

2 11.1 Algunas palabras, muy parecidas en castellano y en gallego, se diferencian en la presencia de *b* y *v*.

Por este motivo, al escribir en castellano, se producen a veces vacilaciones como las siguientes:

- Con *b* en castellano, y con *v* en gallego:

  · *abogado*, no **avogado* (por influencia de *avogado*)
  · *barniz*, no **varniz* (por influencia de *verniz*)
  · *barrer*, no **varrer* (por influencia de *varrer*)
  · *boda*, no **voda* (por influencia de *voda*)
  · *buitre*, no **vuitre* (por influencia de *voitre*)
  · *bulto*, no **vulto* (por influencia de *vulto*)
  · *chubasco*, no **chuvasco* (por influencia de *chuvasco*)
  · *cobarde*, no **covarde* (por influencia de *covarde*)
  · *esbelto*, no **esvelto* (por influencia de *esvelto*)
  · *trébol*, no **trévol* (por influencia de *trevo*)

- Con *v* en castellano, y con *b* en gallego:

  · *avellana*, no **abellana* (por influencia de *abelá*)
  · *maravilla*, no **marabilla* (por influencia de *marabilla*)
  · *móvil*, no **móbil* (por influencia de *móbil*)
  · *reventar*, no **rebentar* (por influencia de *rebentar*)
  · *trovador*, no **trobador* (por influencia de *trobador*)

2 11.2 Algunas palabras, muy parecidas en castellano y en gallego, se diferencian en la presencia o ausencia de *b* ante la consonante *m*.

Por este motivo, al escribir en castellano, se producen a veces vacilaciones como las siguientes:

· *insumisión*, no **insubmisión* (por influencia de *insubmisión*)
· *insumiso*, no **insubmiso* (por influencia de *insubmiso*)
· *sumiso*, no **submiso* (por influencia de *submiso*)

2.12 Algunas dificultades de *b/v* para hablantes del País Vasco y Navarra

La mayor parte de las palabras vascas se escriben con *b*. Las letras *v* y *w* se utilizan, principalmente, en palabras de origen extranjero cuya grafía se ha querido mantener.

Por este motivo, al escribir en castellano, se producen a veces vacilaciones, especialmente en aquellas palabras muy parecidas en castellano y vasco que se diferencian en la presencia de *b* y *v*. Ejemplos:

- *diversión*, no **dibersión* (por influencia de *dibertsio*)
- *evaluación*, no **ebaluación* (por influencia de *ebaluaketa*)
- *novela*, no **nobela* (por influencia de *nobela*)
- *universidad*, no **unibersidad* (por influencia de *unibertsitate*)
- *verde*, no **berde* (por influencia de *berde*)

ATENCIÓN

Errores frecuentes

- **haber** y todas sus formas verbales (*habéis, habíamos, habré, hubiste, hubieras habido*...) se escriben siempre con *b*. La forma *haber* no debe confundirse con la forma *a ver* (*a* + infinitivo del verbo *ver*).
- **iba, íbamos, iban**... se escriben con *b* por ser pretéritos imperfectos de indicativo del verbo *ir*, aunque otras formas de este mismo verbo lleven *v* (*voy, vamos, vayáis*...).
- **aprobar**, **probar**, **deber** y todas sus formas verbales (*apruebo, aprueben, probó, probara, deba, debía*...) se escriben siempre con *b*.
- **recibir**, **concebir**, **exhibir**, **prohibir**, **inhibir**... se escriben con *b* porque son verbos acabados en *-bir*.
- **verbena**, **verbo**, **verbales**, **adverbio**... se escriben la primera con *v* y la segunda con *b*.
- **absolver** y **absorber**, aunque se pronuncian de forma parecida, se escriben de forma diferente y tienen distinto significado.

3 Ortografía de la letra *g*

3 1 Cuestiones previas

3 1.1 La letra *g* delante de vocal

Ante vocal, la letra *g* puede representar dos sonidos distintos:

- Cuando va seguida de ***e***, ***i***. Ejemplos:

  ***ge**nte* ***gi**tano*

  En estos casos, la *g* tiene el mismo sonido que la *j* (*jefe, jirafa*). Esto produce, a veces, vacilaciones en la escritura (ver 5).

- Cuando va seguida de ***a***, ***o***, ***u***. Ejemplos:

  ***ga**to* ***gó**ndola* ***gu**sano*

  – Delante de ***e***, ***i*** se representa este sonido con la secuencia ***gu***. Esta secuencia es un dígrafo (suma de dos letras que representan un solo sonido). Ejemplos:

  ***gue**rra* ***gui**sante*

  Cuando el dígrafo ***gu***- es inicial de una palabra que debe escribirse con mayúscula, sólo se escribe como tal el primero de los dos componentes del dígrafo. Ejemplos:

  ***Gu**ipúzcoa,* no **GUipúzcoa*

  – En el grupo ***gue***, ***gui***, cuando sí se pronuncia la *u*, ha de ponerse diéresis sobre la vocal *u* (ver 3 4). Ejemplos:

  *a**güe**ro* *ar**güi**r*

- En ciertas palabras de origen extranjero la *g* se pronuncia como *[y]*. Ejemplo:

  ***gi**goló* [yigoló]

3 1.2 La letra *g* en otras posiciones

Cuando no va ante vocal, la *g* puede aparecer:

- Ante una consonante:

  – En posición **final de sílaba**. Ejemplos:

  *i**g**norar* *mali**g**no* *ma**g**nánimo* *pu**g**na*

  – Ante las consonantes ***r*** y ***l***. Ejemplos:

  *a**gr**ado* *a**gr**este* *re**gl**a* *a**gl**omeración*

– En el grupo inicial ***gn***-. Ejemplos:

gn*oseología* ***gn****oseológico* ***gn****omo*

Algunas palabras que comienzan con el grupo *gn-* pueden escribirse sólo con *n-*. Ejemplos (aparece en primer lugar la forma preferida por la Academia):

gnomo o *nomo*
gnómico(a) o *nómico(a)*
gnóstico(a) o *nóstico(a)*

- Al final de palabra. Ejemplos:

*zigza****g*** (plural *zigzags* o *zigzagues*)
*icebe****rg*** (plural *icebergs*)
*ping-pon****g*** (no se emplea en plural)
*gon****g*** (plural *gongs*)

Las palabras *gong* y *ping-pong* aparecen también en el *Diccionario* académico castellanizadas como *gongo* y *pimpón,* respectivamente.

Aunque no han sido recogidas en el *Diccionario* académico de 1992, se utilizan muchas palabras con la terminación inglesa *-ing*. Ejemplos:

piercing *catering* *casting*
puenting *footing* *holding*

En estos casos, la *g* no suele pronunciarse.

3 2 Algunas reglas de *g, gu* y *gü*

- Se escribe ***g*** delante de ***a***, ***o***, ***u***. Ejemplos:

  ga*rrafa* ***go****teras* ***Gu****tiérrez*

- Se escribe ***gu*** delante de ***e***, ***i*** (en estos casos la *u* no se pronuncia). Ejemplos:

  *man****gue****ra* *se****gui****r*

- Se escribe ***gü*** delante de ***e***, ***i*** para indicar que la *u* debe pronunciarse. Ejemplos:

  *ver****güe****nza* *a****güi****ta*

3 3 Observaciones a las reglas de *g*, *gu* y *gü*

3 3.1 Cambio de *g* a *gu* o de *gu* a *g*

Algunas palabras cambian de *g* a *gu* o de *gu* a *g* dentro de la misma conjugación verbal o dentro de la misma familia léxica; esto puede producir algunas dificultades en la escritura. Ejemplos:

- Formas verbales que tienen el dígrafo ***gu*** procedentes de verbos acabados en *-**gar***. Ejemplos:

  *apa**gar*** → *apa**gu**es, apa**gu**é...*
  *prin**gar*** → *prin**gu**emos, prin**gu**es...*
  *va**gar*** → *va**gu**es, va**gu**emos...*

- Formas verbales que contienen las sílabas ***ga***, ***go***, ***gu*** procedentes de verbos que acaban en *-**guir***. Ejemplos:

  *distin**guir*** → *distin**ga**mos, distin**ga**n...*
  *extin**guir*** → *extin**ga**s, extin**go**...*
  *se**guir*** → *si**go**, si**gá**is...*

- Palabras con el dígrafo ***gu*** derivadas de otras que se escriben con ***g***. Ejemplos:

  *la**go*** → *la**gu**ito*
  *hi**go*** → *hi**gu**era*
  *car**ga*** → *car**gu**ero*
  *hormi**ga*** → *hormi**gu**ero*

3 3.2 Cambio de *gu* a *gü* o de *gü* a *gu*

A veces se producen confusiones cuando, dentro de una misma familia léxica o de un paradigma verbal, hay palabras que se escriben con diéresis y palabras que no. Ejemplos:

*anti**gu**o* → *anti**gü**edad*
*para**gu**as* → *para**gü**itas, para**gü**ero*
*averi**gu**ar* → *averi**gü**é*
*len**gu**a* → *lin**gü**ística, lin**gü**ista*

3 4 La diéresis

3 4.1 Uso de la diéresis

- La diéresis aparece en castellano sobre la letra *u* cuando ésta se pronuncia y va precedida de la *g* y seguida de las vocales *e, i*. Ejemplos:

  *a**güe**ro* *pin**güi**no*
  *bilin**güi**smo* *para**güe**ro*

- Ocasionalmente, puede aparecer la diéresis en textos poéticos. La diéresis, colocada sobre alguna de las vocales de un diptongo, indica que la secuencia de vocales debe pronunciarse en dos sílabas (como si fuera un hiato). Ejemplo:

  Un culto Risco en venas hoy süaves
  concetüosamante se desata.
  (Luis de Góngora, *Soneto 336*)

  En este caso, las palabras *suaves* y *concetuosamente* deben pronunciarse [su-á-ves] y [con-ce-tu-o-sa-mén-te] respectivamente, como si tuvieran hiato en lugar de diptongo.

3 4.2 El caso de *pingue / pingüe*

Algunas palabras, aunque muy pocas, se diferencian en castellano únicamente por la presencia o ausencia de la diéresis. Ejemplo:

- **pingue**: embarcación de carga. Ejemplo:

  Trasladaron la mercancía en un pingue.

  pingüe: abundante, copioso o fértil. Ejemplo:

  Este negocio nos aportará pingües beneficios.

3 5 Palabras que se pueden escribir con *g* y con *gu*

La Real Academia Española admite en algunas palabras dos pronunciaciones y, por lo tanto, dos formas distintas de escritura (con *g* o con *gu*). Ejemplos:

fungicida o *funguicida*
longuísimo(a) o *longísimo(a)*

3 6 Algunas dificultades de *g/gu* para hablantes de Cataluña, Comunidad Valenciana e Islas Baleares

3 6.1 Algunas palabras, muy parecidas en castellano y en catalán y valenciano, se diferencian por la presencia de *g* y *gu*.

Por este motivo, al escribir en castellano, se producen a veces vacilaciones en algunas palabras como las siguientes:

· *burgués*, no **burgès* (por influencia de *burgès* y *burgés*)
· *distinguir*, no **distingir* (por influencia de *distingir*)
· *extinguir*, no **extingir* (por influencia de *extingir*)

3 6.2 En castellano se coloca diéresis sobre la vocal *u* en las sílabas *gue*, *gui* para indicar que la *u* debe pronunciarse. En catalán y valenciano se usa además para indicar que la *u* se pronuncia en las sílabas *qui* y *que* y, en algunos casos, sobre la *i* o la *u* para marcar un hiato.

Por este motivo, al escribir en castellano, se utiliza a veces la diéresis indebidamente en palabras como las siguientes:

· *cuestión*, no **qüestión* (por influencia de *qüestió*)
· *diurno*, no **diürno* (por influencia de *diürn*)
· *heroína*, no **heroïna* (por influencia de *heroïna*)
· *Raúl,* no **Raül* (por influencia de *Raül*)

3 7 Algunas dificultades de *g/gu* para hablantes del País Vasco y Navarra

La letra *g* representa en vasco el mismo sonido ante *a, o, u* que ante *e, i* (representa siempre un sonido diferente de la *j*). No es necesario, por tanto, intercalar una *u* entre la *g* y las vocales *e, i* cuando se quiere representar este sonido.

Por este motivo, al escribir en castellano, se produce a veces el olvido de la *u* necesaria en la secuencia *gue, gui,* especialmente en aquellos casos en los que una misma palabra se pronuncia de forma parecida o igual en vasco y en castellano. Ejemplos:

· *Guecho,* no **Gecho* (por influencia de *Getxo*)
· *Guernica,* no **Gernica* (por influencia de *Gernika*)
· *guerra,* no **gerra* (por influencia de *gerra*)
· *guión,* no **gión* (por influencia de *gidoi*)
· *Guipúzcoa,* no **Gipúzcoa* (por influencia de *Gipuzkoa*)

Por el mismo motivo, se produce a veces la omisión de la diéresis necesaria en castellano en palabras como las siguientes:

· *lingüística,* no **linguística*
· *vergüenza,* no **verguenza*

ATENCIÓN

Errores frecuentes

- **vergüenza, antigüedad, agüita, paragüero, pingüino, lingüística**... llevan siempre diéresis sobre la *u*.
- **paraguas, antiguo, agua, lengua**... nunca llevan diéresis sobre la *u*, ya que detrás de ella no aparecen las vocales *e, i*, aunque otras palabras de su misma familia (*paragüero, antigüedad, agüita y lingüística*) sí la lleven.

4 Ortografía de la letra *j*

4.1 La letra *j*

La letra *j* puede aparecer en diferentes posiciones:

- Ante las vocales **a**, **o**, **u**. Ejemplos:

  jarabe *ajo* *ajustar*

- Ante las vocales **e**, **i**. Ejemplos:

  Jerez *vejiga*

  Ante estas vocales, la *g* y la *j* tienen el mismo sonido que la *g* (*gesto, ágil*). Esto produce, a veces, vacilaciones en la escritura (ver 5).

- Aunque no es habitual, la letra *j* puede aparecer también al final de palabra. Ejemplos:

  troj (plural *trojes*)
  carcaj (plural *carcajes*)
  boj (plural *bojes*)
  reloj (plural *relojes*)

4.2 Otras pronunciaciones de la letra *j*

4.2.1 La letra *j* pronunciada como *y*

En algunas palabras de origen extranjero la *j* se pronuncia como si fuera una *y* (con sonido consonántico); en la mayoría de estos casos, la pronunciación es una herencia de la lengua de origen.

- Algunas de estas palabras están recogidas en el *Diccionario* académico con *j* y con *y*, aunque su pronunciación suele ser con *y* (con sonido consonántico). Ejemplos (aparece en primer lugar la forma preferida por la Real Academia Española):

  banjo o *banyo* (del inglés)
  jaguar o *yaguar* (del guaraní)
  yudo o *judo* (del japonés)

- Otras, aunque de uso generalizado, aún no han sido recogidas por el *Diccionario* académico.

jacuzzi	[yacúdsi]	(del japonés)
jeep	[yip]	(del inglés)
jet	[yet]	(del inglés)
jogging	[yógin]	(del inglés)
joystick	[yóistic]	(del inglés)
majorette	[mayorét]	(del inglés)

En algunos casos, el *Diccionario* académico no registra la forma con *j*, pero sí registra una forma paralela con *y*. Ejemplos:

yaz (aunque no está registrado *jazz*)
yóquey o *yoqui* (aunque no está registrado *jockey*)

4 2.2 Algunos casos concretos

- En la expresión latina ***sub júdice*** se ha mantenido la escritura con *j*, aunque debe pronunciarse [sub yúdice].
- La palabra ***júnior*** [júnior] aparece recogida en el *Diccionario* académico únicamente con el significado de «religioso joven». Sin embargo, se usa mucho ***junior*** [yúnior] con el significado de «categoría deportiva» o, referido a una persona, «que pertenece a esa categoría» o «que es más joven que otra de su familia con su mismo nombre». Ejemplos:

  El año que viene pasaremos del equipo juvenil al «junior».
  Como su padre también se llama Pepe, lo llamamos Pepe «junior».

- Las palabras ***yérsey*** y ***yersi*** aparecen recogidas en el *Diccionario* académico como sinónimos de ***jersey***. Se trata de formas usadas en América.

5 Ortografía de las letras *g* y *j* ante *e*, *i*

5 1 Cuestiones previas

5 1.1 Las letras *g* y *j*

- Las letras *g* y *j* delante de las vocales **e**, ***i*** representan el mismo sonido. Ejemplos:

gentil	*digerir*	*giro*	*urgir*
ajeno	*tejer*	*jirafa*	*crujir*

  Esto puede producir vacilaciones en la escritura.

- Las letras *g* y *j* delante de las vocales **a**, **o**, **u** representan dos sonidos distintos, y por este motivo no se produce confusión (ver 3 1.1 y 4 1). Ejemplos:

  baja / *vaga* *ajo* / *hago* *ajuar* / *aguar*

- Aunque no es frecuente, las letras *g* y *j* pueden aparecer también al **final de palabra**. Ejemplos:

zigzag	(plural *zigzags* o *zigzagues*)
iceberg	(plural *icebergs*)
carcaj	(plural *carcajes*)
reloj	(plural *relojes*)

5 1.2 Origen de la diferenciación entre *g* y *j*

El sonido de la *j* no apareció hasta finales del siglo XVI y estaba representado por la letra *x*. Más tarde, para representar este sonido se prefirieron las letras *j* (ante cualquier vocal) y *g* (ante *e, i*).

- Las palabras de origen latino que hoy se escriben con *g* en castellano, suelen proceder de una *g* latina. Ejemplos:

  género < *genus* *regir* < *regere* *gente* < *gentem*

- Las que se escriben con *j* tienen procedencias diversas. Ejemplos:

mujer	<	*mulierem*	*ojo*	<	*oculum*
ejemplo	<	*exemplum*	*viejo*	<	*vetulum*

5 2 Algunas reglas útiles de la *j* ante *e, i*

- Se escriben con *j* todas las palabras acabadas en *-aje*, *-eje* y *-jería*. Ejemplos:

  garaje *esqueje* *mensajería*

  Excepciones más comunes: *colage* (tipo de composición artística), *hipálage, enálage* (figuras retóricas) y *ambages* (rodeos).

- Se escriben con *j* las palabras derivadas de otras acabadas en *-ja*, *-jo*. Ejemplos:

  reja → *rejilla* *paradoja* → *paradójico*
  ojo → *ojera, ojito* *viejo* → *vejestorio*

- Se escriben con *j* las palabras acabadas en *-jero(a)* que proceden de otra palabra que tiene *j* en la raíz. Ejemplos:

  teja → *tejero* *bajo* → *bajera*
  caja → *cajero* *cojo* → *cojera*

- Se escriben con *j* las formas de los verbos que en la raíz tienen la letra *j*. Ejemplos:

  relajar → *relajé, relajes...*
  tejer → *tejí, tejiste, tejió, tejiera...*

- Se escriben con *j* los verbos acabados en *-jear* y todas las formas verbales correspondientes. Ejemplos:

  homenajear → *homenajearon, homenajearán...*
  callejear → *callejeara, callejeamos...*
  hojear → *hojeo, hojearais...*

  Excepción: *aspergear* (rociar).

- Se escriben con *j* (ante e, *i*) las formas de los verbos que en el infinitivo no tienen ni *g* ni *j*. Ejemplos:

  conducir → *conduje, condujiste, condujera...*
  decir → *dije, dijiste, dijera...*
  traer → *traje, trajiste, trajera...*

- Se escriben con *j* las palabras derivadas de otras palabras que tienen *je* o *ji*. Ejemplos:

  monje → *monjil* *trajín* → *trajinar*
  mensaje → *mensajero* *coraje* → *encorajinar*

5 3 Algunas reglas útiles de la *g* ante *e, i*

- Se escriben con **g** todas las palabras que empiezan por el elemento compositivo ***geo***-. Ejemplos:

  ***geo**grafía* ***geo**logía* ***geo**metría*

- Se escriben con **g** todas las palabras que empiezan por ***gest***-. Ejemplos:

  ***gest**o* ***gest**ación* ***gest**ión*

- Se escriben con **g** (ante e, *i*) las formas de los verbos que en el infinitivo acaban en ***-ger***, ***-gir*** y ***-gerar***. Ejemplos:
  *co**ger*** → *cogí, cogieron, cogiera, coge...*
  *re**gir*** → *regí, rigieron, rigiera, rige, registe...*
  *ali**gerar*** → *aligeré, aligerábamos, aligera...*

  Excepciones más comunes: *tejer, destejer* y *crujir.*

- Se escriben con **g** todas las palabras acabadas en los elementos compositivos ***-gogía***, ***-logía*** y ***-lógico****(a)*. Ejemplos:

  *peda**gogía*** *pato**logía*** *meteoro**lógico***

- Se escriben con **g** todas las palabras acabadas en:

  -gélico*(a)*: *an**gélico**, evan**gélico**...*
  -gen (y sus derivados): *mar**gen**, mar**ginal**, mar**ginar**...*
  -genario*(a)*: *octo**genario**, quincua**genario**...*
  -gencia: *re**gencia**, emer**gencia**...*
  -géneo*(a)*: *homo**géneo**, hetero**géneo**...*
  -génico*(a)*: *foto**génico**, oro**génico**...*
  -genio*(a)*: ***genio**, in**genio**...*
  -génito*(a)*: *primo**génita**, con**génito**...*
  -gente: *in**gente**, re**gente**...*
  -gesimal: *sexa**gesimal**, septua**gesimal**...*
  -gésimo*(a)*: *vi**gésima**, tri**gésimo**...*
  -gético*(a)*: *apolo**gético**, ener**gético**...*
  -ígeno: *ox**ígeno**, cancer**ígeno**...*
  -ígero*(a)* o ***-igero****(a)*: ***ligero**, flam**ígero**...*

  Excepciones: *majencia* (de *majo*) y las formas verbales acabadas en *-jen* cuando proceden de verbos que se escriben con *j* (*crujen*, de *crujir*; *trabajen*, de *trabajar...*).

- Se escriben con *g* todas las palabras acabadas en:

  -gia (no [gí-a]): *magia, neuralgia, lumbalgia*...
  -giénico(a): *higiénico*...
  -ginal: *original, marginal*...
  -gíneo(a): *virgíneo*...
  -ginoso(a): *ferruginoso, oleaginoso*...
  -gio(a) (no [gí-o]): *regio, arpegio*...
  -gión (y sus derivados): *región, regional, legión, legionario*...
  -gioso(a): *religioso, prodigioso*...
  -gírico(a): *panegírico*...

  Excepciones: *aguajinoso* (de *agua*), *ejión* (zoquete de madera) y las palabras que terminan en *-plejia*.

5.4 Observaciones a las reglas de *g* y *j* ante *e, i*

5.4.1 Verbos que acaban en *-ger, -gir*

Las formas verbales cuyos infinitivos acaban en *-ger*, *-gir*, se escriben con *g* ante *e, i*; pero si el sonido correspondiente aparece ante las vocales *a, o, u* debe escribirse *j*. Ejemplos:

coger → *cojo, coja*...
regir → *rijo, rija*...
elegir → *elija, elijo*...

Esta variación hace que sean muy frecuentes las faltas de ortografía en verbos con estas terminaciones.

5.4.2 Palabras acabadas en *-aje*

La mayor parte de las palabras españolas con sufijo *-aje* proceden del sufijo francés *-age*. Ejemplos:

potaje, del francés *potage*
garaje, del francés *garage*
bricolaje, del francés *bricolage*

La forma *colage* (del francés *collage*) apareció por primera vez en el *Diccionario* académico de 1992. Esta palabra es una excepción a todas las palabras en *-aje* ya castellanizadas procedentes del francés.

5 4.3 Algunos errores en la pronunciación

En algunas palabras, las dificultades ortográficas se producen por vacilaciones en la pronunciación. Éste es el caso de palabras como las siguientes:

- **cónyuge**: aparece a veces escrita o pronunciada incorrectamente como **cónyugue*, probablemente por cruce con la palabra más usada de la misma familia: *conyugal*.
- **sufragismo** y **sufragista**: aparecen a veces incorrectamente escritas o pronunciadas como **sufraguismo* y **sufraguista*, probablemente por cruce con la palabra más usada de la misma familia: *sufragar*.
- **pergeñar**: aparece a veces escrita o pronunciada incorrectamente como **pergueñar*.

5 5 Algunas palabras homófonas con *g* y con *j*

Las palabras homófonas son aquellas que suenan igual pero se escriben de forma diferente y tienen distinto significado. Éstos son algunos ejemplos de palabras homófonas con *g* y con *j*:

- **gira / jira**

  – **gira**: forma del verbo *girar.* Ejemplo:

  La Tierra gira sobre sí misma.

  gira: viaje o excursión por distintos sitios volviendo al punto de partida. Ejemplo:

  Este verano hicimos una gira turística por todo el norte de Europa.

  – **jira**: merienda campestre. Ejemplo:

  Comimos bien en la jira a la orilla del río.

  jira: pedazo de tela. Ejemplo:

  Hizo jiras el vestido.

- ingerir / injerir o injerirse
  - **ingerir**: introducir algo en el estómago por la boca. Ejemplo:

    La doctora le prohibió ingerir bebidas alcohólicas.
  - **injerir**: unir un brote a una planta. Ejemplo:

    Traté de injerir los naranjos para mejorar la calidad de sus frutos.

  injerirse: entrometerse o intervenir en un asunto ajeno. Ejemplo:

  ¿Cómo se atreve a injerirse así en mis asuntos?

5 6 Palabras que se pueden escribir con *g* y con *j*

La Real Academia Española recoge en su *Diccionario* algunas palabras que pueden escribirse con *g* o con *j*. Ejemplos (aparece en primer lugar la forma preferida por la Academia):

gibraltareño(a) o *jibraltareño(a)*
giga o *jiga*
hégira o *héjira*
jenízaro(a) o *genízaro(a)*
jie(n)nense o *gie(n)nense*
jineta o *gineta*

Algunas dificultades de *g/j* para hablantes del País Vasco y Navarra

Algunas palabras, muy parecidas en castellano y en vasco, se diferencian en la presencia de *g* y *j*.

Por este motivo, al escribir en castellano, se producen a veces vacilaciones en algunas palabras como las siguientes:

· *religión*, no **relijión* (por influencia de *erlijio*)
· *imagen*, no **imajen* (por influencia de *imajina*)
· *gente*, no **jente* (por influencia de *jende*)
· *genio*, no **jenio* (por influencia de *jenio*)

5.8 Algunas dificultades de *g/j* para hablantes de Cataluña, Comunidad Valenciana e Islas Baleares

5.8.1 Muchas de las palabras que en catalán y valenciano terminan con el sufijo *-atge*, acaban en castellano en *-aje*.

Por este motivo, al escribir en castellano, se producen a veces vacilaciones en las palabras con esta terminación. Ejemplos:

· *equipaje*, no **equipage* (por influencia de *equipatge*)
· *garaje*, no **garage* (por influencia de *garatge*)
· *homenaje*, no **homenage* (por influencia de *homenatge*)
· *personaje*, no **personage* (por influencia de *personatge*)
· *plumaje*, no **plumage* (por influencia de *plomatge*)
· *rodaje*, no **rodage* (por influencia de *rodatge*)
· *salvaje*, no **salvage* (por influencia de *salvatge*)
· *viaje*, no **viage* (por influencia de *viatge*)

5.8.2 Algunas palabras, muy parecidas en castellano y en catalán y valenciano, se diferencian en la presencia de *g* y *j*.

Por este motivo, al escribir en castellano, se producen a veces vacilaciones en algunas palabras como las siguientes:

· *bujía*, no **bugía* (por influencia de *bugia*)
· *conserje*, no **conserge* (por influencia de *conserge*)
· *extranjero*, no **extrangero* (por influencia de *estranger*)
· *jirafa*, no **girafa* (por influencia de *girafa*)
· *relojero*, no **relogero* (por influencia de *rellotger*)
· *tarjeta*, no **targeta* (por influencia de *targeta*)

5 9 Algunas dificultades de *g/j* para hablantes de Galicia

5 9.1 En algunas zonas de Galicia existe la *gheada* (pronunciación de *g* ante *a, o, u* como una aspiración cercana a la *j* castellana). Aunque tradicionalmente la *gheada* se ha considerado como un vulgarismo, hoy la Academia Gallega admite su pronunciación.

No obstante, a veces, por ultracorrección, al tratar de evitar la *gheada*, se producen vacilaciones en palabras como las siguientes:

- *Guadalajara*, no **Guadalagara*
- *mágico*, no **máguico*
- *jamás*, no **gamás*

5 9.2 Para evitar las vacilaciones de *g/j* al escribir en castellano, se puede tener en cuenta como **regla general** que muchas de las palabras que en gallego llevan *ll* se escriben en castellano con *j*. Ejemplos:

- *consejo* (en gallego, *consello*)
- *aparejo* (en gallego, *aparello*)
- *cerrajería* (en gallego, *cerrallería*)
- *espejismo* (en gallego, *espellismo*)
- *lenteja* (en gallego, *lentella*)
- *sortija* (en gallego, *sortella*)

ATENCIÓN

Errores frecuentes

- **coger, elegir, exigir, proteger**... se escriben con *g* porque son verbos acabados en *-ger, -gir*, aunque en algunas formas de estos verbos aparece *j* ante las vocales *a, o, u* (*cojo, elija, exijamos, proteja*...).
- **faringe, laringe** y **esfinge** se escriben siempre con *g*.
- **garaje, bricolaje, menaje, hereje**... se escriben con *j* por ser palabras acabadas en *-aje* y *-eje*.
- **crujir** y **tejer** se escriben con *j* por ser excepciones a la regla que señala que los verbos acabados en *-ger* y *-gir* se escriben con *g*.
- **extranjero, tarjeta, mejilla** y **prójimo** se escriben siempre con *j*.

6 Ortografía de la letra *x*

6 1 Cuestiones previas

6 1.1 La letra *x*

La letra *x* representa, históricamente, los sonidos [ks]. Sin embargo, en la lengua oral, habitualmente se pronuncia como [gs] cuando aparece en posición intervocálica o al final de palabra, y como [s], cuando va delante de consonante o está en posición inicial.

La *x* puede aparecer, por tanto, en distintas posiciones:

- Entre dos vocales. Ejemplos:

  taxi *axila* *examen*

- En posición final de palabra. Ejemplos:

  clímax *sílex* *relax*

- Ante una consonante. Ejemplos:

  externo *extraterrestre* *extranjero*

- En posición inicial de palabra. Ejemplos:

  xilófono *xenofobia* *xerocopia*

Su pronunciación ante consonante o en posición inicial, habitualmente como *s*, hace que se produzcan a veces confusiones en la escritura entre *s* y *x*.

6 1.2 La letra *x* con el sonido *j*

La *x* aparece también en algunas palabras como arcaísmo gráfico representando el mismo sonido que la letra *j* (ver 6 6). Ejemplos:

México → [méjico] *Texas* → [téjas] *Oaxaca* → [oajáca]

6 1.3 Otra representación del sonido de la *x*

Los sonidos [ks] que representa la letra *x* en la pronunciación esmerada, aparecen también en algunas palabras representados por la secuencia *cs*. Ejemplos:

fucsia *facsímil* *facsimilar*

6 2 Algunas reglas para evitar la confusión entre *s* y *x*

- Se escriben con **x** las palabras que empiezan por los prefijos *ex-* (fuera de; privación), ***extra-*** (fuera de). Ejemplos:

  excéntrico *exportar* ***extra**ordinario* ***extra**vertido*

- Se escriben con ***x*** las palabras que empiezan por la sílaba *ex-* seguida del grupo *-pr-*. Ejemplos:

  *ex**pr**esivo* *ex**pr**imir* *ex**pr**eso*

- Se escriben con ***x*** las palabras que empiezan por los elementos compositivos ***xeno-*** (extranjero), ***xero-*** (seco) y ***xilo-*** (madera). Ejemplos:

  ***xeno**fobia* ***xero**copia* ***xilo**grafía*

6 3 Familias léxicas con *s* y con *x*

6 3.1 Utilidad de las familias léxicas

Muchas palabras que se escriben con *s* o con *x* en castellano no siguen ninguna regla; por tanto, se hace necesaria la consulta del diccionario para conocer su escritura. Sin embargo, en muchos casos se puede acudir a las familias léxicas para recordar si una palabra se escribe con *s* o con *x*. Generalmente, cuando una palabra se escribe con *s* o con *x*, todas las demás pertenecientes a su familia léxica se escriben igual. Ejemplos:

- *asfixia: asfixiar, asfixiante, asfixiado...*
- *expectante: expectativa, expectación...*

6 3.2 Algunas familias léxicas con *s*

- *espectador: espectáculo, espectacular...*
- *espléndido: esplendor, esplendoroso...*
- *estreñir: estreñimiento, estreñido...*

6 3.3 Algunas familias léxicas con *x*

- *excusa: excusable, excusar, inexcusable...*
- *exhibir: exhibición, exhibicionismo...*
- *extinguir: extinción, inextinguible...*

6 4 Palabras parónimas con *s* y con *x*

6 4.1 Pares de palabras parónimas con *s* y con *x*

Las palabras parónimas son aquellas que se escriben y se pronuncian de forma parecida y tienen significados distintos. Éstos son algunos ejemplos de palabras parónimas con *s* y *x* en las que es más frecuente cometer errores:

- **contesto**: forma del verbo *contestar*. Ejemplo:

  Si no te contesto es porque no lo sé.

  contexto: situación o entorno. Ejemplo:

  No saques mis palabras de contexto.

- **esotérico**(a): oculto, inaccesible a la mente. Ejemplo:

  Han puesto una librería esotérica aquí al lado.

  exotérico(a): accesible o fácil de entender. Ejemplo:

  Sus teorías son completamente exotéricas.

- **seso**: tejido nervioso del cráneo; juicio. Ejemplo:

  Esas palabras indican que tienes poco seso.

  sexo: género en una especie; órganos sexuales. Ejemplo:

  Con esta ecografía aún no se sabe el sexo del bebé.

6 4.2 Otros pares de palabras parónimas con *s* y con *x*

- **cohesión**: unión. Ejemplo: *Hay muy poca cohesión entre los jugadores de su equipo.*

  conexión: relación o enlace. Ejemplo: *Esos cables establecen la conexión del televisor con las antenas.*

- **esclusa**: recinto construido entre dos tramos de diferente nivel en un canal de navegación, provisto de compuertas. Ejemplo: *La revista publica un reportaje sobre las esclusas del canal de Panamá.*

  exclusa: participio femenino del verbo *excluir*. Ejemplo: *Hemos seleccionado las partes 1 a 35, ambas exclusas.*

- **espiar**: observar con disimulo; tratar de obtener información secreta sobre alguien. Ejemplos: *No te dediques a espiar detrás de las puertas. Emilio espiaba para los servicios secretos.*

  expiar: borrar una culpa con la penitencia. Ejemplo: *Su arrepentimiento hizo que quisiera expiar sus culpas.*

- **espirar**: despedir aire u otra sustancia gaseosa. Ejemplo: *Inspiró durante unos segundos y esperó un poco para espirar.*

  expirar: morir. Ejemplo: *El enfermo expiró de madrugada.*

- **estático**(a): parado. Ejemplo: *La imagen del vídeo se ha quedado completamente estática.*

  extático(a): en éxtasis. Ejemplo: *La escultura representa a un monje extático.*

- **estirpe**: conjunto de ascendientes y descendientes. Ejemplo: *Desciende de una ilustre estirpe.*

  extirpe: forma verbal de *extirpar*. Ejemplo: *Es necesario que un especialista te extirpe el quiste.*

- **laso**(a): cansado, sin fuerzas. Ejemplo: *Llegó de la carrera laso y se quedó dormido.*

  laxo(a): flojo, relajado. Ejemplo: *Tus principios morales son demasiado laxos.*

6 5 Palabras que se pueden escribir con *s* y con *x*

La Real Academia Española admite en algunas palabras dos pronunciaciones y, por lo tanto, dos formas distintas de escritura (con *s* o con *x*). Ejemplos (aparece en primer lugar la forma preferida por la Academia):

expolio o *espolio*
mistificación o *mixtificación*
mistificar o *mixtificar*
mixtura o *mistura*

6 6 Palabras con *x* que se pronuncian con *j*

Entre los siglos XVI y XIX, la grafía *x* representaba el mismo sonido que hoy representa la letra *j*. Actualmente quedan restos de tal grafía en algunas palabras (especialmente nombres propios) que, aunque se escriban con *x*, deben pronunciarse con el sonido de la *j*.

- La nueva *Ortografía* académica recoge algunas palabras que se pueden escribir con *x* o con *j*. No obstante, sea cual sea la grafía escogida, la pronunciación ha de ser siempre como *j*, ya que la *x* constituye en estos casos un arcaísmo gráfico. Ejemplos:

  México o *Méjico* *Texas* o *Tejas* *Oaxaca* u *Oajaca*

En atención a la tradición ortográfica americana debe restringirse el uso de las variantes con *j*.

- Hay otras palabras que designan nombres propios de persona o de lugar que admiten también la alternancia *x/j*. Ejemplos:

Ximénez o *Jiménez* (también *Giménez*)
Mexías o *Mejías*

6 7 Palabras que se pueden escribir con *x* y con *j*

Algunas palabras pueden escribirse y pronunciarse con *x* o con *j*. Ejemplos (aparece en primer lugar la forma preferida por la Academia):

complejo(a) o *complexo(a)*
complejidad o *complexidad*
anejo(a) o *anexo(a)*
anexar o *anejar*
luxación o *lujación*

6 8 Algunas dificultades de *s/x* para hablantes de Cataluña, Comunidad Valenciana e Islas Baleares

Algunas palabras, muy parecidas en castellano y en catalán y valenciano, se diferencian en la presencia de *s* y *x*.

Por este motivo, al escribir en castellano, se producen a veces vacilaciones en palabras como las siguientes:

· *extender*, no **estender* (por influencia de *estendre*)
· *extranjero*, no **estranjero* (por influencia de *estranger*)
· *extraño*, no **estraño* (por influencia de *estrany*)

6 Ortografía de la letra x

6 9 Algunas dificultades de *s/x* para hablantes de la zona del español meridional

La reducción generalizada de la pronunciación de la *x* a una *s,* se une en algunas zonas del español meridional al fenómeno de **aspiración de la *s***. Así, la dificultad que supone la distinción entre *s* y *x* en estas zonas puede ser mayor que en otras.

6 10 Algunas dificultades de *s/x* para hablantes de Galicia

Algunas palabras, muy parecidas en castellano y en gallego, se diferencian en la presencia de *s* y *x*.

Por este motivo, al escribir en castellano, se producen a veces vacilaciones en palabras como las siguientes:

- *exagerar,* no **esagerar* (por influencia de *esaxerar*)
- *excusa,* no **escusa* (por influencia de *escusa*)
- *exigir,* no **esigir* (por influencia de *esixir*)
- *extender,* no **estender* (por influencia de *estender*)
- *extraño,* no **estraño* (por influencia de *estraño*)

ATENCIÓN

Errores frecuentes

- **espléndido, esplendor, esplendoroso**... se escriben siempre con *s*.
- **espectador, espectáculo, espectacular**... se escriben siempre con *s*, aunque *expectación, expectativa* y *expectante* se escriban con *x*.
- **excluir, excluido, excluyente** se escriben siempre con *x*.
- **sintaxis** y **yuxtaposición** se escriben siempre con *x*.
- **extraviar, extraviado**... se escriben siempre con *x*, aunque *estrabismo* y *estrábico* se escriban con *s*.
- **extracto, excusa, explanada**... se escriben siempre con *x*.
- **asfixia** se escribe siempre con *s* antes de la *f* y con *x* entre las dos *ies*.

7 Ortografía de las letras *c* y *z*

7 1 Cuestiones previas

7 1.1 Las letras *c* y *z* para un mismo sonido

Las letras *c* y *z* representan, a veces, un mismo sonido. Ejemplos:

zanahoria *cebolla* *cicatriz* *zona* *zumo*

Por este motivo, en ciertas palabras que tienen este sonido se pueden plantear problemas en la escritura.

7 1.2 El seseo y el ceceo

- En algunas zonas de la Península, Canarias y América, el sonido de la *z*, se escriba con **c** o con *z*, se pronuncia generalmente [s]. Ejemplos:

  cenicero [seniséro] *zumo* [súmo]

  Este fenómeno se conoce con el nombre de **seseo**, y está recogido en la norma académica.
- También en algunas zonas de Andalucía y América se produce el fenómeno contrario: la ***s*** se pronuncia como *z*. Ejemplos:

  sitio [zítio] *suyo* [zúyo]

  Este fenómeno se llama **ceceo**, y no está recogido en la norma académica.
- El ceceo y el seseo suponen una mayor dificultad ortográfica en las palabras que contienen las letras *c, z* al entrar en el conflicto también la letra *s* (ver 7 8), e incluso, en ciertos casos, la *x*.

7 2 Algunas reglas útiles de *c* y *z*

- Se escribe *z* delante de *a*, *o*, *u*. Ejemplos:

  zanahoria *zona* *zumo*
- Se escribe *-z* cuando aparece este sonido en posición final de sílaba o de palabra. Ejemplos:

  cabizbajo *azteca* *juez* *audaz*
- Se escribe *c* delante de *e*, *i*. Ejemplos:

  cenicero *cincel*

  Excepciones más comunes: *zéjel, zigzag, zipizape, enzima* (molécula), *nazi* (y sus derivados).

7 3 Observaciones a las reglas de *c* y *z*

7 3.1 Cambio de *z* a *c* y de *c* a *z*

Algunas palabras cambian de *c* a *z* o de *z* a *c* dentro de la misma conjugación verbal o dentro de la misma familia léxica. Esto puede producir algunas dificultades en la escritura. Ejemplos:

- Palabras que terminan en *-z* y forman el plural en ***-ces***. Ejemplos:

  juez → *jue**ces*** *lombriz* → *lombri**ces***
  nuez → *nue**ces*** *perdiz* → *perdi**ces***
  cruz → *cru**ces*** *disfraz* → *disfra**ces***

- Verbos que tienen ***z*** en el infinitivo y cambian a ***c*** en la conjugación. Ejemplos:

  *ca**z**ar* → *ca**c**es, ca**c**é...*
  *reali**z**ar* → *reali**c**en, reali**c**é...*
  *utili**z**ar* → *utili**c**emos, utili**c**é...*

  Verbos que tienen ***c*** en el infinitivo y cambian a ***z*** en la conjugación. Ejemplos:

  *ven**c**er* → *ven**z**o*
  *conven**c**er* → *conven**z**o*
  *cono**c**er* → *cono**z**co*

- Palabras con ***c*** derivadas de otras que se escriben con ***z***. Ejemplos:

  *ajedre**z*** → *ajedre**c**ista*
  *cerve**z**a* → *cerve**c**ería*
  ***l**azo* → *la**c**ito*

  Palabras con ***z*** derivadas de otras que se escriben con ***c***. Ejemplos:

  *dul**c**e* → *endul**z**ar*
  *cau**c**e* → *encau**z**ar*

7 3.2 Nombres propios que constituyen una excepción

Hay algunos nombres propios que constituyen una excepción a la regla porque se escriben con *z* delante de *e, i*. Ejemplos:

***Ze**nón*	***Ze**bedeo*	***Zi**mbabue*
*E**ze**quiel*	***Ze**us*	*Nueva **Ze**landa*

7.4 Palabras homófonas con *c* y con *z*

Las palabras homófonas son aquellas que suenan igual pero se escriben de forma diferente y tienen distinto significado. El siguiente par de palabras es un ejemplo de homófonas con *c* y con *z*:

- encima / enzima

  – **encima**: en una posición o parte superior. Ejemplo:
    He dejado tus libros encima de la mesa.

  – **enzima**: molécula que producen las células vivas. Ejemplo:
    Las enzimas forman parte de muchas reacciones químicas.

7.5 Palabras con *-zz-*

7.5.1 Palabras con *-zz-* procedentes del italiano

- La Real Academia Española registra en su *Diccionario* algunas palabras con *-zz-*. Muchas de estas palabras proceden del italiano y han conservado en nuestra lengua, además de su grafía, su pronunciación. Ejemplos:

  pizza [pídsa] *pizzería* [pidsería]
  pizzicato [pidsicáto] *atrezzo* [atrédso]

  En el caso de *atrezzo*, la Academia ha recogido también la forma *atrezo,* y es frecuente la pronunciación [atrézo] incluso para la forma con *-zz-*.

- Hay otras palabras, procedentes asimismo del italiano, que se escriben con *-zz-* y se pronuncian con [ds], pero que no han sido recogidas en la última edición del *Diccionario* académico. Ejemplos:

  mozzarella [modsaréla] *mezzosoprano* [medsosopráno]
  paparazzi [paparádsi] *intermezzo* [intermédso]

7 5.2 Palabras con -zz- que no proceden del italiano

Otras palabras con *-zz-* no proceden del italiano. En algunas de ellas se conserva la pronunciación de la lengua de origen; en otras se ha adaptado la pronunciación del grupo *zz* a la *z* castellana; y en otros casos se aplica la pronunciación [ds] para *zz,* probablemente por cruce con palabras italianas que tienen esta misma grafía. Ejemplos:

jazz [yas]: ha heredado la pronunciación y la escritura inglesas. Aunque la Academia no ha recogido esta forma, sino *yaz*, es de la forma inglesa de la que se han formado los derivados (no recogidos en el *Diccionario* académico): *jazzista, jazzístico...*

puzzle [púzle]: ha heredado la escritura del inglés, pero ha adaptado su pronunciación a la lengua castellana.

razzia: procede del árabe a través del francés; se admite también *razia* y son habituales las pronunciaciones [rádsia] y [rázia].

jacuzzi [jacúdsi]: procede del japonés y no está recogida en el *Diccionario* académico.

7 6 Palabras que se pueden escribir de dos formas

7 6.1 Palabras que se pueden escribir con *c* y con *z*

En algunas palabras, la RAE admite la alternancia entre *c* y *z.* Ejemplos (aparece en primer lugar la forma preferida por la Academia):

ázimo(a)	o	*ácimo(a)*
cebra	o	*zebra*
cedilla	o	*zedilla*
cenit	o	*zenit*
zigoto	o	*cigoto*
cinc	o	*zinc*
eccema	o	*eczema*
herciano(a)	o	*hertziano(a)*
neozelandés(a)	o	*neocelandés(a)*
zeda	o	*ceda*
zeta	o	*ceta*
zeugma	o	*ceugma*

7 6.2 Palabras que se pueden escribir con *z* y con *s*

En algunas palabras, la RAE admite la alternancia entre *z* y *s*. Ejemplos (aparece en primer lugar la forma preferida por la Academia):

bisnieto(a) o *biznieto(a)*
bizcocho o *biscocho*
cazcarria o *cascarria*
lezna o *lesna*

7 7 Algunas dificultades de *c/z* para hablantes de Cataluña, Comunidad Valenciana e Islas Baleares

7 7.1 En catalán y en valenciano no existe el sonido que se representa en castellano con *c* (ante *e*, *i*) o *z*. Las letras *c* y *z* se utilizan en catalán y valenciano para diferenciar en la escritura la *s* sorda y la *s* sonora. Así, las reglas que rigen en catalán y valenciano la utilización de *c*, *z* no son las mismas que en castellano.

Por este motivo, al escribir en castellano, se pueden producir a veces vacilaciones en palabras como las siguientes:

· *bronce*, no **bronze* (por influencia de *bronze*)
· *catorce*, no **catorze* (por influencia de *catorze*)
· *quincena*, no **quinzena* (por influencia de *quinzena*)
· *once*, no **onze* (por influencia de *onze*)
· *sencillo*, no **senzillo* (por influencia de *senzill*)

7 7.2 En catalán y valenciano se utilizan también *s*, *ss* y *ç* para distinguir *s* sonora y *s* sorda. Las palabras que tienen estos sonidos se corresponden, en muchos casos, con palabras que tienen *c* (ante *e*, *i*) o *z* en castellano.

Por este motivo, al escribir en castellano, se producen a veces vacilaciones en palabras como las siguientes:

- En castellano con *c* o *z*, y en catalán y valenciano con *s* o *ss*:

  · *cazuela*, no **casuela* (por influencia de *cassola*)
  · *cerveza*, no **cervesa* (por influencia de *cervesa*)
  · *decena*, no **desena* (por influencia de *desena*)
  · *gazpacho*, no **gaspacho* (por influencia de *gaspatxo*)
  · *mezcla*, no **mescla* (por influencia de *mescla*)

- En castellano con *z*, y en catalán y valenciano con *ç:*

  · *añoranza*, no **añorança* (por influencia de *enyorança*)
  · *balanza*, no **balança* (por influencia de *balança*)
  · *fuerza*, no **fuerça* (por influencia de *força*)
  · *plaza*, no **plaça* (por influencia de *plaça*)

7 7.3 Para evitar las vacilaciones, al escribir en castellano, se pueden tener en cuenta las **reglas generales** siguientes:

- Los verbos acabados en *-çar* en catalán y valenciano acaban en *-zar* en castellano. Ejemplos:

  · *alzar* (en catalán y valenciano *alçar*)
  · *avanzar* (en catalán y valenciano *avençar* o *avançar*)
  · *comenzar* (en catalán y valenciano *començar*)

- Los adjetivos que en castellano terminan en *-az*, *-iz*, *-oz*, acaban en catalán y valenciano en *-aç*, *-iç*, *-oç*. Ejemplos:

  · *capaz* (en catalán y valenciano *capaç*)
  · *feliz* (en catalán y valenciano *feliç*)
  · *atroz* (en catalán y valenciano *atroç*)
  · *veloz* (en catalán y valenciano *veloç*)

  Hay también otros sustantivos que en castellano terminan en *-z* mientras que en catalán y valenciano acaban en *-ç*. Ejemplos:

  · *antifaz* (en catalán y valenciano, *antifaç*)
  · *faz* (en catalán y valenciano, *faç*)

- Los sufijos *-ança* y *-ença* del catalán y valenciano se corresponden en castellano con los sufijos *-anza* y *-encia* respectivamente. Ejemplos:

  · *alianza* (en catalán y valenciano *aliança*)
  · *confianza* (en catalán y valenciano *confiança*)
  · *esperanza* (en catalán y valenciano *esperança*)
  · *apariencia* (en catalán y valenciano *aparença*)
  · *creencia* (en catalán y valenciano *creença*)

7 8 Algunas dificultades de *c/z/s* para hablantes seseantes y ceceantes

7 8.1 El **seseo** (pronunciación con *s* de *za, ce, ci, zo, zu*) y el **ceceo** (pronunciación de la *s* como *z*) pueden dar lugar a algunas dificultades en la escritura, ya que, a la confusión entre *c* (ante *e*, *i*) y *z*, se une también la confusión con *s* e incluso, en ciertos casos, con *x*.

En ocasiones, estos fenómenos (seseo y ceceo) pueden producir también confusiones entre palabras. Ejemplos:

abrasar / abrazar *casa / caza*
caso / cazo *coser / cocer*

7 8.2 Para evitar las vacilaciones en el **uso de la c** se pueden tener en cuenta las siguientes **reglas generales**:

- Se escribe con **c** el sufijo ***-ción*** de los sustantivos derivados directamente (eliminando sólo la *-r* final) de verbos acabados en ***-ar***, ***-ir***. Ejemplos:

  acentuar → *acentuación* *conversar* → *conversación*
  intuir → *intuición* *prohibir* → *prohibición*

- Se escriben con **c** los verbos acabados en:

  -acer: *hacer, satisfacer, deshacer, complacer, nacer, yacer...*
  -ecer: *padecer, anochecer, agradecer, obedecer, ejercer...*
  -ocer: *cocer, conocer...*
  -ucir: *traducir, lucir, seducir, producir, deducir...*

  Excepciones más comunes: *coser* (y sus derivados) y *toser*.

- Se escriben con **c** los sustantivos y los adjetivos acabados en:

  -icie: *calvicie, planicie...*
  -icio: *ejercicio, desperdicio, indicio, propicio...*

- Se escriben con **c** los sufijos ***-ancia*** y ***-encia*** de los sustantivos abstractos derivados de adjetivos y verbos. Ejemplos:

  arrogante → *arrogancia* *paciente* → *paciencia*
  abundante → *abundancia* *doler* → *dolencia*

- Se escribe con **c** el sufijo ***-cracia*** (gobierno). Ejemplos:

  democracia *teocracia* *acracia*

  Excepción: *idiosincrasia*.

7 **8.3** Para evitar las vacilaciones en el **uso de la *z*** se pueden tener en cuenta las siguientes **reglas generales**:

- Se escribe con ***z*** el sufijo ***-azo****(a)* cuando es aumentativo y cuando significa «acción brusca», «golpe» o «efecto de un golpe». Ejemplos:

  *bes**azo*** *oj**azos*** *buen**aza***
  *cod**azo*** *port**azo*** *fren**azo***

- Se escribe con ***z*** el sufijo despectivo ***-zuelo****(a)*. Ejemplos:

  *reye**zuelo*** *joven**zuelo*** *pla**zuela***

- Se escribe con ***z*** el sufijo ***-anza*** de los sustantivos derivados de un verbo. Ejemplos:

  confiar → *confi**anza*** *esperar* → *esper**anza***

- Se escriben con ***z*** los sufijos ***-ez***, ***-eza*** de los sustantivos abstractos derivados de adjetivos. Ejemplos:

  honrado → *honrad**ez*** *noble* → *nobl**eza***

- Se escribe con ***z*** el sufijo ***-ez*** que sirve para formar apellidos derivados de nombres masculinos. Ejemplos:

  Martín → *Martín**ez*** *Álvaro* → *Álvar**ez***

- Se escribe con ***z*** el sufijo ***-izar*** de los verbos derivados de sustantivos o adjetivos. Ejemplos:

  político → *polit**izar*** *legal* → *legal**izar***

- Se escriben con ***z*** los adjetivos acabados en ***-az***. Ejemplos:

  *efic**az*** *aud**az*** *perspic**az*** *suspic**az***

- Se escriben con ***z*** los adjetivos acabados en ***-izo****(a)* derivados de un verbo. Ejemplos:

  olvidar → *olvidad**izo*** *pegar* → *pegad**iza***

- Se utiliza el grupo ***-zc-*** en las formas de la conjugación de muchos verbos acabados en ***-ecer***, ***-acer*** y ***-ucir***, y en las de **conocer** y sus derivados. Ejemplos:

  *cr**ecer*** → *cre**zc**o* *compl**acer*** → *compla**zc**o*
  *trad**ucir*** → *tradu**zc**o* ***conocer*** → *cono**zc**o*

7 **8.4** Para evitar las vacilaciones en el **uso de la *s*** se pueden tener en cuenta las siguientes **reglas generales**:

- Se escribe *-s* final cuando es una **marca de plural**. Ejemplos:

  coche → *coche**s*** *león* → *leone**s***

- Se escribe con ***s*** el sufijo ***-sión*** de:
  - Los sustantivos derivados de verbos acabados en ***-primir***. Ejemplos:

    imprimir → *impre**sión*** *reprimir* → *repre**sión***

  - Los sustantivos derivados de verbos acabados en ***-der***, ***-dir***, ***-tir*** cuando no conservan esa *d* o esa *t* de la terminación. Ejemplos:

    extender → *exten**sión*** *invadir* → *inva**sión*** *admitir* → *admi**sión***

  - Los sustantivos derivados de verbos acabados en ***-sar*** o ***-cluir*** cuando no conservan la *a* o la *i* de la terminación. Ejemplos:

    regresar → *regre**sión*** *recluir* → *reclu**sión***

- Se escribe con ***s*** el sufijo ***-ésimo(a)*** de los numerales. Ejemplos:

  *vig**ésimo*** *trig**ésimo*** *cent**ésima***

- Se escribe con ***s*** el sufijo ***-ísimo(a)*** de los superlativos. Ejemplos:

  *list**ísima*** *original**ísima*** *sencill**ísimo***

- Se escriben con ***s*** las palabras acabadas en ***-ismo***, ***-ista***. Ejemplos:

  *ab**ismo*** *catec**ismo*** *cub**ista*** *fetich**ista***

- Se escriben con ***s*** los sufijos ***-és(a)*** y ***-ense*** que sirven para formar gentilicios. Ejemplos:

  *franc**és*** *cordob**esa*** *leon**és*** *almer**iense***

- Se escribe con ***s*** el sufijo ***-esa*** de algunos femeninos. Ejemplos:

  alcalde → *alcald**esa*** *duque* → *duqu**esa*** *príncipe* → *princ**esa***

- Se escribe con ***s*** el sufijo ***-esco(a)*** de los adjetivos derivados de sustantivos o de otros adjetivos. Ejemplos:

  novela → *novel**esco*** *gigante* → *gigant**esca***

- Se escribe con ***s*** el sufijo ***-oso(a)*** que forma adjetivos derivados de sustantivos. Ejemplos:

  calor → *calur**oso*** *sabor* → *sabr**oso***

- Se escribe con ***s*** el sufijo ***-ístico(a)***. Ejemplos:

  *humor**ístico*** *novel**ístico*** *log**ístico***

7 9 Algunas dificultades de *c/z* para hablantes del País Vasco y Navarra

El sonido correspondiente al que se representa en castellano con *z* o con *c* (ante *e, i*), se representa en vasco generalmente con *z*. Así, algunas palabras parecidas en castellano y en vasco, se diferencian en la presencia de *c* y *z*.

Por este motivo, al escribir en castellano, se producen a veces vacilaciones en palabras como las siguientes:

· *cine*, no **zine* (por influencia de *zinema*)
· *ciencia,* no **zienzia* (por influencia de *zientzia*)
· *cigarro,* no **zigarro* (por influencia de *zigarro*)

7 10 Algunas dificultades de *c/z* para hablantes de Galicia

Algunas palabras, muy parecidas en castellano y en gallego, presentan *s* en gallego y *c* o *z* en castellano.

Por este motivo, al escribir en castellano, se producen a veces vacilaciones en algunas palabras como las siguientes:

· *izquierda*, no **isquierda* (por influencia de *esquerda*)
· *lápiz*, no **lápis* (por influencia de *lapis*)
· *mezquita*, no **mesquita* (por influencia de *mesquita*)

ATENCIÓN

Errores frecuentes

- **raíces, luces, lápices, felices**... se escriben con *c* porque el sonido de la *z* ante *e* se escribe con *c*, aunque estas palabras en singular terminen en *z* (*raíz, luz, lápiz, feliz...*).
- **empiece, empecé, comencé**... se escriben con *c* porque el sonido de la *z* ante *e* se escribe con *c*, aunque los infinitivos de estos verbos lleven *z* (*empezar, comenzar...*).
- **cabecero, cabecilla, cenicero, lapicero**... se escriben con *c* porque el sonido de la *z* ante *e, i* se escribe con *c*, aunque las palabras de las que derivan se escriban con *z* (*cabeza, ceniza, lápiz...*).

8 Ortografía del grupo *cc*

8 1 Cuestiones previas

El grupo **cc** está formado por dos letras. En la pronunciación cuidada, la primera *c* representa el sonido [k]; la segunda *c*, el sonido de la *z*. Ejemplos:

acción [akzión] *infección* [infekzión] *acceder* [akzedér]

Sin embargo, en la conversación habitual, el grupo *cc* se pronuncia como [gz] o, incluso, en la pronunciación poco cuidada, como una sola *c*. Ejemplos:

acción, pronunciado a veces [agzión] o [ación]
infección, pronunciado a veces [infegzión] o [infeción]
acceder, pronunciado a veces [agzedér] o [acedér]

Por este motivo, se producen a veces errores en la escritura, bien por suprimir una *c* del grupo *cc*, bien por escribir *cc* donde corresponde una sola *c* (ultracorrección).

Es también un error frecuente que debe evitarse la pronunciación de la secuencia *cc* como si fueran dos *zetas*.

8 2 Regla del grupo *cc*

- Se escribe **-cc-** en las palabras acabadas en ***-ción*** si en alguna palabra de la misma familia léxica existe el grupo ***-ct-***. Ejemplos:

  *abstra**cción*** (de la familia de *abstra**ct**o*)
  *infe**cción*** (de la familia de *infe**ct**ar*)
  *infra**cción*** (de la familia de *infra**ct**or*)
  *cole**cción*** (de la familia de *cole**ct**or*)

8.3 Observaciones a la regla del grupo *cc*

8.3.1 Palabras con *-ct-* y *-cc-* que tienen la misma raíz pero distinto prefijo

Algunas palabras acabadas en *-cción* aparentemente no tienen en su familia léxica otra palabra que contenga el grupo *-ct-*. Sin embargo, es posible que haya otras palabras de la misma raíz, aunque con distinto prefijo, que sí contengan este grupo. Ejemplos:

distracción (no hay *distractor* ni *distractivo*, pero sí hay *tractor* y *tracción*, *atractivo* y *atracción*, *contracto*, *contractura* y *contracción*)

jurisdicción (no hay *jurisdictar* ni *jurisdicto*, pero sí *dictar*, *dictamen* y *dicción*)

resurrección (no hay *resurrecto*, pero sí *insurrecto* e *insurrección*)

transacción (no hay *transactivo* o *transacto*, pero sí *acto*, *activo* y *acción*)

8.3.2 Palabras con *-ct-* en el étimo latino

Algunas palabras acabadas en *-cción* no tienen en su familia léxica castellana otra palabra que contenga el grupo *-ct-*. Sin embargo, este grupo sí aparece en la familia léxica de la palabra latina de la que proceden. Ejemplos:

cocción (del latín *coctus*)
confección, *confeccionar* (del latín *confectio*)
fricción, *friccionar* (del latín *frictio*)
micción (del latín *mictio*)
succión, *succionar* (del latín *suctio*)

8.3.3 Palabras con *-cc-* que no acaban en *-cción*

El grupo *cc* también aparece en otras palabras que no tienen la terminación *-cción*. Ejemplos:

accésit	*occidente*	*occitano*
accesorios	*acceso*	*accidente*

8 3.4 Palabras que se escriben con *c*, no con *cc*

Cuando una palabra acabada en *-ción* no tiene en su familia castellana o latina otra palabra que contenga el grupo *ct*, se escribe, generalmente, con una sola *c*. Ejemplos:

concreción → *concreto, concretar* (no **concrecto*, **concrectar*)
objeción → *objeto, objetar* (no **objecto*; **objectar*...)
sujeción → *sujeto, sujetar* (no **sujecto*, **sujectar*...)

8 4 Otras familias léxicas con el grupo *cc*

Muchas palabras que se escriben con cc en castellano no siguen ninguna regla; por tanto, se hace necesaria la consulta del diccionario para conocer su escritura. Sin embargo, en muchos casos se puede acudir, como en la propia regla, a las familias léxicas para recordar si una palabra se escribe con una sola *c* o con *cc*. Generalmente, cuando una palabra se escribe con *cc*, las palabras derivadas de ella se escriben también con *cc*. Ejemplos:

accidente: accidental, accidentado...
confección: confeccionar, confeccionista...
occidente: occidental, suboccidental...
acción: accionar, accionista...

8 5 Palabras parónimas con *c* y con *cc*

Las palabras parónimas son aquellas que se escriben y se pronuncian de forma parecida y tienen significados distintos. Éstos son algunos ejemplos de palabras parónimas con *c* y con *cc*:

- **adición**: añadido, suma. Ejemplo:
  La adición final del manual es muy interesante.

  adicción: dependencia. Ejemplo:
  Mi prima logró por fin superar su adicción a las drogas.

- **afición**: gusto o interés; conjunto de personas que sienten gran interés por algo. Ejemplos:

  El ajedrez es su mayor afición.
  La afición los apoyó en todo momento.

  afección: enfermedad o alteración patológica. Ejemplo:

  Han internado a Marina por una afección intestinal.

- **inflación**: subida del nivel general de precios que produce una disminución del valor del dinero. Ejemplo:

  Durante el mes de enero ha bajado la inflación.

  infracción: desobediencia o incumplimiento. Ejemplo:

  Me pusieron una multa por una infracción de tráfico.

- **reacio**: que muestra resistencia ante una acción. Ejemplo:

  Juan es muy reacio a salir los domingos.

  reacción: respuesta. Ejemplo:

  Nadie sabía cuál iba a ser tu reacción.

8.6 Palabras que se pueden escribir con *c* y con *cc*

Algunas palabras pueden escribirse, y pronunciarse, con *c* o con *cc*. Ejemplos (aparece en primer lugar la forma preferida por la Real Academia Española):

*fla**c**idez* o *fla**cc**idez*
*flá**c**ido(a)* o *flá**cc**ido(a)*

Junto a la forma *eccema* la Academia recoge también *eczema*.

8.7 Algunas dificultades de *cc* para hablantes de Galicia

Algunas palabras, muy parecidas en castellano y en gallego, se diferencian únicamente en la presencia de *c/cc*.

Por este motivo, al escribir en castellano, se producen a veces vacilaciones como las siguientes:

- *afición*, no **afición* (por influencia de *afección*)
- *aficionado*, no **aficcionado* (por influencia de *afeccionado*)
- *objeción*, no **objección* (por influencia de *obxección*)

8.8 Algunas dificultades de *cc* para hablantes de Cataluña, Comunidad Valenciana e Islas Baleares

Algunas palabras, muy parecidas en castellano y en catalán y valenciano, se diferencian únicamente en la presencia de *c* y *cc*.

Por este motivo, al escribir en castellano, se producen a veces vacilaciones como las siguientes:

- *acelerar*, no **accelerar* (por influencia de *accelerar*)
- *acentuar*, no **accentuar* (por influencia de *accentuar*)
- *acepción*, no **accepción* (por influencia de *accepció*)
- *aceptar*, no **acceptar* (por influencia de *acceptar*)
- *objeción*, no **objección* (por influencia de *objecció*)
- *suceder*, no **succeder* (por influencia de *succeir*)
- *sucesivo*, no **succesivo* (por influencia de *successiu*)
- *suceso*, no **succeso* (por influencia de *succés*)

ATENCIÓN

Errores frecuentes

- **sujeción, relación, contrición, objeción, discreción**... se escriben con *c* porque en sus respectivas familias léxicas no hay palabras que contengan el grupo *-ct-*.
- **concreción** se escribe con una sola *c* porque no hay ninguna palabra de su familia léxica que contenga el grupo *-ct-*, aunque su antónimo *abstracción* (de la misma familia léxica que *abstracto*) se escriba con *-cc-*.
- **adición** e **inflación** se escriben con una sola *c*, porque no hay en su familia léxica ninguna palabra que contenga el grupo *-ct-*. No deben confundirse con *adicción* (de la misma familia que *adicto*) e *infracción* (de la misma familia que *infractor*) respectivamente.
- **reducción, producción, traducción**... se escriben con *-cc-* porque en sus respectivas familias léxicas hay palabras que contienen el grupo *-ct-* (*reductor, productor, traductor*...).
- **aflicción, coacción, colección, redacción**... se escriben con *-cc-* porque en sus respectivas familias léxicas hay palabras que contienen el grupo *-ct-* (*aflictivo, coactivo, colector, redactor*...).

9 Ortografía de las letras *c*, *k* y el dígrafo *qu*

9.1 Cuestiones previas

9.1.1 El dígrafo *qu* y la letra *q*

- La letra *q* suele aparecer, en castellano, ante la letra *u*. La secuencia *qu* constituye un dígrafo (suma de dos letras que representan un solo sonido). Ejemplos:

  queso *quimera* *Requena* *aquí*

  Cuando el dígrafo *qu* es inicial de una palabra que debe escribirse con mayúscula, sólo se escribe como tal el primero de los dos componentes del dígrafo. Ejemplos:

  Quevedo, no **QUevedo* *Quintiliano*, no **QUintiliano*

- En algunas palabras de origen no castellano, la *u* que sigue a la *q* sí se pronuncia. En estos casos, la secuencia *qu* no es un dígrafo, sino dos letras independientes. Ejemplos:

  quark [kuárk] *quórum* [kuórum] *quásar* [kuásar]

9.1.2 Las letras *c*, *k* y el dígrafo *qu*

Las letras *c, k* y el dígrafo *qu* (además de la letra *q* en algunas palabras de origen latino o extranjero) pueden representar un mismo sonido en castellano. Ejemplos:

caballo *kilómetro* *raqueta* *quídam*

9.2 Algunas reglas útiles de *c*, *k* y *qu*

- Se escribe ***qu*** delante de **e**, *i* (la ***u*** no se pronuncia en estos casos). Ejemplos:

  que *aquel* *quiero* *quiste*

  Excepciones: algunas palabras de origen latino en las que sí se suele pronunciar la letra *u*.

- Se escribe **c** delante de las vocales ***a***, ***o***, ***u*** y, en algunos casos, al final de palabra y delante de consonante. Ejemplos:

  caserón *cobalto* *cubierta* *yac* *cráter*

- Se escribe ***k*** en algunas palabras procedentes de lenguas no latinas. Puede aparecer ante cualquier vocal, al final de palabra y ante consonante:

  kiwi *káiser* *anorak* *krausismo*

9.3 Algunas observaciones a las reglas de *c*, *k* y *qu*

9.3.1 Diferencia entre *c*, *k* y *q*

La utilización de las letras *c*, *k* y *q* no responden a unas reglas fijas; por esta razón, en muchos casos se hace necesaria la consulta del diccionario para saber cómo se ha de escribir una palabra determinada. Como norma general, la letra *k* aparece en palabras extranjeras más o menos castellanizadas. Sólo la palabra *ka*, nombre de la letra *k*, es castellana.

9.3.2 La letra *c* al final de palabra

La -*c* aparece en posición final de palabra en ciertos vocablos de origen extranjero y en algunas onomatopeyas. Ejemplos:

*biste***c**	*cin***c**/*zin***c**	*fra***c**	*viva***c**
*clo***c**	*ticta***c**	*ti***c**	*cli***c**

En algunas de estas palabras de origen extranjero, la Real Academia Española registra una forma castellanizada que evita el sonido [k] a final de palabra por ser un sonido poco usual en la lengua. Ejemplos (aparece en primer lugar la forma preferida por la Academia):

bistec (plural *bistecs*)	o	*bisté* (plural *bistés*)
clac (plural *clacs*)	o	*claque* (plural *claques*)
coñá (plural *coñás*)	o	*coñac* (plural *coñacs*)
frac (plural *fracs*)	o	*fraque* (plural *fraques*)
vivaque (plural *vivaques*)	o	*vivac* (plural *vivacs*)

- La RAE recoge en su *Diccionario* la variante *bloque* para *bloc*; sin embargo, este uso es muy poco frecuente, probablemente porque produce ambigüedad con el castellano *bloque*.

9.3.3 La familia léxica *okupa, okupar...* y la palabra *bakalao*

La familia léxica *okupa, okupar, okupación...*, de reciente aparición, designa a «las personas (y a las acciones correspondientes) que se adueñan ilegalmente de casas o pisos deshabitados para vivir en ellos». También se ha generalizado el uso de la palabra *bakalao* para designar un «tipo de música de ritmo repetitivo».

Ninguno de estos términos ha sido aún recogido en el *Diccionario* académico.

9 3.4 Palabras con *k* no incluidas en el *Diccionario* académico

También se usan en castellano muchas otras palabras de origen extranjero escritas con *k*, pero que no han sido recogidas en el *Diccionario* académico. Ejemplos:

broker (del inglés)	*katiuska* (del ruso)
flashback (del inglés)	*ketchup* (del inglés)
folk (del inglés)	*kibbutz* (del hebreo)
hockey (del inglés)	*kit* (del inglés)
karaoke (del japonés)	*kitsch* (del alemán)
karateca (del japonés)	*kleenex* (del inglés)
kart (del inglés)	*playback* (del inglés)

9 3.5 Las palabras *quid* y *quidam*

Quid y *quidam* se escriben con *q* por ser palabras latinas. Su pronunciación culta es [kuid] y [kuídam], aunque es muy habitual pronunciarlas como [kid] y [kídam] respectivamente.

9 4 Palabras que se pueden escribir de dos formas

9 4.1 Palabras que se pueden escribir con *k* y con *qu*

En algunas palabras, la RAE recoge su escritura con *k* o con *qu.* Ejemplos (aparece en primer lugar la forma preferida por la Academia):

biquini	o	*bikini*
cuáquero	o	*cuákero*
eusquera	o	*euskera*
kermés	o	*quermés*
kilogramo	o	*quilogramo*
kilómetro	o	*quilómetro*
quiosco	o	*kiosco*
quivi	o	*kiwi*

El *Diccionario* académico registra también las formas *quermes* y *kermes*, aunque no muestra preferencia por ninguna de ellas.

- La RAE recoge la alternancia en el elemento compositivo ***kilo-/quilo-***, aunque en algunos casos, como *kilohercio* o *kilovatio*, el *Diccionario* académico de 1992 sólo recoge la forma con *k-*.

9 4.2 Palabras que se pueden escribir con *k* y con *c*

Algunas palabras pueden escribirse con *c* y con *k*. Ejemplos (aparece en primer lugar la forma preferida por la Academia):

kappa o *cappa*
vodca o *vodka*
yac o *yak*

La Academia recoge también las formas *kurdo* y *curdo*, aunque no muestra preferencia por ninguna de ellas.

9 4.3 Palabras acabadas en *-c*

En algunas palabras de origen extranjero que acaban en -*c*, la Academia ha recogido también en su *Diccionario* una forma castellanizada que evita este sonido al final de palabra (ver 9 3.2).

9 4.4 Otras alternancias recogidas en el *Diccionario* académico

Algunas palabras que pueden escribirse con *c*, admiten también su escritura con *g* o con *q*. En el primer caso, la doble escritura supone también dos posibles pronunciaciones. Ejemplos:

arábigo(a) o *arábico(a)* (la Academia prefiere la primera)
palangana o *palancana*
ubicuidad o *ubiquidad*

9 5 Algunas dificultades de *c/qu* para hablantes de Galicia

Algunas palabras, muy parecidas en castellano y en gallego, se diferencian únicamente en la presencia de *c* y *qu*.

Por este motivo, al escribir en castellano, se producen a veces vacilaciones en algunas palabras como las siguientes:

- *quirúrgico*, no **cirúrgico* (por influencia de *cirúrxico*)
- *quiste*, no **ciste* (por influencia de *ciste*)

9.6 Algunas dificultades de *c/qu* para hablantes de Cataluña, Comunidad Valenciana e Islas Baleares

La letra *q* aparece en catalán y en valenciano ante los diptongos *ua, ue, uo* para representar el sonido que en castellano representa la *c* ante estas vocales.

Por este motivo, al escribir en castellano, se producen a veces vacilaciones como las siguientes:

- Palabras que comienzan en castellano por *cua-*, y en catalán y valenciano por *qua-*:

  · *cuaderno*, no **quaderno* (por influencia de *quadern*)
  · *cuadra*, no **quadra* (por influencia de *quadra*)
  · *cuadrado*, no **quadrado* (por influencia de *quadrat*)
  · *cuadro*, no **quadro* (por influencia de *quadre*)
  · *cual*, no **qual* (por influencia de *qual*)
  · *cualidad*, no **qualidad* (por influencia de *qualitat*)
  · *cuanto*, no **quanto* (por influencia de *quant*)
  · *cuarenta*, no **quarenta* (por influencia de *quaranta*)
  · *cuarentena*, no **quarentena* (por influencia de *quarantena*)
  · *cuartilla,* no **quartilla* (por influencia de *quartilla*)
  · *cuarto,* no **quarto* (por influencia de *quart*)
  · *cuarzo,* no **quarzo* (por influencia de *quars*)
  · *cuatro,* no **quatro* (por influencia de *quatre*)

- Otros casos de *c* en castellano, y *q* en catalán y valenciano:

  · *acuarela,* no **aquarela* (por influencia de *aquarel·la*)
  · *anticuario,* no **antiquario* (por influencia de *antiquari*)
  · *cincuenta,* no **cinquenta* (por influencia de *cinquanta*)
  · *cuestión,* no **questión* (por influencia de *qüestió*)
  · *cuota,* no **quota* (por influencia de *quota*)
  · *encuadernar,* no **enquadernar* (por influencia de *enquadernar*)
  · *frecuente,* no **frequente* (por influencia de *freqüent*)
  · *pascua,* no **pasqua* (por influencia de *pasqua*)

9.7 Algunas dificultades de *c/k* para hablantes del País Vasco y Navarra

Los sonidos representados en castellano por *c* (seguida de *a, o, u*), *qu* (seguida de *e, i*) y *k* se escriben en vasco siempre con *k,* salvo en algunas palabras procedentes de otras lenguas.

Por este motivo, al escribir en castellano, se producen a veces vacilaciones en palabras como las siguientes:

· *clima*, no **klima* (por influencia de *klima*)
· *copia*, no **kopia* (por influencia de *kopia*)
· *gramática*, no **gramátika* (por influencia de *gramatika*)
· *técnica*, no **téknika* (por influencia de *teknika*)

ATENCIÓN

Errores frecuentes

- **bistec** y **coñac** se escriben con *-c* al final de palabra. La Academia recoge también las formas *bisté* y *coñá*.
- **frac** y **bloc** se escriben con *-c* al final de palabra. La Academia recoge también las formas *fraque* y *bloque*.
- **esquí** y todas las palabras de su familia léxica se escriben siempre con *q* aunque procedan del francés *ski*.
- **folclore** y todas las palabras de su familia léxica se escriben siempre con *c* aunque procedan del inglés *folklore*.

10 Ortografía de la letra *d*

10 1 Cuestiones previas

10 1.1 La letra *-d* al final de palabra

La letra *-d* cuando va en posición final de palabra tiene distintas pronunciaciones en función de las zonas geográficas y de los registros de uso. Ejemplos:

*verda**d***, pronunciado a veces [verdáz], [verdát] o [verdá]
*pare**d***, pronunciado a veces [paréz], [parét] o [paré]
*salu**d***, pronunciado a veces [salúz], [salút] o [salú]

Estas pronunciaciones pueden ocasionar interferencias en la escritura.

No obstante, en la lengua culta estándar se pronuncia una *d* relajada al final de palabra.

10 1.2 La letra *-d-* en interior de palabra

- La letra *-d-* **intervocálica** que aparece en la última sílaba de algunas palabras se elimina a veces en la pronunciación, especialmente en las palabras acabadas en *-ado*. El grado de eliminación depende de las zonas geográficas y de los registros de uso. Ejemplos:

  *agota**do***, pronunciado a veces [agotáo]
  *pensa**do***, pronunciado a veces [pensáo]

  Estas pronunciaciones pueden ocasionar, en algunos casos, interferencias en la escritura.

  No obstante, en la lengua culta estándar se pronuncia una *-d-* intervocálica relajada.

- La letra *d* **al final de sílaba**, tiene a veces distintas pronunciaciones en función de las zonas geográficas y de los registros de uso. Ejemplos (la *h* indica una aspiración, como una *j* suave):

  *a**d**vertir*, pronunciado a veces [azvertír] o [ahvertír]
  *rea**d**mitir*, pronunciado a veces [reazmitír] o [reahmitír]

Esta vacilación en la pronunciación puede producir errores en la escritura.

No obstante, en la lengua culta estándar la *d* final de sílaba se pronuncia como *d* más o menos relajada.

10 2 Algunas reglas útiles de la *-d* al final de palabra

- Se escriben con *-d* final todos los sustantivos y adjetivos cuyo plural termina en *-des*. Ejemplos:

  pared (plural *paredes*) *red* (plural *redes*)
  huésped (plural *huéspedes*) *ciudad* (plural *ciudades*)

- Se escriben con *-d* final todos los **imperativos** de la segunda persona del plural. Ejemplos:

  esperad *corred* *salid*
  tomad *volved* *subid*

10 3 La *-d* final de los imperativos

Debe evitarse pronunciar la *-d* final de los imperativos de segunda persona del plural como [r]. Este error es muy frecuente tanto en la pronunciación como en la escritura. Ejemplos:

callad, no **callar*
bebed, no **beber*
unid, no **unir*

Callar, beber y *unir* son formas del infinitivo, no del imperativo.

10 4 La letra *-d-* en posición interior de palabra

10 4.1 La letra *d* al final de sílaba

No existen reglas fijas para saber cuándo debe ponerse *d* al final de la sílaba. En caso de duda se hace necesaria la consulta del diccionario.

10 4.2 La letra *-d-* entre vocales

En muchas palabras que contienen una *d* en la última sílaba, es frecuente en la pronunciación la relajación de esta *-d-* (cuando es intervocálica) hasta desaparecer. Esta omisión no debe reflejarse en la escritura.

La relajación de esta *-d-* se produce especialmente en los participios, los adjetivos y los sustantivos acabados en *-ado* cuando son palabras llanas. Ejemplos:

*cans**ado***, pronunciado a veces [cansáo]
*educ**ado***, pronunciado a veces [educáo]
*rec**ado***, pronunciado a veces [recáo]
*color**ado***, pronunciado a veces [coloráo]

En algunas zonas geográficas y en ciertos registros de uso, la pérdida de la *-d-* intervocálica de la terminación *-ado* se ha ampliado a otros casos:

- Pérdida de la *-d-* intervocálica de los participios acabados en ***-ido***. Ejemplos:

  *perd**ido***, pronunciado a veces [perdío]
  *ped**ido***, pronunciado a veces [pedío]
  *viv**ido***, pronunciado a veces [vivío]

- Pérdida de la *-d-* intervocálica de algunas **terminaciones**. Ejemplos:

  -da: *bajada,* pronunciado a veces [bajá]
  -do: *recado,* pronunciado a veces [recáo]
  -dor: *madrugador,* pronunciado a veces [madrugaór]

- Pérdida de la *-d-* intervocálica en ciertas **palabras**. Ejemplos:

  dedo pronunciado a veces [déo]
  nudo, pronunciado a veces [núo]

10 5 Algunas dificultades de la *d* para hablantes de Cataluña, Comunidad Valenciana e Islas Baleares

10 5.1 En catalán y valenciano, al **final de palabra** es mucho más frecuente la letra *-t* que la *-d*. Así, muchas palabras que en castellano terminan en *-d* se corresponden con palabras acabadas en *-t* en catalán y valenciano.

Por este motivo, al escribir en castellano, se producen a veces vacilaciones en palabras como las siguientes:

- Palabras acabadas en *-dad* en castellano, y en *-dat* o en *-tat* en catalán y valenciano:

  · *bondad*, no **bondat* (por influencia de *bondat*)
  · *ciudad*, no **ciudat* (por influencia de *ciutat*)
  · *crueldad*, no **crueldat* (por influencia de *crueltat*)
  · *edad*, no **edat* (por influencia de *edat*)
  · *habilidad*, no **habilidat* (por influencia de *habilitat*)
  · *igualdad*, no **igualdat* (por influencia de *igualtat*)
  · *publicidad*, no **publicidat* (por influencia de *publicitat*)
  · *sanidad*, no **sanidat* (por influencia de *sanitat*)

- Palabras acabadas en *-ed* o en *-ud* en castellano, y en *-et* o en *-ut* en catalán y valenciano:

  · *juventud*, no **juventut* (por influencia de *joventut*)
  · *pared*, no **paret* (por influencia de *paret*)
  · *salud*, no **salut* (por influencia de *salut*)
  · *sed*, no **set* (por influencia de *set*)
  · *virtud*, no **virtut* (por influencia de *virtut*)

10 5.2 **En interior de palabra** se producen a veces vacilaciones, ya que algunas palabras muy parecidas en castellano y en catalán y valenciano se diferencian en que se escriben con *d* en castellano, y con *-dd-*, en catalán y valenciano. Ejemplos:

· *adición*, no **addición* (por influencia de *addició*)
· *adicción*, no **addicción* (por influencia de *addicció*)
· *aditivo*, no **additivo* (por influencia de *additiu*)

10 6 Algunas dificultades de la *d* para hablantes de Galicia

En gallego no hay palabras acabadas en *-d*, sí en *-de*. Para evitar las vacilaciones al escribir en castellano se puede tener en cuenta, como **regla general**, que todas las palabras (habitualmente sustantivos abstractos) que en gallego terminan en *-de*, en castellano acaban en *-d*. Ejemplos:

- *amistad* (en gallego *amizade*)
- *bondad* (en gallego *bondade*)
- *libertad* (en gallego *liberdade*)
- *verdad* (en gallego *verdade*)
- *soledad* (en gallego *soidade*)

10 7 Algunas dificultades de la *d* para hablantes del centro y el norte peninsular

En ciertas zonas geográficas del centro y del norte peninsular, la *-d* y la *-z* finales de palabra se confunden, a veces, en la pronunciación.

Para evitar las vacilaciones, al escribir en castellano se puede tener en cuenta, como **regla general**, que los sustantivos y los adjetivos terminados en *-z* forman el plural añadiendo *-ces*. Ejemplos:

- *capaz* (plural *capa**ces***)
- *luz* (plural *lu**ces***)
- *voz* (plural *vo**ces***)

frente a:

- *aba**d*** (plural *aba**des***)
- *alu**d*** (plural *alu**des***)
- *actitu**d*** (plural *actitu**des***)

10.8 Algunas dificultades de la *d* para hablantes del centro peninsular y de la zona del español meridional

En muchas zonas del español meridional es frecuente la desaparición de la *-d* final de palabra. Aunque esta pronunciación es frecuente, no debe reflejarse en la escritura. Ejemplos:

· *actividad,* pronunciado a veces [actividá]
· *pared,* pronunciado a veces [paré]
· *lentitud,* pronunciado a veces [lentitú]

ATENCIÓN

Errores frecuentes

- **callad, hablad, escribid**... se escriben y se pronuncian con *-d* final (no con *-r*) porque son imperativos de la segunda persona del plural.
- **pared, césped, verdad**... se escriben con *-d* final porque su plural termina en *-des* (*paredes, céspedes, verdades*).
- **Bilbao, bacalao**... se escriben sin *-d*; es un error de ultracorrección pronunciarlas *[Bilbádo] o *[bacaládo].

11 Ortografía del dígrafo *ll* y de la letra *y*

11 1 Cuestiones previas

11 1.1 El dígrafo *ll*

Hasta abril de 1994 (X Congreso de Academias de la Lengua Española), la Real Academia Española consideraba la secuencia *ll* como una sola letra con el nombre de «elle». La *ll* era, por tanto, una letra del abecedario situada entre la *l* y la *m*.

A partir de 1994, la Academia considera, **a efectos de ordenación alfabética**, la secuencia *ll* como un dígrafo (suma de dos letras que representan un solo sonido); es decir, las palabras con *ll* deben aparecer en el diccionario entre las palabras escritas con *li* y las escritas con *lo*.

Sin embargo, **a efectos fónicos** la *Ortografía* académica de 1999 sigue considerando la secuencia *ll* como una letra, ya que representa un solo sonido. Ejemplos:

llave *belleza* *allí* *llover* *cabelludo*

- Cuando el dígrafo *ll-* es inicial de una palabra que debe escribirse con mayúscula, sólo se escribe como tal el primero de los dos componentes del dígrafo. Ejemplos:

  Llobregat, no **LLobregat* *María **Ll**anos*, no **María LLanos*

11 1.2 La letra *y*

La letra *y* puede representar dos sonidos distintos:

- Sonido **consonántico** (en posición inicial o interior de palabra). Ejemplos:

  yate *ayer* *rayitas* *yo* *ayuda*

- Sonido **vocálico** como el de la *i* (en posición final de palabra). Ejemplos:

  doy *voy* *samuray* *carey* *jersey*

11 Ortografía del dígrafo *ll* y de la letra *y*

11 1.3 El yeísmo

El yeísmo es la identificación en la pronunciación de los sonidos correspondientes a *ll* e *y* (como palatales centrales, o como prepalatales, en zonas del Río de la Plata). La mayor parte de los hablantes de español son yeístas, aunque en algunas zonas se mantiene la distinción.

En las zonas yeístas se pronuncian igual estos pares de palabras:

cayó / *calló*   *haya* / *halla*   *rayar* / *rallar*

Esta identificación en la pronunciación (recogida en la norma académica) produce a veces errores en la escritura.

11 2 Algunas reglas útiles de la *y*

Uso de la *y* con sonido consonántico

- Se escriben con **y** todas las formas verbales que contienen la secuencia *y+e, o*, si su infinitivo no tiene *ll* ni *y*. Ejemplo:

  oír → *oyendo, oyó...*
  creer → *creyente, creyéramos...*

- Se escriben con **y** las formas verbales cuyo infinitivo acaba en -***uir***. Ejemplos:

  *hu**ir*** → *hu**y**ó, hu**y**éramos...*
  *concl**uir*** → *conclu**y**ó, conclu**y**eseis...*

- Se escriben con **y** las palabras que tienen la sílaba -*yec*-. Ejemplos:

  *pro**yec**ción*   *e**yec**tar*   *in**yec**tar*

- Se escribe **y** detrás de los prefijos ***ad***-, ***dis***- y ***sub***-. Ejemplos:

  ***ady**acente*   ***disy**unción*   ***suby**ugar*

Uso de la *y* con el sonido [i]

- Se escriben con **y** todas las palabras acabadas en el sonido vocálico *i*, cuando va precedido de una vocal con la que forma diptongo o triptongo. Ejemplos:

  carey   *rey*   *jersey*   *buey*   *muy*

  Excepciones más comunes: *saharahui* y *bonsái*, y algunas formas verbales, como *hui* o *fui*.

11.3 Algunas reglas útiles del dígrafo *ll*

- Se escriben con *ll* las palabras que acaban en *-illa*, *-illo* y *-ullo*. Ejemplos:

  mesilla *sotanillo* *orgullo*

  Excepciones más comunes: *cuyo(a), suyo(a), tuyo(a).*

- Se escriben con *ll* los verbos cuyo infinitivo acaba en *-illar*, *-ellar*, *-ullar* y *-ullir*. Ejemplos:

  pillar *atropellar* *aullar* *engullir*

11.4 Observaciones a las reglas de la *y*

11.4.1 Plural de las palabras acabadas en *-y*

Las palabras acabadas en *-y* pueden formar el plural de dos maneras:

- Se añade -*es* y se consonantiza la *y*. Ejemplos:

  ley → *leyes* *ay* → *ayes* *buey* → *bueyes*

- Se añade -*s* y la *y* se convierte en *i*. Ejemplos:

  jersey → *jerséis* *póney* → *poneis* *yóquey* → *yoqueis*

  Para las palabras *póney* y *yóquey* se utilizan también los plurales *póneys* y *yóqueys*.

11.4.2 Algunos gerundios con *y*

- La forma de gerundio del verbo *ir* es *yendo*; no se debe escribir **iendo* ni **llendo.*
- La forma de gerundio del verbo *proveer* es *proveyendo*. No debe confundirse con el gerundio de *prever* (*pre*+*ver*), que es *previendo*.

11 5 Palabras homófonas con *y* y con *ll*

Las palabras homófonas son aquellas que se pronuncian igual pero se escriben de forma diferente y tienen distinto significado.

Éstos son algunos ejemplos de palabras homófonas con *y* y con *ll*. En las zonas no yeístas, estas palabras no son homófonas sino parónimas (se pronuncian de forma parecida, pero no se escriben igual):

- arrollo / arroyo
  - **arrollo**: forma del verbo *arrollar*. Ejemplo:
    Casi te arrollo con el coche esta mañana.
  - **arroyo**: riachuelo. Ejemplo:
    Bebí agua del arroyo.
- callado / cayado
  - **callado**: participio del verbo *callar*. Ejemplo:
    Yago estuvo serio y callado toda la tarde.
  - **cayado**: bastón. Ejemplo:
    El pastor se apoyaba en su cayado para caminar.
- calló / cayó
  - **calló**: forma del verbo *callar*. Ejemplo:
    Lorenzo se calló para no meter la pata.
  - **cayó**: forma del verbo *caer*. Ejemplo:
    Cayó mucha agua del tejado.
- haya / aya / halla
  - **haya**: forma del verbo *haber*. Ejemplo:
    Ojalá haya mucha gente en la fiesta.

    haya: tipo de árbol. Ejemplo:
    El haya es propia de climas húmedos.
  - **aya**: niñera. Ejemplo:
    El aya se encargará de cuidar del niño.
  - **halla**: forma del verbo *hallar*. Ejemplo:
    Javier no halla la forma de localizarte.

- hulla / huya
  - **hulla**: clase de carbón. Ejemplo:
    La hulla se utiliza como combustible.
  - **huya**: forma del verbo *huir*. Ejemplo:
    ¡Que no huya nadie: todo era una broma!
- malla / maya
  - **malla**: red. Ejemplo:
    Metí las patatas en una malla de plástico.

    malla: prenda de vestir. Ejemplo:
    El bailarín llevaba puesta una malla.
  - **maya**: antiguo pueblo americano. Ejemplo:
    Raúl es especialista en arquitectura maya.
- olla / hoya
  - **olla**: recipiente redondeado para cocinar. Ejemplo:
    ¿Has puesto los calabacines en la olla?
  - **hoya**: concavidad en la tierra. Ejemplo:
    El sepulturero introdujo el ataúd en la hoya.
- pollo / poyo
  - **pollo**: cría de ave. Ejemplo:
    Me encantan las alitas de pollo.
  - **poyo**: banco de piedra. Ejemplo:
    Pedro te espera sentado en aquel poyo.
- pulla / puya
  - **pulla**: dicho agudo para herir a alguien. Ejemplo:
    No me lances esas pullas ni en broma.
  - **puya**: punta acerada de vara de picadores. Ejemplo:
    El picador esperó para clavar la puya.
- rallar / rayar
  - **rallar**: desmenuzar algo con el rallador de cocina. Ejemplo:
    Hay que rallar pan para empanar el filete.
  - **rayar**: trazar rayas. Ejemplo:
    Ten cuidado para no rayar la mesa.

- rallo / rayo
  - **rallo**: forma del verbo *rallar*. Ejemplo:
    Si no rallo la zanahoria, no saldrá tan bueno el guiso.
  - **rayo**: chispa eléctrica atmosférica. Ejemplo:
    El incendio se produjo al caer un rayo sobre un árbol.

    rayo: línea de luz. Ejemplo:
    Por esa rendija apenas entra un rayo de sol.

    rayo: forma del verbo *rayar*. Ejemplo:
    Si rayo el parqué es sin querer.
- valla / vaya / baya
  - **valla**: línea de estacas o de tablas. Ejemplo:
    Yo no puedo saltar esa valla tan alta.
  - **vaya**: forma del verbo *ir*. Ejemplo:
    Tal vez vaya esta tarde al río.
  - **baya**: clase de fruto. Ejemplo:
    ¿No sabías que el tomate es una baya?

11 6 Palabras con *y* que se pueden escribir de dos formas

La *y* alterna en algunas palabras con otras letras o secuencias. Ejemplos:

- Las palabras ***hierba*** y ***hiedra*** pueden escribirse también ***yerba*** y ***yedra*** respectivamente (aunque la Academia prefiere las primeras). Esta alternancia no se extiende, sin embargo, a las palabras de la familia léxica de *hierba* (*hierbajo, hierbabuena.*), ni a otras palabras que comienzan por *hie-* (*hielo, hiel...*).

  No deben confundirse estas alternancias con el par ***hierro*** (metal) / ***yerro*** (equivocación). Aunque se pronuncian de forma muy parecida, tienen significados distintos.
- La Academia recoge las formas ***mayonesa*** o ***mahonesa*** y ***póney*** o ***poni*** (prefiere las que aparecen en primer lugar).
- En ciertos casos, la RAE admite la alternancia entre *y* y *j* (ver 4 2.1).

11 7 Algunas dificultades de *ll*/*y* para hablantes de Cataluña, Comunidad Valenciana e Islas Baleares

11 7.1 La conjunción copulativa (en castellano *y*) siempre se escribe con *i* latina en catalán y valenciano. Esto puede producir algunas confusiones en la escritura.

11 7.2 Algunas palabras muy parecidas se escriben con *y* en castellano, y con *ll* o *tll* en catalán y valenciano.

Por este motivo, al escribir en castellano se producen a veces vacilaciones en palabras como las siguientes:

· *raya* (línea), no **ralla* (por influencia de *ratlla*)
· *subrayar*, no **subrallar* (por influencia de *subratllar*)

11 7.3 Algunas palabras muy parecidas se escriben con *y* en castellano, y con *i* o con *j* en catalán y valenciano.

Por este motivo, al escribir en castellano, se producen a veces vacilaciones en palabras como las siguientes:

- En castellano, con *y*; en catalán y valenciano, con *i*:
  · *bayeta*, no **baieta* (por influencia de *baieta*)
  · *joya*, no **joia* (por influencia de *joia*)
  · *ley*, no **lei* (por influencia de *llei*)
  · *yoga*, no **ioga* (por influencia de *ioga*)
- En castellano, con *y*; en catalán y valenciano, con *j*:
  · *inyección*, no **injección* (por influencia de *injecció*)
  · *proyectil*, no **projectil* (por influencia de *projectil*)
  · *proyecto*, no **projecto* (por influencia de *projecte*)

11 7.4 La *ll* del catalán y del valenciano representa un sonido distinto de la *ll* y la *l* castellanas. Algunas palabras que en castellano se escriben con *l*, en catalán y valenciano se escriben con *l* geminada (*l·l*).

Por este motivo, al escribir en castellllano, se producen a veces vacilaciones en palabras como las siguientes:

· *alergia*, no **allergia* (por influencia de *al·lèrgia*)
· *novela*, no **novella* (por influencia de *novel·la*)
· *película*, no **pellícula* (por influencia de *pel·lícula*)

11 8 Algunas dificultades de *ll/y* para hablantes de Galicia

La mayor parte de los hablantes gallegos son yeístas y, por tanto, no distinguen *y* y *ll* en la pronunciación.

Para evitar las vacilaciones, al escribir en castellano, se pueden tener en cuenta las siguientes **reglas generales**:

- Muchas palabras que en gallego presentan una *i* intervocálica o inicial seguida de vocal, presentan *y* en castellano. Ejemplos:
  - *ensayo* (en gallego *ensaio*)
  - *yate* (en gallego *iate*)
- Muchas palabras que en gallego presentan una *x* tienen *y* en castellano. Ejemplos:
  - *proyecto* (en gallego *proxecto*)
  - *yema* (en gallego *xema*)
- Muchas palabras que en gallego se escriben con *l* presentan *ll* en castellano. Ejemplos:
  - *apellido* (en gallego *apelido*)
  - *sello* (en gallego *selo*)
- Muchas palabras que en gallego presentan *ch* se escriben con *ll* en castellano. Ejemplos:
  - *llama* (en gallego, *chama*)
  - *llegar* (en gallego, *chegar*)

ATENCIÓN

Errores frecuentes

- **hallar** (encontrar) y todas sus formas verbales (*hallara, halló*...) se escriben con *ll*. No deben confundirse con algunas formas del verbo auxiliar *haber* (*haya, hayan*...).
- **valla** (línea de estacas o tablas) se escribe con *ll*. No debe confundirse con la forma *vaya* del verbo *ir* ni con la interjección *vaya*.
- **rayar** (hacer rayas) y todas sus formas verbales y derivados (*rayó, rayara, subrayar*...) se escriben con *y*. No deben confundirse con *rallar* (desmenuzar con un rallador).

12 Ortografía de la letra *r* y el dígrafo *rr*

12 1 Cuestiones previas

La letra ***r*** puede representar dos sonidos distintos:

- El sonido vibrante simple. Ejemplos:

  cara *pared* *cerilla* *poroso* *Perú*

- El sonido vibrante múltiple. Ejemplos:

  rústico *Enrique* *subrayar*

  El sonido vibrante múltiple puede estar también representado por ***rr***. Esta secuencia constituye un **dígrafo** (suma de dos letras que representa un único sonido). Ejemplos:

  carro *mirra* *carrillo* *arruga*

El hecho de que el sonido vibrante múltiple pueda estar representado, según su posición, tanto por *r* como por *rr*, hace que se produzcan vacilaciones en la escritura.

12 2 Algunas reglas para escribir *r* o *rr*

- Para representar el sonido **vibrante simple** se utiliza siempre la letra ***r***. Ejemplos:

  arisco *olor* *Carolina* *pradera* *cerca*

- Para representar el sonido **vibrante múltiple** se utilizan la letra ***r*** y el dígrafo ***rr***.
  - Se escribe ***-rr-*** en posición intervocálica. Ejemplos:

    alcaparra *carro* *turrón*
  - Se escribe ***r-*** al principio de palabra. Ejemplos:

    rubio *reacio* *rizado*
  - Se escribe ***r*** detrás de las consonantes ***l***, ***n*** y ***s***. Ejemplos:

    alrededor *enrollar* *Israel*
  - Se escribe ***r*** detrás de las consonantes ***b***, ***d***, ***t*** cuando la *r* no forma sílaba con ellas. Ejemplos:

    subrayar (*sub-ra-yar*)
    ciudadrealeño (*ciu-dad-re-a-le-ño*)
    postromanticismo (*post-ro-man-ti-cis-mo*)

12 3 Palabras prefijadas y compuestas con *r* y *rr*

Algunas palabras prefijadas y compuestas se forman a partir de palabras que comienzan con *r-*.

- En estos casos, se escribe *-**rr**-* si el sonido correspondiente queda en posición intervocálica. Ejemplos:

  anti + reumático → *anti**rr**eumático*
  extra + radio → *extra**rr**adio*

- *Sin embargo, se escribe -**r**-* si el sonido correspondiente ha quedado entre una consonante y una vocal. Ejemplos:

  des + riñón + ar → *des**r**iñonar*
  post + romanticismo → *post**r**omanticismo*

- Las palabras formadas con el prefijo ***super-*** y una palabra que empiece por *r-* deben escribirse con el dígrafo *rr*, que recoge la *-r* final del prefijo y la *r-* inicial de la palabra. Ejemplos:

  *supe**rr**ealismo* *supe**rr**ápido*

  La pronunciación en estos casos corresponde a *r*+*rr*. Probablemente, por este motivo se tiende a escribir estas palabras con guión (**super-realismo*, **super-rápido*...), aunque deben escribirse en una sola palabra sin guión.

12 4 Palabras que se pueden escribir con *r* y con *rr*

La Real Academia Española admite en algunas palabras dos pronunciaciones y, por lo tanto, dos formas distintas de escritura (con *r* o con *rr*). Ejemplos (aparece en primer lugar la forma preferida por la Academia):

aturrullar o *aturullar*
bacará o *bacarrá*
cimborrio o *cimborio*
garapiñar o *garrapiñar*
harapo o *harrapo*

En el caso de *aturrullar* y *garapiñar*, aunque la Academia prefiere estas formas, son más frecuentes en el uso *aturullar* y *garrapiñar.*

12.5 Algunas dificultades de *r/l* para hablantes de la zona del español meridional

12.5.1 Es frecuente en algunas zonas del español meridional la confusión en la pronunciación (y, por tanto, en la escritura) de los sonidos *-r* y *-l* al final de sílaba o de palabra.

En ocasiones, esta identificación en la pronunciación puede producir confusiones entre palabras. Ejemplos:

sarta / salta *absorber / absolver* *cardo / caldo*

12.5.2 Para evitar las vacilaciones en la escritura de *r* y *l* al final de sílaba en interior de palabra, se pueden tener en cuenta aquellos casos en los que la palabra está formada con un determinado elemento compositivo que incluye *l* o *r* al final de sílaba. Ejemplos:

· ***per-***: *permitir, persuadir, permutar, perseguir, percatarse...*
· ***narco-***: *narcotraficante, narcotráfico, narcótico...*
· ***multi-***: *multiplicar, multifrecuencia, multimillonario...*

También puede ser útil, para evitar la confusión entre *r* y *l* al final de sílaba, recurrir a las familias léxicas para recordar las palabras que contienen *r* o *l* al final de sílaba o de palabra. Ejemplos:

· *hermano*: *hermandad, hermanastro, hermandar...*
· *norma*: *normativa, normalizar, normal...*

12.5.3 Para evitar las vacilaciones en la escritura de *r* y *l* al final de palabra, se pueden tener en cuenta las siguientes **reglas generales**:

- Los infinitivos de los verbos siempre acaban en *-r*. Ejemplos:

  cantar *mecer* *sufrir*

- Algunos sufijos como *-dor, -sor, -tor* siempre acaban en *-r*. Ejemplos:

  *peca**dor*** *previ**sor*** *proyec**tor***

- Todas las palabras cuyo plural termina en *-res* acaban en *-r* en el singular. Ejemplos:

  *mujer → muje**res*** *olor → olo**res***

- La forma del artículo masculino singular *el* y sus contracciones *al* y *del* siempre acaban en *-l*.

- Todas las palabras cuyo plural termina en *-les*, acaban en *-l* en el singular. Ejemplos:

  *jornal → jorna**les*** *abril → abri**les***

12.6 Algunas dificultades de *r*/*rr* para hablantes de Cataluña, Comunidad Valenciana e Islas Baleares

El castellano y el catalán y valenciano se diferencian en la utilización de *r y rr* en la formación de palabras compuestas. Así, en castellano se utiliza *-rr-* cuando al formar la palabra compuesta o prefijada, el sonido correspondiente queda en posición intervocálica; sin embargo, en catalán y valenciano, se utiliza *r* en estos casos.

Por este motivo, al escribir en castellano, se producen a veces vacilaciones en casos como los siguientes:

- Palabras con prefijos bisílabos:
  - *autorretrato*, no *autoretrato* (por influencia de *autoretrat*)
  - *infrarrojo*, no *infrarojo* (por influencia de *infraroig*)
  - *semirrecta*, no *semirecta* (por influencia de *semirecta*)
- Palabras formadas con los prefijos *a-* (privativo), *bi-*, *tri-* (y otros prefijos que indican número):
  - *arritmia*, no *aritmia* (por influencia de *arítmia*)
  - *birrectángulo*, no *birectángulo* (por influencia de *birectangle*)
- Palabras compuestas:
  - *telerreceptor*, no *telereceptor* (por influencia de *telereceptor*)
  - *termorregulación*, no *termoregulación* (por influencia de *termoregulació*)

ATENCIÓN

Errores frecuentes

- **alrededor, sonreír, honrar, Israel**... se escriben con una sola *r* porque detrás de las consonantes *l, n* y *s* siempre se escribe una sola *r* para el sonido vibrante múltiple.
- **subrayar, subrogar, postromántico**... se escriben con una sola *r* detrás de la consonante para representar el sonido vibrante múltiple.
- **extrarradio, pararrayos, infrarrojo, manirroto**... son palabras compuestas que se escriben con *-rr-* porque la *r-* inicial (vibrante múltiple) del segundo componente se une a la vocal final del primer componente, quedando la *r* en posición intervocálica y transformándose, por tanto, en *-rr-*.

13 Ortografía de las letras *n* y *m*

13 1 Cuestiones previas

Aunque las letras ***n*** y ***m*** suelen representar sonidos distintos, cuando están en posición final de sílaba, delante de las consonantes ***b***, ***p*** y ***v***, se pronuncian igual. Ejemplos:

*A**mb**eres*	*a**nv**erso*
*co**mb**inar*	*co**nv**idar*
*ti**mb**ales*	*i**nv**ades*

Por este motivo, se producen a veces vacilaciones en la escritura.

13 2 Algunas reglas útiles de *n* y *m*

- Se escribe ***m*** ante las consonantes ***b*** y ***p***. Ejemplos:

*e**mb**ajada*	*co**mp**render*
*ca**mb**io*	*e**mp**resa*

  Excepción: *bienplaciente*

- Se escribe ***n*** ante la consonante ***v***. Ejemplos:

*e**nv**idia*	*e**nv**asar*
*co**nv**encer*	*i**nv**ierno*

13 3 Observaciones a las reglas de *n* y *m*

13 3.1 Algunas excepciones a las reglas

Algunas palabras de origen extranjero que no han sido recogidas en el *Diccionario* de la Real Academia Española, así como algunos nombres propios no castellanos, tienen ***n*** antes de ***b*** o ***p***. Ejemplos:

*i**np**ut*   *Gute**nb**erg*   *Hartze**nb**usch*   *Rose**nb**lat*

13 3.2 Palabras prefijadas y compuestas con *n* y *m*

Las palabras prefijadas o compuestas que llevan *-n* final en el primer componente convierten la *n* en *m* si el segundo componente empieza por *p-* o *b-*. Ejemplos:

cien + pies → *cie**mp**iés*
in + barba → *i**mb**erbe*
con + padecer → *co**mp**adecer*

13 3.3 La letra *-m* al final de palabra

La letra *-m* aparece en posición final de palabra en algunas expresiones onomatopéyicas (*pum*, *ejem*...) y en algunas palabras de origen no castellano. Ejemplos:

*álbu**m***	*quóru**m***	*currículu**m***	*referéndu**m***
*fil**m***	*vademécu**m***	*dirha**m***	*tóte**m***

- La RAE ha castellanizado algunas de las palabras acabadas en *-m*. Ejemplos:

  currículo < *currículum*   *memorando* < *memorándum*
  máximo < *máximum*   *auditorio* < *auditórium*

- La palabra *harén* está recogida también como *harem*, aunque la Academia prefiere la primera forma.

13 4 Los grupos *-mm-*, *-mn-*, *-nm-* y *-nn-*

En algunas palabras se combinan las letras *n* y *m* (*-mm-*, *-mn-*, *-nm-*, *-nn-*). Estas secuencias suelen relajarse en la pronunciación y, por este motivo, se producen a veces dificultades en la escritura. Ejemplos:

- Grupo *-mm-*:

  *ga**mm**a*   *ga**mm**aglobulina*   *E**mm**a*

- Grupo *-mn-*:

  *sole**mn**e*   *alu**mn**o*   *a**mn**istía*
  *hi**mn**o*   *a**mn**esia*   *o**mn**isciencia*

  En el *Diccionario* académico aparece también recogido el grupo *mn-* inicial en ***mn**emotecnia* y ***mn**emotécnico*. Aunque se prefieren estos vocablos, se admiten también *nemotecnia* y *nemotécnico*.

- Grupo *-nm-*:

  *e**nm**endar*   *co**nm**emorar*   *i**nm**adurez*

- Grupo *-nn-*:

  *co**nn**otación*   *i**nn**oble*   *i**nn**ato*

  Algunas palabras que contienen el grupo *-nn-* se pueden escribir también con *-n-*. Ejemplos (aparece en primer lugar la forma preferida por la Academia):

  inocuo o *innocuo*
  perenne o *perene*
  inocencia o *innocencia*

13 5 Los grupos *trans-* y *-ns-*

13 5.1 El grupo *trans-*

Algunas palabras que comienzan con el prefijo *trans-* admiten su escritura también sin *n* (*tras-*) (ver 14 6).

13 5.2 El grupo *-ns-*

Aunque en algunas palabras que empiezan por el prefijo *trans-* puede suprimirse la *n*, no debe suprimirse la *n* del grupo *-ns-* que aparece en otras palabras castellanas. Ejemplos:

circunstancia, no **circustancia*
consternar, no **costernar*
constante, no **costante*
constipado, no **costipado*
instancia, no **istancia*
instante, no **istante*
institución, no **istitución*
instruir, no **istruir*

13 6 Algunas dificultades de *m*/*n* para hablantes del País Vasco y Navarra

En castellano se escribe siempre *m* antes de *b* y *p*; sin embargo, en vasco se escribe siempre *n* ante estas consonantes.

Por este motivo, al escribir en castellano, se producen a veces vacilaciones en las palabras que contienen *m* antes de *p* o *b*, especialmente en aquellos casos en los que la forma vasca y la forma castellana son semejantes. Ejemplos:

- *ambulancia*, no **anbulancia* (por influencia de *anbulantzia*)
- *componer*, no **conponer* (por influencia de *konpondu*)
- *empleo*, no **enpleo* (por influencia de *enplegu*)

13 7 Algunas dificultades de *m/n* para hablantes de Cataluña, Comunidad Valenciana e Islas Baleares

13 7.1 En castellano, cuando el segundo elemento de una palabra compuesta empieza por *m-* y el primer elemento es un prefijo que termina en *-n*, se mantiene en la palabra compuesta la secuencia *nm*; sin embargo, en catalán y valenciano la *n* se asimila a la *m*, dando lugar a la secuencia *mm* en la palabra compuesta.

Por este motivo, al escribir en castellano, se producen a veces interferencias en algunas palabras como las siguientes:

· *conmovedor*, no **commovedor* (por influencia de *commovedor*)
· *inmóvil*, no **immóvil* (por influencia de *immòbil*)

13 7.2 En castellano, ante la consonante *f*, se escribe *n;* sin embargo, en catalán y valenciano, se suele escribir *m*.

Por este motivo, al escribir en castellano, se producen a veces interferencias como las siguientes:

· *anfibio*, no **amfibio* (por influencia de *amfibi*)
· *circunferencia*, no **circumferencia* (por influencia de *circumferència*)

13 7.3 Algunas palabras que en castellano se escriben con *-nt-*, se escriben en catalán y valenciano con *-mpt-*.

Por este motivo, al escribir en castellano, se producen a veces interferencias como las siguientes:

· *exento*, no **exempto* (por influencia de *exempt*)
· *síntoma*, no **símptoma* (por influencia de *símptoma*)
· *tentar*, no **temptar* (por influencia de *temptar*)

13 7.4 Algunas palabras que en castellano se escriben con una sola *m* o con una sola *n* duplican estas letras en catalán y en valenciano.

Por este motivo, al escribir en castellano, se producen a veces interferencias como las siguientes:

- Con *n* en castellano, y con *nn* en catalán y valenciano:

  · *conectar*, no **connectar* (por influencia de *connectar*)
  · *milenio*, no **milennio* (por influencia de *mil·lenni*)

- Con *m* en castellano, y con *mm* en catalán y valenciano:

  · *gema*, no **gemma* (por influencia de *gemma*)
  · *sumo*, no **summo* (por influencia de *summe*)

14 Alternancias ortográficas en algunos grupos consonánticos

14 1 Cuestiones previas

- En algunas palabras que contienen grupos consonánticos, la Real Academia Española registra su escritura con una sola de las consonantes que los integran. Ejemplos (aparece en primer lugar la forma preferida por la Academia):

  transbordo o *trasbordo*
  posdata o *postdata*
  psicoanálisis o *sicoanálisis*

  Sin embargo, en otros casos, para estos mismos grupos consonánticos no está recogida la alternancia en el *Diccionario* académico. Ejemplos:

  transcontinental, no **trascontinental*
  posguerra, no **postguerra*
  seudónimo, no **pseudónimo*

  Como no hay un criterio claro para saber en qué casos se puede escribir una palabra de una u otra forma, cuando hay duda se hace necesaria la consulta del diccionario.

- En algunas palabras que contienen grupos consonánticos se producen también a veces dificultades a la hora de separarlos al final de renglón (ver 39 4).

14 2 El grupo *-bs-*

Ciertas palabras que contienen el grupo *-bs-* delante de consonante, a menudo pronunciado como [s], pueden escribirse también sin esta *b.* Ejemplos (aparece en primer lugar la forma preferida por la Academia):

oscuro(a) u *obscuro(a)*
sustancia o *substancia*
sustituir o *substituir*
sustraer o *substraer*
sustrato o *substrato*

Esta doble escritura se extiende a todas las demás palabras de sus familias léxicas (*obscurecer* u *oscurecer, substantivo* o *sustantivo, substracción* o *sustracción*...). No obstante, hoy se prefieren las formas escritas sin la *b*.

14.3 El grupo *ps*

- Algunas palabras que contienen el grupo *ps-* inicial, a menudo pronunciado como [s], pueden escribirse también sin esa *p-*. Ejemplos (aparece en primer lugar la forma preferida por la Academia):

psicoanálisis	o	*sicoanálisis*
psicología	o	*sicología*
psicólogo(a)	o	*sicólogo(a)*
psicópata	o	*sicópata*
psicosis	o	*sicosis*
psicoterapia	o	*sicoterapia*
psiquiatra	o	*siquiatra*
psíquico(a)	o	*síquico(a)*

- La alternancia *ps/s* aparece también en algunos casos en el interior de palabras que comienzan por el prefijo *para-* seguido de *ps-*. Ejemplos:

parapsicología	o	*parasicología*
parapsicólogo(a)	o	*parasicólogo(a)*

- La RAE registra también la alternancia entre los prefijos ***pseudo-*** y ***seudo-***, aunque prefiere la segunda forma. Sin embargo, en el *Diccionario*, no aparecen las mismas entradas con cada uno de los dos prefijos. Por ejemplo, la palabra *pseudología* no aparece como **seudología*; y aparecen *seudónimo, seudópodo, seudohermafrodita* y *seudohermafroditismo,* que no aparecen con el prefijo *pseudo-*.

14.4 El grupo *-pt-*

El grupo *-pt-*, a menudo pronunciado como [t], alterna con la consonante *-t-* en algunas palabras. Sin embargo, no hay un criterio fijo para saber cuándo se admite esta alternancia. Por este motivo, en caso de duda se hace necesario recurrir al diccionario.

- En algunos casos de alternancia, la Academia **prefiere las formas con *-t-***. Ejemplos:

adscrito(a)	o	*adscripto(a)*
descrito(a)	o	*descripto(a)*
inscrito(a)	o	*inscripto(a)*
prescrito(a)	o	*prescripto(a)*
sobrescrito(a)	o	*sobrescripto(a)*
suscrito(a)	o	*suscripto(a)*

Aunque el *Diccionario* académico recoge las formas *suscrito* y *subscripto*, sólo aparece *suscripción* (no **suscrición*), y prefiere *suscriptor* a *suscritor*.

- En otros casos de alternancia, la Academia **prefiere las formas con** *-pt-*. Ejemplos:

septenario(a)	o	*setenario(a)*
septiembre	o	*setiembre*
séptimo(a)	o	*sétimo(a)*
suscriptor(a)	o	*suscritor(a)*

14 5 Los prefijos *pos-* y *post-*

14 5.1 Alternancias de *pos-* y *post-*

La RAE registra en algunas palabras la alternancia entre los prefijos *post-*, a menudo pronunciado como [pos], y *pos*; sin embargo, otras palabras están recogidas sólo con uno de las dos formas. No obstante la *Ortografía* académica de 1999 recomienda el uso de *pos-* en todos los casos. Ejemplos:

- Algunas palabras recogidas por el *Diccionario* académico **sólo con** ***post-***:

postdiluviano(a)	*postnominal*
postoperatorio(a)	*postverbal*

- Algunas palabras recogidas por el *Diccionario* académico **sólo con** ***pos-***:

posbélico(a)	*posguerra*
posponer	*postónico(a)*

- Algunas palabras recogidas por el *Diccionario* académico con ***pos-*** o con ***post-*** (aparece en primer lugar la forma preferida por la Academia):

postfijo	o	*posfijo*
postmeridiano(a)	o	*posmeridiano(a)*
postpalatal	o	*pospalatal*
posdata	o	*postdata*

14 5.2 Criterio general para el uso de *pos-* y *post-*

A pesar de estas alternancias, conviene utilizar *post-* cuando la palabra que sigue al prefijo comienza por vocal, y *pos-*, cuando la palabra que sigue al prefijo comienza por consonante. Ejemplos:

postelectoral	*posmeridiano(a)*
postolímpico(a)	*posguerra*
postindustrial	*posgrado*
postoperatorio(a)	*posparto*

- La palabra inglesa *post-it* (extensión del nombre de una marca comercial), no recogida aún en el *Diccionario* académico, debe escribirse con *t* y pronunciarse [póstit].

14 6 El prefijo *trans-*

Algunas palabras que comienzan con el prefijo *trans-*, a menudo pronunciado como [tras], pueden escribirse también sin *n* (*tras-*). Sin embargo, no hay un criterio fijo para saber cuándo se admite una u otra forma o ambas. Por este motivo, en caso de duda se hace necesario recurrir al diccionario. Ejemplos:

- Algunas palabras recogidas en el *Diccionario* académico **sólo con el prefijo *tras-***:

trastienda	*trasplante*
trasnochar	*trastocar*
trasfondo	*trastorno*

- Algunas palabras recogidas en el *Diccionario* académico **sólo con el prefijo *trans-***:

transcontinental	*transferir*
transoceánico	*transformar*

- Algunas palabras recogidas en el *Diccionario* académico con los prefijos ***trans-*** y ***tras-*** (aparece en primer lugar la forma preferida por la Academia):

transalpino(a) o *trasalpino(a)*
transbordo o *trasbordo*
transcurso o *trascurso*
transponer o *trasponer*
translúcido(a) o *traslúcido(a)*
trascendente o *transcendente*
traslación o *translación*
traslucirse o *translucirse*

14 7 El grupo inicial *gn-*

Algunas palabras que contienen el grupo inicial *gn-*, a menudo pronunciado como [*n*], pueden escribirse con una sola *n*. Sin embargo, no hay un criterio fijo para saber cuándo se registra sólo la forma con *gn-* o ambas. Por este motivo, en caso de duda se hace necesario recurrir al diccionario. Ejemplos:

- Algunas palabras recogidas sólo con ***gn-***.

  gnoseología
  gnoseológico(a)
  gnosis

- Algunas palabras recogidas con ***gn-*** y con ***n-*** (aparece en primer lugar la forma preferida por la Academia):

  gnomo o *nomo*
  gnómico(a) o *nómico(a)*
  gnóstico(a) o *nóstico(a)*

14 8 Los grupos *mn-* y *-nn-*

Algunas palabras que contienen los grupos *mn* (especialmente en posición inicial) y *nn*, a menudo pronunciados como [*n*], pueden escribirse también con *n*. Sin embargo, no hay un criterio claro para saber cuándo se admite una forma o ambas. Por este motivo, en caso de duda se hace necesario recurrir al diccionario. Ejemplos (aparece en primer lugar la forma preferida por la Academia):

mnemotecnia o *nemotecnia*
mnemotécnico(a) o *nemotécnico(a)*
inocuo(a) o *innocuo(a)*
perenne o *perene*
inocencia o *innocencia*

14 9 Algunas dificultades para hablantes de Galicia

14 9.1 El grupo *pn-* inicial gallego no existe en castellano.

Por este motivo, al escribir en castellano, se pueden producir a veces vacilaciones en las palabras que contienen este grupo inicial en gallego. Ejemplos:

· *neumático,* no **pneumático* (por influencia de *pneumático*)
· *neumonía,* no **pneumonía* (por influencia de *pneumonía*)

14 9.2 Algunas palabras muy parecidas en castellano y en gallego se diferencian en la presencia o ausencia de la *p* de los grupos *-pc-* y *-pt-*.

Por este motivo, al escribir en castellano, se producen a veces vacilaciones en palabras como las siguientes:

· *adscripción,* no **adscrición* (por influencia de *adscrición*)
· *descripción,* no **descrición* (por influencia de *descrición*)
· *descriptivo,* no **descritivo* (por influencia de *descritivo*)
· *diptongo,* no **ditongo* (por influencia de *ditongo*)

14 9.3 El castellano de Galicia, por influencia del gallego, suele eliminar en la pronunciación la *c* que cierra sílaba y va seguida de consonante.

Por este motivo se produce a veces la eliminación, tanto en la pronunciación como en la escritura, de la *c* al final de sílaba, especialmente delante de la consonante *t* en palabras como las siguientes:

· *acto*, no **ato*
· *recto*, no **reto*
· *selecto*, no **seleto*

- En algunos casos, por ultracorrección se pronuncia la *c* previa a la consonante como una *z*, y se traslada el error a la escritura. Ejemplos:

  · *acto*, pronunciado y escrito a veces **azto*
  · *perfecto*, pronunciado y escrito a veces **perfezto*
  · *recto*, pronunciado y escrito a veces **rezto*
  · *selecto*, pronunciado y escrito a veces **selezto*

14 Alternancias ortográficas en algunos grupos consonánticos

14 9.4 Algunas palabras, muy parecidas en castellano y en gallego, se diferencian únicamente en la presencia o ausencia de la *c* previa a la consonante *t*.

Por este motivo, al escribir en castellano, se producen a veces vacilaciones en palabras como las siguientes:

· *adjetivo,* no **adjectivo* (por influencia de *adxectivo*)
· *conjetura,* no **conjectura* (por influencia de *conxectura*)
· *objetivo,* no **objectivo* (por influencia de *obxectivo*)
· *objeto,* no **objecto* (por influencia de *obxecto*)
· *objetor,* no **objector* (por influencia de *obxector*)
· *olfato,* no **olfacto* (por influencia de *olfacto*)
· *respetuoso,* no **respectuoso* (por influencia de *respectuoso*)
· *subjetivo,* no **subjectivo* (por influencia de *subxectivo*)

14 10 Algunas dificultades para hablantes de Cataluña, Comunidad Valenciana e Islas Baleares

14 10.1 El grupo *pn-* inicial catalán y valenciano no existe en castellano.

Por este motivo, al escribir en castellano, se pueden producir a veces vacilaciones en las palabras que contienen este grupo inicial en catalán y valenciano. Ejemplos:

· *neumático*, no **pneumático* (por influencia de *pneumàtic*)
· *neumonía*, no **pneumonía* (por influencia de *pneumònia*)

14 10.2 Algunas palabras, muy parecidas en castellano y en catalán y valenciano, se diferencian únicamente en la presencia o ausencia de la *c* previa a la consonante *t*.

Por este motivo, al escribir en castellano, se producen a veces vacilaciones en palabras como las siguientes:

· *adjetivo,* no **adjectivo* (por influencia de *adjectiu*)
· *objetivo,* no **objectivo* (por influencia de *objectiu*)
· *sujeto,* no **subjecto* (por influencia de *subjecte*)
· *subjetividad,* no **subjectividad* (por influencia de *subjectivitat*)

14 Alternancias ortográficas en algunos grupos consonánticos

14.11 Algunas dificultades para hablantes de la mitad norte peninsular

En algunas zonas del norte peninsular se producen variaciones en la pronunciación de ciertos grupos consonánticos en interior de palabra, que pueden producir confusiones en la escritura.

- En los grupos *-ct-*, *-pt-* y *d+consonante* es frecuente la pronunciación de la primera consonante como *z*.

  Por este motivo, se pueden producir a veces vacilaciones en la escritura en palabras como las siguientes:

  · *tractor,* pronunciado y escrito a veces **traztor*
  · *captar,* pronunciado y escrito a veces **caztar*
  · *administrar,* pronunciado y escrito a veces **azministrar*

  La *p* del grupo consonántico *-pt-* se pierde a veces en la pronunciación y, por tanto, en la escritura. Esto da lugar a vacilaciones como las siguientes:

  · *concepto,* pronunciado y escrito a veces **conceto*
  · *reptil,* pronunciado y escrito a veces **retil*

- En los grupos *-pc-* y *-cc-* es frecuente la eliminación de la primera consonante en la pronunciación.

  Por este motivo, se pueden producir a veces vacilaciones en la escritura en palabras como las siguientes:

  · *reducción,* pronunciado y escrito a veces **redución*
  · *excepción,* pronunciado y escrito a veces **exceción*

- Cuando la consonante *g* aparece seguida de otra consonante, es frecuente su pronunciación como [j].

  Por este motivo, se pueden producir a veces vacilaciones en la escritura en palabras como las siguientes:

  · *ignorar,* pronunciado y escrito a veces **ijnorar*
  · *dogma,* pronunciado y escrito a veces **dojma*

15 Uso de las letras mayúsculas

15 1 Cuestiones previas

15 1.1 Las letras mayúsculas

Las letras mayúsculas son las que se escriben con mayor tamaño y, a veces, con forma distinta de la de la minúscula. Ejemplos:

A/a *B/b* *E/e* *F/f* *G/g* *M/m*

Las letras mayúsculas reciben también el nombre de **versales**, un tipo de letra que no debe confundirse con el de las **versalitas** (ver 46 2.1).

15 1.2 Uso de las letras mayúsculas

Las mayúsculas se utilizan:

- Para escribir **palabras** o **expresiones completas**. Ejemplos:
  - En los **números romanos** (ver 45 7). Ejemplos:
    Alfonso ***X*** *el Sabio*
    Felipe ***IV***
  - En las **siglas** (ver 43). Ejemplos:
    *BOE (**B**oletín **O**ficial del **E**stado)*
    *ONU (**O**rganización de las **N**aciones **U**nidas)*
  - La Real Academia Española recoge también el uso generalizado de las mayúsculas en los verbos como **CERTIFICA, SOLICITA** o **EXPONE** de los textos jurídicos y administrativos (instancias, solicitudes, certificados, etc.). No obstante, el *Manual de documentos administrativos* del Ministerio de Administraciones Públicas recoge también otras indicaciones tipográficas para resaltar estos verbos (cuerpo mayor de letra, negrita...).
  - La Academia señala además el empleo de mayúsculas para resaltar determinadas palabras o frases completas en las **cubiertas** y **portadas de libros impresos**, en las **cabeceras de los diarios** y en las **inscripciones monumentales**. Ejemplo:
    ORTOGRAFÍA DE USO DEL ESPAÑOL ACTUAL
- Como **inicial** de algunas palabras o expresiones:
  - En los **nombres propios**. Ejemplos:
    Raquel *Lucas* *América* *Burgos*
  - Al empezar a escribir, y tras ciertos signos de puntuación. Ejemplos:
    No me iré. ¿Y tú?

– En las **abreviaturas de los tratamientos**. Ejemplos:

Sra. D.ª (señora doña)
Ud. (usted)
Excmo. (excelentísimo)

15 2 Algunas reglas para el uso de la mayúscula inicial

- Se escribe letra mayúscula inicial en los **nombres propios**. Ejemplos:

  Laura *González* *Asturias*

- Se escribe letra mayúscula inicial **al principio de cualquier escrito**.
- Se escribe letra mayúscula inicial **detrás de los siguientes signos de puntuación**:

  – **Punto y seguido** o **punto y aparte**. Ejemplo:

  Hace mucho sol. Voy a ir a dar un paseo.

  – Signos de **interrogación** y de **exclamación**, a no ser que éstos vayan seguidos de coma, punto y coma o dos puntos. Ejemplo:

  ¡Qué bonito! ¿Quién te lo ha regalado? ¿Tu madre?

  – **Puntos suspensivos**, cuando hacen la función del punto, es decir, cuando cierran un enunciado. Ejemplo:

  He escrito poemas, ensayos, cuentos... Me encantaría publicar una novela.

  – **Dos puntos**, en los siguientes casos:

  • Cuando aparecen detrás del vocativo de cortesía en cartas y documentos oficiales, como instancias e informes (tanto si la palabra va en el mismo renglón como si va en renglón aparte). Ejemplo:

  Querido Alberto: Acabo de recibir tu carta...

  • Cuando se reproducen literalmente las palabras de otra persona. Ejemplo:

  Me miró muy serio y dijo: «No serás capaz».

- Se escriben con letra mayúscula inicial las **abreviaturas de los tratamientos**. Ejemplos:

  Sra. (señora) *D.* (don) *Ud.* (usted)

15 3 Observaciones a las reglas de uso de las mayúsculas

15 3.1 Acentuación de las letras mayúsculas

Las letras mayúsculas llevan tilde si lo piden las reglas generales de acentuación. Ejemplos:

Óscar *Álvarez* *Écija* *Úbeda*

15 3.2 Uso de la mayúscula en las palabras que empiezan con un dígrafo

Cuando una palabra que lleva mayúscula inicial empieza por un dígrafo (*ch, ll, qu, gu*), sólo se pone con mayúscula la primera letra del dígrafo. Ejemplos:

China, no **CHina*   *Quito*, no **QUito*
Lloret, no **LLoret*   *Guinea*, no **GUinea*

15 3.3 Las letras *J* e *I* mayúsculas

Las letras *j* e *i* no deben llevar punto cuando se escriben en mayúscula. Ejemplos:

Julia *Iribarren* *Jerusalén* *India*

15 4 Los nombres propios

15 4.1 Diferencia entre nombre propio y nombre común

Los nombres propios, a diferencia de los nombres comunes, son palabras que individualizan seres y objetos, pero no los clasifican. Sirven para identificar personas, lugares, accidentes geográficos, animales, instituciones, etc.

En algunos casos, la frontera entre el nombre común y el nombre propio está muy definida, ya que la individualización es muy clara. Ejemplos:

Nombres comunes: *niña, apellido, ciudad, perrita...*
Nombres propios: *Sara, Jiménez, Cartagena, Lazy...*

En otros, en cambio, resulta difícil establecer la frontera entre el nombre propio y el nombre común (ver 15 4.4 y 15 4.5).

15 4.2 El artículo en los nombres propios

- Algunos nombres propios aparecen, con frecuencia, precedidos del artículo (*el, la, los, las*). En ocasiones, el artículo forma parte del nombre propio y debe escribirse con mayúscula; en otras, el artículo no forma parte del nombre propio y, por tanto, debe escribirse con minúscula. Ejemplos:

  El Cairo *La Haya*

  frente a:

  el Mediterráneo *los Pirineos*

  Para comprobar si el artículo forma o no parte del nombre propio se puede intercalar otra palabra entre uno y otro. Sólo en los casos en los que el artículo no forma parte del nombre propio es posible incluir otra palabra entre ambos. Ejemplos:

  **El prolijo Greco*
  **Los famosos Ángeles*
  **La visitada Haya*

  frente a:

  el bajo Nilo
  la hermosa Argentina
  el famoso Guggenheim

  En algunos topónimos y otros términos que indican lugares, el nombre propio se acompaña siempre o casi siempre del artículo aunque no forme parte de él. En estos casos, el artículo (siempre que sea posible la inclusión de otra palabra entre éste y el nombre) debe escribirse con minúscula. Ejemplos:

  el Chad, no **El Chad*
  la India, no **La India*
  la Antártida, no **La Antártida*
  el Sáhara, no **El Sáhara*

  No obstante, en muchos casos, la inclusión o no del artículo en el nombre responde a factores subjetivos; por tanto, un mismo nombre puede aparecer con el artículo escrito con mayúscula o con minúscula. Ejemplo:

  Me gusta el Bierzo. / Me gusta El Bierzo.

- En los nombres de ríos, mares, océanos, islas, montes..., el artículo se justifica porque se sobreentiende la palabra genérica (*río, mar, océano*...). Ejemplos:

  el (río) Nilo *el (mar) Mediterráneo*

  Por este motivo no puede eliminarse el artículo (**Voy a Nilo*), pero esto no quiere decir que el artículo forme parte del nombre propio y deba ir con mayúscula.

- En cualquier caso, siempre que un nombre propio puede funcionar con artículo y sin él, es que éste no forma parte de aquél. Ejemplo:

  Me encanta el Perú. / Me encanta Perú.

- En los casos en que el artículo *el* forma parte de un nombre propio, las preposiciones *a* y *de* no deben contraerse con el artículo en la escritura, aunque sí sea frecuente la pronunciación como [*al*] y [*del*]. Ejemplos:

  Busca en la página cien de El Lazarillo, no **Busca en la página cien del Lazarillo.*
  Vengo de El Ejido, no **Vengo del Ejido.*

15 4.3 Nombres propios que deben escribirse siempre con mayúscula

- Los **nombres de pila** y los **apellidos**. Ejemplos:

Carmen	*Isaac*	*Raúl*
Atxaga	*Taboada*	*Casals*

  - Si el nombre propio es **compuesto** o lleva algún modificador, todas sus palabras (excepto el artículo) empiezan con letra mayúscula inicial. Ejemplos:

    Julio Alberto *Pedro el Cruel* *Alfonso X el Sabio*

  - Si el apellido lleva ***de***, esta preposición se escribe con minúscula a no ser que no aparezca el nombre de pila delante. Ejemplo:

    Me lo contó Marta ***de*** *Diego*
    Me lo contó ***De*** *Diego*

- Los **apodos, alias** y **sobrenombres** (nombres dados a una persona en sustitución del suyo propio). Ejemplos:

  el Botas *Ojos Tristes* *El Greco*

- Los **seudónimos** (nombres falsos utilizados para encubrir el nombre verdadero). Ejemplos:

  Fernán Caballero (Cecilia Böhl de Faber)
  Azorín (José Martínez Ruiz)
  Clarín (Leopoldo Alas)

  Si el seudónimo consta de varias palabras, se ponen todas ellas con mayúscula inicial (excepto artículos, preposiciones y otros enlaces si no constituyen la primera palabra del seudónimo). Ejemplos:

  El Pobrecito Hablador (Mariano José de Larra)
  El Curioso Parlante (Ramón de Mesonero Romanos)

- Los nombres comunes convertidos en propios por **antonomasia** (sustitución de un nombre propio por su apelativo). Ejemplos:

  el Manco de Lepanto (Cervantes)
  la Tacita de Plata (Cádiz)

- Los nombres de **dinastías** que derivan de apellidos o de palabras usadas como tales. En estos casos se escriben con mayúscula inicial todas las palabras que forman parte del nombre propio (excepto artículos, preposiciones, etc.). Ejemplos:

  los Borbones *los Austrias*

  Cuando el nombre de la dinastía procede de un nombre y no de un apellido, se escribe con minúscula (*nazaríes, omeyas,* etc.).

- Los **topónimos** (nombres de pueblos, villas, aldeas, regiones y otros lugares) y los nombres de **accidentes geográficos** (montes, golfos, cabos, ríos y otros elementos del relieve). Ejemplos:

  Murcia *Cabo de Gata* *Pirineos*

  En estos casos el nombre del accidente geográfico (cabo, golfo, etc.) sólo se escribe con minúscula cuando forma parte del nombre propio.

- Los nombres de **calles**. Ejemplos:

  Gran Vía *calle Mayor*

- Los nombres de **publicaciones periódicas**. Ejemplos:

  Boletín Oficial del Estado *Cuadernos de Pedagogía*

- Los nombres de **obras escritas** (literarias o no). En estos casos, se escribe con mayúscula inicial sólo la primera palabra, aunque ésta sea el artículo. Ejemplos:

  Ortografía de uso del español actual
  Gramática didáctica del español

  Cuando se nombra un título sólo con la palabra más representativa de éste, también suele escribirse con mayúscula (esta *Ortografía*, la *Gramática*...).

  En algunos casos, por influencia del inglés, se tiende a poner con mayúscula todas las palabras del título (excepto artículos, preposiciones, etc.). En castellano sólo debe ponerse en mayúscula la primera palabra del título. Ejemplo:

  El retrato de Dorian Gray, no **El Retrato de Dorian Gray*

- Los nombres que se refieren a las **divinidades**, a la **Virgen María** o a los **libros sagrados**. Ejemplos:

Alá	*el Altísimo*
Talmud	*Jehová*
Corán	*Biblia*
.la Inmaculada	*Nuestra Señora de Covadonga*

  No obstante, *dios* se escribe con minúscula cuando se utiliza como nombre común. Ejemplo:

  Los monoteístas creen en un solo dios.

- Los nombres que se refieren a las **órdenes religiosas**. Ejemplos:

  el Carmelo *la Compañía de Jesús* *el Císter*

- Los nombres de **instituciones, organismos** y **empresas**. Si el nombre consta de varios sustantivos y adjetivos, todas estas palabras llevan mayúscula inicial. Ejemplos:

Ediciones SM	*Real Academia Española*
Agencia EFE	*Unión Europea*

- *Los nombres de* **constelaciones, galaxias, estrellas, planetas, satélites** o **astros**. En estos casos, si el nombre es compuesto, se escriben con mayúscula inicial todas las palabras. Ejemplos:

Vía Láctea	*Sol*	*Venus*
Luna	*Escorpio*	*Osa Mayor*

  Dentro de este grupo, la mayúscula de las palabras *Sol, Luna* y *Tierra* puede ser diacrítica en algunos casos (ver 15 4.4).

- El primero de los componentes de los **nombres latinos** que designan **especies de animales** o **plantas**. Ejemplos:

  Mallus sylvestris *Bellis perennis*

- Los nombres (castellanos o no) de **órdenes** y **familias de plantas** o **animales** en cuanto tales dentro de los textos especializados. Ejemplos:

orden	*Primates*	*orden*	*Coníferas*
familia	*Omínidos*	*familia*	*Pináceas*

- Los nombres de **fiestas señaladas**. Ejemplos:

  Semana Santa *Día de la Constitución*

15 4.4 Uso de la mayúscula en los nombres propios como signo diacrítico

En algunas ocasiones, se utiliza la letra inicial mayúscula para **diferenciar un nombre propio de un nombre común**. En estos casos, la mayúscula es un signo diacrítico (sirve para diferenciar palabras que son iguales en la forma pero que tienen distinto significado). Ejemplo:

Romanticismo: nombre propio de un movimiento cultural y de un periodo histórico. Ejemplo:

Tengo un examen sobre el Romanticismo.

romanticismo: sentimentalismo, tendencia a guiarse por los sentimientos. Ejemplo:

Su romanticismo lo lleva a enamorarse con facilidad.

Éstos son algunos de los casos en los que la mayúscula se utiliza como un signo diacrítico (aunque a menudo se producen vacilaciones en el uso de la mayúscula en estas palabras):

- Los nombres propios de **marcas comerciales** se deben escribir con mayúscula inicial cuando designan la marca en sí, pero no cuando se utilizan para designar un producto. Ejemplos:

  *En aquel estanco venden cigarros **F**arias.*
  *Yo prefiero utilizar **M**aicena en los postres.*

  frente a:

  *Los invitados se fumaron varios **f**arias en la boda.*
  *Soy alérgica al gluten y siempre cocino con **m**aicena.*

- Los nombres de los **puntos cardinales** se deben escribir con mayúscula cuando forman parte de nombres propios y cuando se habla de ellos explícitamente, pero no cuando indican la dirección de estos puntos. Ejemplos:

  *América del **S**ur*
  *Mar del **N**orte*
  *La Estrella Polar señala el **N**orte.*

  frente a:

  *Sopla viento del **s**ur.*
  *Mi casa está al **n**orte de la ciudad.*

- Los nombres de **épocas**, **hechos históricos** y **movimientos culturales**, **políticos** o **religiosos** se deben escribir con inicial mayúscula cuando se refieren a la época o al hecho como tal, pero no cuando se utilizan como términos genéricos. Ejemplos:

  *La **E**dad **M**edia precede a la **E**dad **M**oderna.*
  *La **R**evolución **F**rancesa se produjo en 1789.*
  *El **R**enacimiento surgió en Italia.*

  frente a:

  *La **e**dad **m**edia de jubilación varía en función de las profesiones.*
  *La minifalda supuso una **r**evolución en los años sesenta.*
  *En los últimos años se ha experimentado un **r**enacimiento del cine español.*

- Las palabras ***Tierra***, **Luna** y ***Sol*** se escriben con mayúscula inicial sólo cuando con esas palabras se indica el nombre del planeta, del satélite o de la estrella, pero no cuando se refieren a una parte de ellos o al efecto que producen. Ejemplos:

  *La **T**ierra gira sobre sí misma.*
  *La **L**una es un cuerpo celeste.*
  *Es imposible vivir en el **S**ol.*

  frente a:

  *El marinero vislumbró **t**ierra.*
  *Hoy hay **l**una llena.*
  *Me encanta tomar el **s**ol.*

- Los nombres de los **signos del zodiaco** se escriben con mayúscula cuando se utilizan para designar el nombre del signo, pero con minúscula cuando se refieren a las personas de ese signo. Ejemplo:

  ***P**iscis es un signo de agua y **A**ries, de fuego.*

  frente a:

  *Mi hermana es **p**iscis y yo soy **a**ries.*

- Los **nombres colectivos que designan instituciones** suelen escribirse con mayúscula cuando se utilizan en sentido institucional pero no cuando tienen otro significado. Ejemplos:

  *Trabajo en el Ministerio de Economía y **H**acienda.*
  *La lotería es un juego del **E**stado.*
  *La **F**acultad de Veterinaria está situada en el campus universitario.*
  *El **G**obierno aún no ha tomado una decisión al respecto.*
  *La **I**glesia española ha crecido en los últimos años.*

  frente a:

  *Esta finca es toda mi **h**acienda.*
  *Su **e**stado de salud está mejorando.*
  *Ana tiene muchas **f**acultades para la música.*
  *El **g**obierno de la empresa está en manos de los trabajadores.*
  *Hemos quedado a las siete en la puerta de la **i**glesia.*

15 4.5 Palabras que vacilan entre el uso de la mayúscula y la minúscula

En algunos casos no está clara la frontera entre el nombre común y el nombre propio. Se utiliza la letra mayúscula inicial cuando se quiere individualizar o particularizar aquello de lo que se habla; pero en estos casos el uso de la mayúscula es opcional. Ejemplo:

*La **m**inistra / **M**inistra atendió con paciencia a los periodistas.*

Realmente, no hay una justificación científica para este uso de la mayúscula. Su empleo responde más bien a una tradición de prestigio.

Éstos son algunos casos en los que el empleo de la mayúscula y de la minúscula depende del uso y del significado que se quiere dar al nombre que se emplea:

- **Nombres de cargos políticos, títulos académicos, nobiliarios, religiosos** y **altos cargos militares** cuando se refieren a una persona concreta, aunque en estos casos se recomienda el uso de la minúscula (excepto para *Presidente de la República* y *Jefe de Estado*). Ejemplos:

  *La **p**ortavoz / **P**ortavoz del gobierno fue muy clara.*
  *El **d**uque / **D**uque recibirá a los invitados en su palacete.*
  *El **g**eneral / **G**eneral fue ascendido a **t**eniente **g**eneral / **T**eniente **G**eneral.*

  Cuando cualquiera de estos títulos o cargos va acompañado del nombre propio correspondiente o cuando se utilizan en sentido genérico, deben escribirse con minúscula. Ejemplos:

  *El **m**inistro Andreu ha dimitido.*
  *Un **m**inistro debe asumir sus responsabilidades.*

  No obstante, cuando el nombre de título forma parte del nombre propio, se debe escribir siempre con mayúscula. Ejemplos:

  *el **D**uque de Rivas* *el **A**rcipreste de Hita*

- Los nombres que expresan **títulos de dignidad** (especialmente *Papa, Rey, Reina, Príncipe, Princesa, Infante, Infanta*) se suelen escribir con letra mayúscula inicial cuando designan a una persona concreta, pero no en los demás casos, aunque no existen razones ortográficas para este uso. Ejemplos:

El Rey ha realizado una visita oficial a Marruecos.
El Papa ha escrito una nueva encíclica.

frente a:

Un rey debe conocer las necesidades de su país.
El cónclave se encargará de elegir un nuevo papa.

- Los **conceptos religiosos** se suelen escribir con letra mayúscula inicial siempre que se traten como tales, pero no cuando se utilizan en sentido general. Ejemplos:

  Según el Antiguo Testamento, Adán y Eva vivían en el paraíso / Paraíso.
  Hoy se celebra la ascensión / Ascensión de Jesús a los cielos.

- Los nombres de las **disciplinas académicas** se suelen escribir con letra mayúscula inicial cuando se entienden como nombres propios de esas disciplinas. Ejemplo:

  Estudio Historia del Arte.

  frente a:

  Me encanta la historia de los pueblos nórdicos y las piezas de arte antiguo.

  La *Ortografía* académica de 1999 recoge este uso de la mayúscula como obligatorio; sin embargo, en muchos casos es difícil establecer el límite entre el uso de la mayúscula y la minúscula y ambas opciones pueden resultar válidas. Ejemplo:

  He sacado un sobresaliente en Matemáticas / matemáticas.

- Los **pronombres** (*tú, él, ella...*) se escriben a veces con mayúscula cuando designan a las divinidades o a la Virgen María. Este uso está recogido como obligatorio en la *Ortografía* académica de 1999 aunque en el uso actual se siente como arcaico y se limita, generalmente, a los textos escritos por creyentes. Ejemplos:

  Señor, Tú / tú eres mi Dios, en Ti / ti confío.

- Los nombres de **leyes, decretos** y **tratados**. Ejemplos:

  La Ley Sálica / ley sálica excluía del trono a las mujeres.
  Este delito está contemplado en el Código Penal / código penal.

- Es frecuente encontrar escritas con mayúscula palabras como *Ciencia, Técnica, Justicia, Naturaleza, Patria, Libertad...*, aunque no se trata de nombres propios. Este uso responde a un criterio subjetivo, ya que se emplea la mayúscula cuando estas palabras se consideran conceptos absolutos. Ejemplo:

  *La **C**iencia / **c**iencia ha contribuido al desarrollo de la **H**umanidad / **h**umanidad.*

  Es preferible, en estos casos, el empleo de la minúscula.

15 4.6 Nombres propios que pasan a ser comunes

Algunos nombres propios han pasado a ser comunes y por tanto se escriben con minúscula. Ejemplos:

*Me encanta el **j**abugo.*
*Ven conmigo, que yo haré de **l**azarillo.*
*Arréglate un poco, que estás hecho un **a**dán.*

- En los casos en los que la relación con el nombre propio es más explícita, se tiende a utilizar la mayúscula (aunque se puede emplear también la minúscula). Esto ocurre especialmente en los casos en los que nos referimos a una obra con el nombre de su autor. Ejemplos:

  *He comprado un **P**icasso / **p**icasso.*
  *Subastaron un **G**oya / **g**oya y un **V**elázquez / **v**elázquez.*

- Cuando el nombre designa un tipo de premio, se escribe con minúscula siempre, excepto cuando va en aposición a la palabra premio. Ejemplos:

  Ganó dos goyas.
  Los premios Goya son muy conocidos.

15 5 Uso de la mayúscula en las formas de tratamiento

- Las **abreviaturas de tratamientos** se escriben siempre con mayúscula inicial. Ejemplos:

***E**mmo. (Eminentísimo)*	***D**ra. (doctora)*
***E**xcma. (Excelentísima)*	***I**lmo. (Ilustrísimo)*

Cuando se ponen dos o más tratamientos, todos van en abreviatura. Ejemplos:

*Sr. D. (No *Señor D. ni *sr. don)*
*Ilmos. Sres. (no *Ilustrísimos Sres. ni *Ilmos. señores)*

- Aunque en los **tratamientos religiosos** (*fray, sor, san...*) seguidos de nombre propio la RAE prescribe la escritura con mayúscula por considerar que forman parte del nombre propio, es frecuente encontrarlos con minúscula. Ejemplos:

Fray Luis de León o *fray Luis de León*
San Agustín o *san Agustín*
Madre Teresa o *madre Teresa*

- En general, los **tratamientos de cortesía** se escriben con mayúscula inicial. Ejemplos:

Majestad *Señoría*
Eminencia *Su Santidad*

15 6 Algunas recomendaciones para el uso de las minúsculas

Hoy se tiende cada vez más al uso de la minúscula; incluso se aconseja que, en caso de duda, se opte por la minúscula.

Para los nombres de los **días de la semana**, de las **estaciones del año** y de los **meses**, la Academia recomienda el uso de la minúscula. Ejemplos:

lunes *primavera* *enero*
sábado *otoño* *septiembre*

No obstante, la mayúscula se podría justificar en los nombres de los meses, pues éstos poseen rasgos de nombres propios, como la ausencia de artículo. Ejemplo:

Iré a España en enero/Enero (no *en *el enero*).

frente a:

Iré a España el lunes (no **en lunes*)

16 Las conjunciones *y/e*, *o/u*

16 1 Las conjunciones *y/e*

16 1.1 Significado de la conjunción *y*

La conjunción *y* se utiliza, a menudo, para indicar suma o coexistencia entre varios objetos, propiedades o acciones. Ejemplos:

Me encantan los helados de chocolate **y** *de vainilla.*
Hemos quedado con Juan, Vicente **y** *María.*
Han traído los libros **y** *se han llevado las carpetas.*

16 1.2 Uso de la conjunción *e*

La conjunción *e* es una variante de la conjunción *y* que se utiliza cuando la palabra siguiente empieza por ***i-*** o por ***hi-***. Ejemplos:

verano **e** *invierno* — *Marcos* **e** *Isabel*
padres **e** *hijos* — *aguja* **e** *hilo*

- Si la palabra siguiente comienza con un diptongo (aunque empiece por *i-* o *hi-*) debe mantenerse la *y*. Ejemplos:

  cobre **y** *hierro,* no **cobre e hierro*
  nieve **y** *hielo,* no **nieve e hielo*
  paja **y** *hierba,* no **paja e hierba*

- Si la *y* es tónica y está a principio de frase, no debe sustituirse por *e* aunque la palabra siguiente empiece por *i-* o por *hi-*. Ejemplos:

  ¿Y Inés?, no **¿E Inés?*
  ¿Y Higinio?, no **¿E Higinio?*

  En estos casos, la *y* no indica suma ni coexistencia, sino que puede significar «dónde está», «qué hizo», etc., en función de cuáles fueran los enunciados anteriores.

16 1.3 Las conjunciones *y/e* ante la palabra *hiato*

No está claro cuál de las dos conjunciones (*y/e*) debe aparecer ante la palabra ***hiato***, ya que esta palabra se pronuncia a veces con diptongo [hiá-to], y a veces con hiato [hi-á-to]. Ejemplos:

diptongo **e** *hiato* (si se pronuncia [hi-á-to], con hiato)
diptongo **y** *hiato* (si se pronuncia [hiá-to], con diptongo)

16 2 Las conjunciones *o/u*

16 2.1 Significado de la conjunción *o*

La conjunción *o* se utiliza para indicar alternancia, es decir, elección entre varias opciones, o identificación en ciertos casos. Ejemplos:

¿Prefieres ir al cine **o** *al teatro?*
La comedia nueva **o** *El café*

16 2.2 Uso de la conjunción *u*

La conjunción *u* es una variante de la conjunción *o*, que se utiliza cuando la palabra siguiente empieza por **o**- o por ***ho***-. Ejemplos:

siete **u** *ocho* — *mujeres* **u** *hombres*
obligatorio **u** *opcional* — *vertical* **u** *horizontal*

16 2.3 Dos casos concretos

- Cuando la conjunción *o* aparece entre dos números escritos con cifra, debe cambiarse por *u* si el nombre del segundo número comienza por *o*. Ejemplos:

  10 **u** *11* — *7* **u** *8*

- Cuando las conjunciones *y, o* aparecen delante de una palabra extranjera que comienza por *i* o por *o* respectivamente, el uso vacila entre el cambio por *e, u* y la permanencia de *y, o*, pero en estos casos debe seguirse también la norma general. Ejemplos:

  «Output» **e** *«input» son términos informáticos.*
  No sé si prefiero que me atiendan personalmente **u** *«on line».*

16 3 Algunas dificultades para hablantes de Cataluña, Comunidad Valenciana e Islas Baleares

Las conjunciones *y/o* cambian en castellano a *e/u* cuando preceden a una palabra que comienza por *i-/hi-* o por *o-/ho-* respectivamente. Sin embargo, este cambio no se da en catalán y valenciano.

Por este motivo, al escribir en castellano, se utilizan a veces erróneamente las conjunciones *y, o* ante palabras que empiezan por *i-/hi-* o por *o-/ho-*, respectivamente. Ejemplos:

Llig i investiga. → *Lee e investiga.*
Deu u onze → *Diez u once*

17 Por qué, porque, porqué y por que

17 1 La forma *por qué*

- La forma *por qué* está constituida por la preposición *por* y el interrogativo o exclamativo tónico *qué,* e introduce oraciones o enunciados interrogativas y exclamativas. Ejemplos:

  *¿**Por qué** no me lo has dicho?*
  *¡**Por qué** seré tan tímido!*
  *¿**Por qué** razón no escribiste el libro?*
  *¡**Por qué** tonterías te enfadas!*

  La forma *por qué* no aparece necesariamente en enunciados enmarcados por los signos de interrogación o de exclamación (interrogativos o exclamativos directos); puede aparecer también en oraciones subordinadas (interrogativas o exclamativas indirectas), generalmente con verbos como *saber, decir, imaginar, preguntar,* etc., y también *haber* y *tener*. Ejemplos:

  *Aún no sé **por qué** no me lo has dicho.*
  *Todavía me pregunto **por qué** seré tan tímido.*
  *Ignoro **por qué** razón no escribiste el libro.*
  *No tienes **por qué** enfadarte.*

  La tilde que hay sobre *qué* en la forma *por qué* es una tilde diacrítica: sirve para distinguir este *qué* interrogativo o exclamativo del *que* relativo y del *que* conjunción (ver 27).

- **Para comprobar** que, en estos casos, la secuencia *por qué* está formada por la preposición *por* y el interrogativo o exclamativo *qué,* se pueden tener en cuenta los siguientes datos:

  – No lleva artículo y no se puede poner en plural (a diferencia de la forma *porqué*). Ejemplos:

    **¿El por qué no me lo has dicho?*
    **¡El por qué seré tan tímido!*

    **¿Los por qués no me los has dicho?*
    **¡Los por qués seré tan tímido!*

  – Puede ir acompañado de un sustantivo como *motivo, causa, razón,* etc. (aunque no se puede sustituir por él). Ejemplos:

    *¿Por qué **motivo** no me lo has dicho?*
    *¡Por qué **razón** seré tan tímido!*

17 2 La forma *porque*

- La forma *porque* es siempre átona. Tiene **valor causal** (es una conjunción). Ejemplos:

  El viaje salió más barato ***porque*** *había una oferta especial.*
  Ha llovido, ***porque*** *el suelo está mojado.*

- **Para comprobar** el valor causal de *porque* basta con sustituirlo, en muchos casos, por *puesto que* o *ya que*. Ejemplos:

  El viaje salió más barato ***puesto que*** *había una oferta especial.*
  Ha llovido, ***ya que*** *el suelo está mojado.*

  No obstante, en algunos casos esta sustitución resulta algo forzada. Ejemplos:

  Trabajo ***porque*** *quiero. / Trabajo* ***puesto que*** *quiero. (?)*

- La Real Academia Española recoge en su *Diccionario* también la forma *porque* con **valor final** (*Trabajo mucho porque mis hijos sean felices*); sin embargo, en este tipo de enunciados se suele utilizar *por que*, también recogida en el *Diccionario* académico con este valor (*Trabajo mucho por que mis hijos sean felices*).

17 3 La forma *porqué*

- La forma *porqué* es una forma tónica. Es un sustantivo y lleva tilde por ser una palabra aguda terminada en vocal. Ejemplos:

  Desconozco el ***porqué*** *de esa pregunta.*
  No entiendo el ***porqué*** *de tu comportamiento.*

- **Para comprobar** en estos casos que *porqué* es un sustantivo, se pueden tener en cuenta los siguientes datos:

  – Puede llevar artículo u otros determinativos. Ejemplos:
    Desconozco ***el*** *porqué de esa pregunta.*
    No entiendo ***tus*** *porqués.*

  – Se puede poner en plural. Ejemplos:
    Desconozco ***los porqués*** *de esa pregunta.*
    No entiendo ***los porqués*** *de tu comportamiento.*

– Se puede sustituir (no acompañar) por otro sustantivo sinónimo. Ejemplos:

Desconozco el ***motivo*** *de esa pregunta.*
No entiendo la ***causa*** *de tu comportamiento.*

• Es un **error muy frecuente** utilizar la forma *porqué* seguida de una oración. Ejemplo:

**Desconozco el porqué me has preguntado eso.*

Las formas correctas son:

Desconozco por qué me has preguntado eso.
Desconozco el porqué de esa pregunta.

17 4 La forma *por que*

• La forma *por que* está constituida por la preposición *por* y la palabra átona *que* (pronombre relativo o conjunción). Ejemplos:

– *Por* + pronombre relativo *que*

Ése fue el motivo ***por que*** *dimitió el director.*
La calle ***por que*** *paso todos los días está ahora cortada.*

– *Por* + conjunción *que*

El presidente se inclina ***por que*** *no haya elecciones anticipadas.*
Nosotros abogamos ***por que*** *la verdad salga a la luz.*
Que sea designada delegada pasa ***por que*** *obtenga la mayoría de los votos.*

• **Para comprobar** que se trata de la preposición *por* y el pronombre *que*, basta con sustituir *que* por una de las formas como *el cual, la cual, los cuales, las cuales*, o bien anteponer una forma del artículo (*el, la, los, las*) a la palabra *que*. Ejemplos:

Ése fue el motivo por ***el cual*** *dimitió el director.*
La calle por ***la cual*** *paso todos los días está cortada.*

Ése fue el motivo por ***el*** *que dimitió el director.*
La calle por ***la*** *que paso todos los días está cortada.*

- **Para comprobar** que se trata de la preposición *por* y la conjunción *que*, basta con sustituir lo que aparece detrás de la preposición por *eso*. Esta conmutación es posible porque *que* introduce en estos casos una oración sustantiva, sustituible por el pronombre *eso*. Ejemplos:

  El presidente se inclina por ***eso****.*
  Nosotros abogamos por ***eso****.*
  Que sea designada delegada pasa por ***eso****.*

  En todos estos casos, la preposición *por* está exigida por el verbo (*inclinarse* ***por*** *algo, abogar* ***por*** *algo, pasar* ***por*** *algo...*).

- La Academia recoge en su *Diccionario*, en la entrada léxica *por*, la forma *por que* también como una locución con **valor causal** (*Ponte el abrigo por que hace frío*); sin embargo, en estos casos la Academia prefiere el uso de *porque* (*Ponte el abrigo porque hace frío*).

18 Con qué, con que y conque

18 1 La forma *con qué*

- La forma *con qué* está constituida por la preposición *con* y el interrogativo o exclamativo tónico *qué*. Introduce enunciados interrogativos o exclamativos. Ejemplos:

  *¿**Con qué** habéis manchado la pared?*
  *¡**Con qué** desparpajo habla!*

  La forma *con qué* no aparece necesariamente en enunciados enmarcados por los signos de interrogación o de exclamación (interrogativos o exclamativos directos); puede aparecer también en oraciones subordinadas (interrogativas o exclamativas indirectas), generalmente con verbos como *saber, decir, imaginar, preguntar,* etc. y también *haber* y *tener*. Ejemplos:

  *No sé **con qué** habéis manchado la pared.*
  *No te imaginas **con qué** desparpajo habla.*
  *No tengo **con qué** escribir.*

  La tilde que hay sobre *qué* en la forma *con qué* es una tilde diacrítica: sirve para distinguir este *qué* interrogativo o exclamativo del *que* relativo y del *que* conjunción (ver 27).

- No existe en castellano la forma **conqué* escrita en una sola palabra.

18 2 La forma *con que*

- La forma *con que* está constituida por la preposición *con* y la palabra átona *que* (pronombre relativo o conjunción). Ejemplos:

  – *Con* + pronombre relativo *que*

    *Ésta es la novela **con que** Isabel ganó el premio.*
    *El coche **con que** fuimos a París está en el taller.*

  – *Con* + conjunción *que*

    *Me conformo **con que** lleguéis a las doce.*
    ***Con que** estudies un poco más, aprobarás.*

- **Para comprobar** que se trata de la preposición *con* y el pronombre *que*, basta con sustituir *que* por una de las formas *el cual, la cual, los cuales, las cuales*, o bien anteponer a la palabra *que* una forma del artículo (*el, la, los, las*). Ejemplos:

Ésta es la novela **con la cual** *Isabel ganó el premio.*
El coche **con el cual** *fuimos a París está en el taller.*

Ésta es la novela con **la** *que Isabel ganó el premio.*
El coche con **el** *que fuimos a París está en el taller.*

- **Para comprobar** que se trata de la preposición *con* y la conjunción *que*, basta con sustituir lo que aparece detrás de la preposición por *eso*. Esta conmutación es posible porque *que* introduce en estos casos una oración sustantiva, sustituible por el pronombre *eso*. Ejemplos:

Me conformo con **eso***.*
Con **eso** *aprobarás.*

18 3 La forma *conque*

- La forma *conque* es siempre átona. Tiene **valor consecutivo** (es una conjunción). Ejemplos:

Ya has estudiado lo suficiente, **conque** *vete a jugar un rato.*
Ya veo que estás agotado, **conque** *échate un rato a descansar.*

- **Para comprobar** el valor consecutivo de *conque* en estos casos, basta sustituirlo por *así que, por tanto* o *por consiguiente*:

Ya has estudiado lo suficiente, **así que** *vete a jugar un rato.*
Ya veo que estás agotado; **por tanto,** *échate un rato a descansar.*

- La forma *conque* se utiliza también para **introducir frases exclamativas** que expresan sorpresa o censura al interlocutor. Ejemplos:

*¡***Conque** *ibas a llegar puntual...!*
*¡***Conque** *no te gustaba ese chico...!*

- **Para comprobar** que la forma átona introduce una frase exclamativa, se puede sustituir por *así que*. Ejemplos:

*¡***Así que** *ibas a llegar puntual...!*
*¡***Así que** *no te gustaba ese chico...!*

19 Adónde, adonde y a donde

19 1 La forma *adónde*

- La forma *adónde* es tónica y siempre lleva tilde. Es un adverbio interrogativo o exclamativo e introduce enunciados interrogativos o exclamativos. Ejemplos:

  *¿**Adónde** vas con tu perro?*
  *¡**Adónde** irás tan deprisa!*

  La forma *adónde* no aparece necesariamente en enunciados enmarcados por los signos de interrogación o de exclamación (interrogativos o exclamativos directos); puede aparecer también en oraciones subordinadas (interrogativas o exclamativas indirectas), generalmente con verbos como *saber, decir, imaginar, preguntar,* etc. Ejemplos:

  *No me dijo **adónde** iba con su perro.*
  *Cualquiera sabe **adónde** irás tan deprisa.*

- Aunque es un error muy frecuente, no existe en castellano la forma **a dónde*.

19 2 Las formas *adonde* y *a donde*

19 2.1 La forma *adonde*

- La forma *adonde* es siempre átona. Es un adverbio relativo y se utiliza para referirse a un lugar señalado anteriormente (es decir, tiene el antecedente explícito en un sustantivo común –o adverbio– de lugar que precede al relativo). Ejemplos:

  *El lugar **adonde** voy sólo lo conocen mis amigos* (*lugar* es el antecedente).
  *La casa **adonde** me dirijo está lejos de aquí* (*casa* es el antecedente).

- **Para comprobar** que se trata del adverbio relativo, la palabra *adonde* puede sustituirse por la preposición *a* seguida de otro relativo como *el cual, la cual, los cuales, las cuales*. Ejemplos:

  *El lugar **al cual** voy sólo lo conocen mis amigos.*
  *La casa **a la cual** me dirijo está lejos de aquí.*

19 2.2 La forma *a donde*

- La forma *a donde* está constituida por la preposición *a* y el adverbio relativo átono *donde* y se utiliza cuando no aparece delante el lugar al que se refiere (es decir, no tiene el antecedente explícito). Ejemplos:

  *Voy **a donde** tú sueles ir con tus amigos.*
  *Me dirijo **a donde** nadie me vea.*

- Aunque es un error muy frecuente, no se debe utilizar la forma *a donde* cuando aparezca el antecedente, ni la forma *adonde* cuando no aparezca.

- En algunos casos no está claro si se debe utilizar la forma *a donde* o *adónde* ya que, con los verbos *tener* y *haber*, el significado es idéntico tanto si utilizamos una forma como si utilizamos la otra. Ejemplos:

  *No tengo / hay **adónde** ir.* (No tengo / hay a qué lugar ir.)
  *No tengo / hay **a donde** ir.* (No tengo / hay lugar al que ir.)

  La única diferencia entre estas dos oraciones es que en la primera se ha puesto un mayor énfasis en el significado interrogativo, por lo que *adónde* se pronuncia más tónico que en la segunda.

19 2.3 Las formas *adonde, a donde* y *donde*

- Las formas *adonde* y *a donde* (cada una en sus contextos) suelen aparecer con verbos de dirección (*ir, venir, dirigirse...*); en estos casos alternan con *donde*. Ejemplos:

  *El lugar **donde / adonde** voy sólo lo conocen mis amigos.*
  *La casa **donde / adonde** me dirijo está lejos de aquí.*

  *Voy **donde / a donde** tú sueles ir.*
  *Me dirijo **donde / a donde** nadie me vea.*

  Sin embargo, con verbos que no indican dirección sólo se utiliza *donde*, no **adonde* ni **a donde*. Ejemplos:

  *Estoy **donde / *a donde** quedamos el otro día.*
  *Celebró la boda **donde / *a donde** se casó su hermana.*
  *Éste es el parque **donde / *adonde** solemos jugar al fútbol.*
  *Éste es el lugar **donde / *adonde** trabajo.*

20 Palabras juntas o separadas con distinto significado

20 1 Cuestiones previas

Algunas palabras cambian su significado en función de su escritura en una sola palabra o en más de una. Ejemplo:

No lo he llamado y ***tampoco*** *le he escrito.*
Tengo ***tan poco*** *tiempo que no la he llamado.*

No tomaré carne ***sino*** *pescado.*
Tomaré carne ***si no*** *hay pescado.*

20 2 Formas que tienen distinto significado según se escriban juntas o separadas

20 2.1 Las formas *sino* y *si no*

- Se escribe ***sino*** en una sola palabra:
  - Cuando es un sustantivo sinónimo de «destino» o «hado». En estos casos, *sino* es una palabra tónica. Ejemplos:

    Dice que su ***sino*** *es viajar lejos y conocer otras culturas.*
    ¿Quién escribió Don Álvaro o la fuerza del **sino***?*

  - Cuando implica una oposición a lo dicho anteriormente (es una conjunción adversativa y la primera parte de la oración es siempre negativa). En estos casos, *sino* es una palabra átona. Ejemplos:

    No conozco a sus tíos, ***sino*** *a sus abuelos.*
    No quiero que me presiones, ***sino*** *que me ayudes.*

  Aunque es un error frecuente, no se debe utilizar la forma *si no* en los casos en los que puede sustituirse por *más que*. Ejemplos:

    No conozco a tu hijo ***sino*** *en foto.* (No conozco a tu hijo **más que** en foto.)
    Ninguna persona lo vio ***sino*** *el guarda.* (Ninguna persona lo vio **más que** el guarda.)

- Se escribe ***si no*** en dos palabras:
  - Cuando introduce una condición o una hipótesis (se trata de la conjunción condicional *si* seguida del adverbio de negación *no*). Ejemplos:

    Si no *vienes, no te daré el regalo.*
    Si no *hubiera sido por ti, no lo habría conseguido.*
    Si no *como es porque no tengo hambre.*
    No aceptaré el trabajo ***si no*** *mejoran las condiciones.*

    Se puede encontrar la secuencia *si no* también en enunciados exclamativos como los siguientes.

    *¡****Si no*** *lo hubieras dicho...!*
    *¡****Si no*** *es tarde!*

    Y además, puede ir precedido de preposición o del adverbio *como*. Ejemplos:

    Riego ***por si no*** *llueve.*
    Hablas ***como si no*** *supiéramos lo que ha ocurrido.*

  - Cuando introduce una pregunta indirecta (se trata de la conjunción de interrogativas indirectas *si,* seguida del adverbio de negación *no*). Ejemplos:

    Me pregunto ***si no*** *habrá encontrado trabajo aún.*
    Dudo ***si no*** *le gustaría más que lo esperásemos.*

  En todos estos casos, la forma *si no* es tónica; la intensidad recae sobre el adverbio *no*.

20 2.2 Las formas *demás* y *de más*

- Se escribe ***demás*** en una sola palabra cuando es un indefinido. En estos casos equivale a *otro, otros, otras.* Normalmente va precedido de un artículo (*lo, los, las*), aunque a veces se usa sin él. Ejemplos:

  Los ***demás*** *compañeros pueden esperar fuera.*
  Vinieron a mi casa Antonio, Felipe y ***demás*** *amigos.*

  - La palabra *demás* aparece también en la locución *por lo demás*. Ejemplos:

    Ha sido un duro trabajo. ***Por lo demás****, debo deciros que estoy muy satisfecha con los resultados.*
    Parece un poco alocado, pero, ***por lo demás****, creo que es un buen chico.*

– La palabra *demás* aparece a veces precedida de la preposición *por* con el significado de «inútilmente» o «excesivamente». Ejemplos:

Intentó ***por demás*** *evitar que se fuera.*
Estás hablando ***por demás****, es mejor que te calles.*

- Se escribe ***de más*** en dos palabras cuando se trata de la preposición *de* unida al adverbio de cantidad *más.* Ejemplos:

Aún puedo hablar ***de más*** *cosas.*
Ahora mismo no me acuerdo ***de más*** *anécdotas.*

– La secuencia *de más* puede formar parte de algunas locuciones verbales (*haber de más, estar de más*...). Ejemplos:

Creo que ***hay*** *comida* ***de más****.*
Pienso que ese comentario ***está de más****.*

– La secuencia *de más* aparece con algunos verbos con el significado de «demasiado». Ejemplos:

Creo que tu nerviosismo te hizo hablar ***de más****.*
Adolfo lleva una larga temporada trabajando ***de más****.*

– La secuencia *de más* aparece a veces precedida de *lo* con el significado de «lo más importante», opuesto a *lo de menos* con el significado de «lo menos importante». Ejemplos:

Lo de menos es que te hayas equivocado; lo ***de más*** *es que no quieras enmendar tus errores.*

20 2.3 Las formas *aparte* y *a parte*

- Se escribe ***aparte*** en una sola palabra:

– Cuando es un adverbio de lugar. Ejemplos:

Los que venís en autobús poneos ***aparte****.*
Coloca ***aparte*** *esas hojas para que no se traspapelen.*
María es una profesional ***aparte****, con unas indiscutibles habilidades para la gestión de proyectos.*

– Cuando es un sustantivo. Ejemplo:

Me contó la noticia en un ***aparte****.*

– Cuando forma parte de la locución *aparte de* (además de; sin contar con). Ejemplos:

Aparte de Carmen y Nicolás, creo que no viene nadie.
Aparte de lo que me has contado, ¿te gusta tu trabajo?

- Se escribe ***a parte*** en dos palabras cuando se trata de la preposición *a* seguida del sustantivo *parte*. En estos casos, el sustantivo *parte* se puede sustituir por otro sustantivo. Ejemplos:

No me dirijo **a parte** alguna que no conozcas. (*No me dirijo a* ***lugar*** *alguno que no conozcas.*)
Atravesé el río de parte **a parte**. (*Atravesé el río de lado a* ***lado***.)
Aquellas medidas favorecieron **a parte** *de la población.* (*Aquellas medidas favorecieron a un* **sector** *de la población.*)

20 2.4 Las formas *también* y *tan bien*

- Se escribe ***también*** en una sola palabra cuando se trata de un adverbio de afirmación o de inclusión. Ejemplos:

Yo **también** *quiero ir al cine esta tarde.*
Hoy es fiesta y mañana **también**.

En ocasiones, es un refuerzo exclamativo. Ejemplo:

También *tú..., ¡vaya forma de comportarte!*

- Se escribe ***tan bien*** en dos palabras cuando se trata del cuantificador *tan* seguido del adverbio *bien*. En estos casos, es posible la sustitución de *bien* por *mal*, aunque, por supuesto, con significado opuesto. Ejemplos:

María canta **tan bien** *que es un placer oírla.*
Yo escribo **tan bien** *como tú.*
Está **tan bien** *educado que tiene un trato muy agradable.*

20 2.5 Las formas *tampoco* y *tan poco*

- Se escribe ***tampoco*** en una sola palabra cuando se trata de un adverbio de negación o de exclusión. Ejemplos:

No me gustan los calamares y a Juan **tampoco**.
Óscar no quiso salir el viernes ni **tampoco** *el sábado.*
Tampoco *tú sabías dónde estaba el restaurante.*

En ocasiones, es un refuerzo exclamativo. Ejemplo:

¡Tampoco es para ponerse así...!

- Se escribe ***tan poco*** en dos palabras cuando se trata del cuantificador *tan* seguido del indefinido *poco*. En estos casos, *tan* se puede sustituir por *muy*, siempre que se elimine el segundo término de la comparación. Ejemplos:

*Mi hijo come **tan poco** últimamente que estoy preocupado. (Mi hijo come muy poco.)*
*Muestra **tan poco** interés que me parece que va a dejar la orquesta. (Muestra muy poco interés.)*
*Es **tan poco** sensato que un día nos va a dar un disgusto. (Es muy poco sensato.)*

20 2.6 Las formas *así mismo, asimismo* y *a sí mismo*

- Se escribe ***así mismo*** en dos palabras cuando se trata del adverbio *así* y el adjetivo *mismo*. Ejemplos:

*Deja los libros **así mismo** y no te preocupes, yo los ordenaré.*
*Hazlo **así mismo**: me parece bien.*

Este uso es paralelo al de otros adverbios acompañados de *mismo*: *aquí mismo, allí mismo, hoy mismo*.

- Se escriben indistintamente las formas ***así mismo*** y ***asimismo*** (aunque la Real Academia Española prefiere la primera) cuando su significado es el de «también» o «además». Ejemplos:

*A las tres recogimos los papeles y cerramos la puerta. **Así mismo** / **asimismo**, nos despedimos de todos los compañeros.*
*Tengo ganas de volver a España, y espero **así mismo** / **asimismo** visitar pronto Italia.*

- Se escribe ***a sí mismo*** cuando se trata del pronombre reflexivo *sí* precedido de la preposición *a* y seguido del adjetivo *mismo*. Ejemplos:

*Javier se analiza mucho **a sí mismo**.*
*Camilo se alaba **a sí mismo**.*

– En estos casos, el adjetivo puede cambiar de género y de número en relación con el sujeto: *a sí misma, a sí mismos, a sí mismas*:

*Maite se analiza mucho **a sí misma**.*
*Juan y Pedro se alaban **a sí mismos**.*

– En estos casos, es obligatorio el uso del adjetivo *mismo(a)* o *mismos(as)*. No es correcto decir:

**Javier se analiza mucho a sí.*
**Camila se alaba a sí.*

- No existe la forma *****asímismo***, aunque la Academia sí la registró en otras épocas.

20 2.7 Otras palabras que tienen distinto significado según se escriban juntas o separadas

Muchas palabras cambian su significado según aparezcan escritas juntas o separadas. Ejemplos:

- **acerca (de)**: con relación a algo. Ejemplo: *Hablamos acerca de su nuevo trabajo.*

  a cerca (de): preposición *a* + *cerca*. Ejemplo: *El premio ascendía a cerca de un millón de pesetas.*

- **adondequiera**: a cualquier parte. Ejemplo: *Yo iré adondequiera que esté mi hija.*

  a donde quiera: *a donde* + forma del verbo *querer*. Ejemplo: *Iré a donde quiera Samuel.*

- **dondequiera**: en cualquier parte. Ejemplo: *Te encontraré dondequiera que estés.*

  donde quiera: *donde* + forma del verbo *querer*. Ejemplo: *Hoy iremos donde quiera Enrique.*

- **entorno**: conjunto de circunstancias que rodean algo. Ejemplo: *Tu casa está en un entorno muy agradable.*

  en torno: alrededor. Ejemplo: *Poneos en torno a mí.*

20 Palabras juntas o separadas con distinto significado

- **exabrupto**: salida de tono. Ejemplo: *Puso muy mala cara y me contestó con un exabrupto.*

  ex abrupto: de forma repentina e inesperada. Ejemplo: *La decisión se tomó ex abrupto.*

- **mediodía**: horas centrales del día. Ejemplo: *A mediodía saldremos a dar un paseo.*

  medio día: adjetivo *medio* + *día*. Ejemplo: *Me he pasado medio día preparando este trabajo.*

- **quehacer**: ocupación o tarea. Ejemplo: *Es un quehacer al que me dedico con entusiasmo.*

  que hacer: relativo o conjunción *que* + verbo *hacer*. Ejemplo: *No tengo nada que hacer* (*que* es un relativo). *No tengo que hacer nada* (*que* es una conjunción).

- **quienquiera**: quien. Ejemplo: *Quienquiera que lo haya dicho, que se acerque.*

  quien quiera: *quien* + forma del verbo *querer*. Ejemplo: *Quien quiera ayuda, que la pida.*

- **sinfín**: gran cantidad. Ejemplo: *Hay un sinfín de papeles en la habitación.*

  sin fin: preposición *sin* + *fin*. Ejemplo: *La eternidad es algo sin principio y sin fin.*

- **sinnúmero**: cantidad muy grande. Ejemplo: *Se lo repetí un sinnúmero de veces hasta que consiguió enterarse.*

  sin número: preposición *sin* + *número*. Ejemplo: *Lleva la tarjeta sin número de identificación.*

- **sinrazón**: acción hecha contra la razón. Ejemplo: *Es una sinrazón que descuides tu vida personal.*

  sin razón: preposición *sin* + *razón*. Ejemplo: *No se pueden hacer las cosas sin razón.*

- **sinsabor**: pesar o disgusto. Ejemplo: *En la vida, se pasa algún que otro sinsabor.*

  sin sabor: preposición *sin* + *sabor*. Ejemplo: *Esta comida está sin sabor.*

- **sinvergüenza**: descarado. Ejemplo: *Tu primo es un sinvergüenza.*

  sin vergüenza: preposición *sin* + *vergüenza*. Ejemplo: *Puedes hacerlo sin vergüenza.*

20 3 Algunas dificultades para hablantes de Cataluña, Comunidad Valenciana e Islas Baleares

Algunas palabras, muy parecidas en castellano y en catalán y valenciano, se diferencian en su escritura en una sola palabra o en varias.

Por este motivo, al escribir en castellano, se producen a veces vacilaciones en palabras como las siguientes:

· *altibajos*, no **alti bajos* (por influencia de *alts i baixos*)
· *en medio*, no **enmedio* (por influencia de *enmig*)
· *mientras tanto*, no **mientrastanto* (por influencia de *mentrestant*)

ATENCIÓN

Errores frecuentes

- **entorno** (ambiente o circunstancias) se escribe siempre en una sola palabra. No debe confundirse con la forma *en torno* (alrededor de), compuesto por la preposición *en* y el nombre *torno*.
- (*no dar*) **abasto** y (*estar*) **encinta** se escriben siempre en una sola palabra.
- **de acuerdo** y **o sea** se escriben siempre en dos palabras.
- **tos ferina** y **medio ambiente** se escriben siempre en dos palabras aunque *medioambiental* debe escribirse junto.

21 Palabras que se pueden escribir juntas o separadas

21 1 Cuestiones previas

Algunas palabras o expresiones pueden escribirse indistintamente en una palabra o en varias sin que cambie el significado. Ejemplos:

Carmen cumple siempre las normas ***a rajatabla / a raja tabla****.*
Mi casa está ***en frente / enfrente*** *del parque.*

21 2 Formas que se pueden escribir en una o más palabras

- Algunas palabras pueden escribirse en una sola palabra o en más de una y mantienen el mismo significado. Ejemplos (aparece en primer lugar la forma preferida por la Real Academia Española):

a mata caballo	o	*a matacaballo*
a raja tabla	o	*a rajatabla*
a toca teja	o	*a tocateja*
agua fuerte	o	*aguafuerte*
agua viento	o	*aguaviento*
alrededor	o	*al rededor*
aposta	o	*a posta*
aprisa	o	*a prisa*
boca abajo	o	*bocabajo*
cortocircuito	o	*corto circuito*
de sobremesa	o	*de sobre mesa*
deprisa	o	*de prisa*
en seguida	o	*enseguida*
enfrente	o	*en frente*
guardia marina	o	*guardiamarina*
hierbabuena	o	*hierba buena*
in fraganti	o	*infraganti*
mal humor	o	*malhumor*
tiquismiquis	o	*tiquis miquis*

En otros casos de alternancia, como *a quemarropa* o *a quema ropa,* la Academia no indica preferencia por ninguna de las dos.

- En ciertas palabras que tienen varios significados, la Real Academia Española registra dos formas posibles de escritura para uno de ellos. Ejemplos (aparece en primer lugar la forma preferida por la Academia):

- **apenas** o **a penas** (como adverbio). Ejemplo: *Apenas / a penas nos quedó tiempo para hablar.*
- **campo santo** o **camposanto** (como sustantivo). Ejemplo: *Desde esta ventana se ven los cipreses del campo santo / camposanto.*
- **caradura** o **cara dura** (como sustantivo). Ejemplo: *¡El muy caradura / cara dura se coló en la fila!*
- **en hora buena** o **enhorabuena** (como adverbio). Ejemplo: *¿Te han ascendido? ¡Que sea en hora buena / enhorabuena!*
- **entre tanto** o **entretanto** (como adverbio). Ejemplo: *Tardarán un rato; entre tanto / entretanto, podemos ir picando algo.*
- **padre nuestro** o **padrenuestro** (como sustantivo). Ejemplo: *Recé un padre nuestro / padrenuestro y un avemaría.*
- **sobremanera** o **sobre manera** (como adverbio). Ejemplo: *Me preocupa sobremanera / sobre manera lo que me cuentas.*
- **contrarreloj** o **contra reloj** (etapa ciclista). En este caso la Academia no indica ninguna preferencia. Ejemplo: *El ciclista perdió su liderazgo en la contrarreloj / contra reloj.*

• Aunque es un error muy frecuente, las palabras *alrededores, entretanto* y *adiós* cuando son sustantivos no pueden escribirse separadas. Ejemplos:

Daré un paseo por los alrededores (no **al rededores*).
El entretanto (no **entre tanto*) *me pareció largo.*
Me lanzó un adiós (no **a Dios*) *muy cariñoso.*

21 3 Las contracciones *al* y *del*

Cuando las preposiciones *a* y *de* van seguidas del artículo masculino *el*, se contraen en *al* y *del* respectivamente, y se escriben en estos casos en una sola palabra. Ejemplos:

Voy ***al*** *colegio*, no **Voy a el colegio.*
Vengo ***del*** *colegio,* no **Vengo de el colegio.*

En los casos en que el artículo *el* forma parte de un nombre propio, las preposiciones no deben contraerse con el artículo en la escritura, aunque sí sea frecuente la pronunciación como [*al*] y [*del*]. Ejemplos:

Voy ***a El*** *Cairo*, pero no **Voy al Cairo.*
Vengo ***de El*** *Cairo*, pero no **Vengo del Cairo.*

A veces no está claro cuándo el artículo forma parte o no del nombre propio (ver 15 4.2).

22 Prefijación y composición

22.1 Cuestiones previas

Las palabras prefijadas (las que contienen un prefijo) y las compuestas (las que están formadas por varias raíces o bases léxicas) aparecen, en la mayoría de los casos, escritas en una sola palabra. Sin embargo, hay ciertas formas que se deben escribir con guión, o incluso en palabras separadas; de ahí que surjan dificultades ortográficas.

- Formas que se escriben **juntas**. Ejemplos:

  prefijadas: *incoherente, predecir, submarino*
  compuestas: *sacapuntas, hispanoamericano, dieciséis*

- Formas que se escriben **con guión**. Ejemplos:

  prefijada: *anti-Otan*
  compuesta: *teórico-práctico*

- Formas que se escriben **en palabras separadas**. Ejemplos:

  prefijadas: *pro amnistía, ex ministro*
  compuestas: *hombre rana, camión cisterna*

La escritura en una sola palabra, con guión o en palabras separadas, depende principalmente del grado de fusión que haya entre los componentes de la palabra prefijada o del compuesto.

Estas variaciones en la forma de escribir las palabras prefijadas y las compuestas pueden producir a veces vacilaciones ortográficas.

22.2 Palabras con prefijo

- La mayor parte de las palabras con prefijo se escriben **en una sola palabra**. Ejemplos:

  anti + natural → *antinatural*
  des + información → *desinformación*
  in + justicia → *injusticia*
  inter + nacional → *internacional*
  pos + modernidad → *posmodernidad*
  pre + matrimonial → *prematrimonial*

- Sin embargo, algunas palabras con prefijo deben escribirse **con guión.** Es el caso de las palabras formadas por un **prefijo y un nombre propio**, ya que resultaría extraño mantener la mayúscula si se escribieran en una sola palabra. Ejemplo:

  anti-Estado

- Otras palabras con prefijo deben escribirse en **palabras separadas**. Ejemplos:

  - El adverbio ***no*** **seguido de un sustantivo** (aunque esta secuencia se puede considerar también un compuesto). Ejemplos:

    los no violentos *la no concesión*

  - La forma ***pro*** cuando es preposición se escribe separada de las palabras siguientes. Ejemplo:

    pro derechos humanos

    Cuando ***pro*** tiene valor de prefijo (con el significado «en favor de», «en vez de» o «ilustre») se escribe junto a la palabra. Ejemplos:

    proetarra *procónsul* *prohombre*

  - El elemento ***ex*** cuando aparece seguido de un nombre o grupo nominal se escribe separado de éste, entre otras razones porque conserva un cierto grado de tonicidad. Ejemplos:

    ex ministro *ex presidente* *ex marido*

    Cuando el elemento ***ex*** aparece seguido de un adjetivo (sustantivado o no) o un verbo se escribe junto a ellos. Ejemplos:

    excombatiente *extraer* *excéntrico*

- Las palabras formadas por un prefijo que acaba en vocal y una palabra que empieza por esa misma vocal deben mantener ambas vocales en la palabra resultante, excepto en aquellos casos en los que la Real Academia Española registra la forma con una sola vocal. Ejemplos:

  reembolso *contraataque* *antiimperialismo*

  frente a:

  contraalmirante o *contralmirante*

22.3 Palabras compuestas

- La mayor parte de las palabras compuestas se escriben **en una sola palabra**. Ejemplos:

anglo + americano	→	*angloamericano*
carro + coche	→	*carricoche*
diez + nueve	→	*diecinueve*
décimo + noveno	→	*decimonoveno*
lava + vajillas	→	*lavavajillas*
navarro + aragonés	→	*navarroaragonés*
saca + puntas	→	*sacapuntas*
tapa + rabos	→	*taparrabos*

- Sin embargo, algunas palabras compuestas se escriben **separadas por un guión**. Ejemplos:

  – Algunos **adjetivos compuestos** de varios elementos que mantienen cierta independencia en la pronunciación. Ejemplos:

  clase teórico-práctica *conceptos histórico-políticos*

  En algunos casos, el *Diccionario* académico recoge una misma palabra con y sin guión. Ejemplos (aparece en primer lugar la forma preferida por la Academia):

  asturleonés(a) o *astur-leonés(a)*
  judeoespañol(a) o *judeo-español(a)*

  – Algunas palabras compuestas por **varios sustantivos** cuando se ha eliminado alguna preposición. Ejemplos:

  kilómetros-hora *dirección este-oeste*

- Otras palabras compuestas se escriben en **palabras separadas**.

  – Los compuestos de **dos sustantivos** en aposición. Ejemplos:

hora punta	*ciudad dormitorio*	*globo sonda*
hombre rana	*casa cuartel*	*coche bomba*

  En estos casos, el segundo componente permanece invariable al formar el plural. Ejemplos:

  horas punta *ciudades dormitorio* *coches bomba*

Sin embargo, cuando al eliminar el primer componente el segundo sigue funcionando en la oración con el mismo significado, se pone éste también en plural. Ejemplos:

España e Italia son países miembros de la UE.
España e Italia son miembros de la UE.

– Los números **cardinales** a partir del *treinta* y los **ordinales** a partir del *vigésimo primero* (ver 45 2.2 y 45 4.1). Ejemplos:

treinta y tres	*setenta y cinco*	*ochenta y siete*
trigésimo sexto	*sexagésimo quinto*	*centésimo segundo*

22 4 Algunas dificultades para hablantes de Cataluña, Comunidad Valenciana e Islas Baleares

- Algunas palabras, muy parecidas en castellano y en catalán y valenciano, se diferencian en su escritura por llevar o no guión.

  Por este motivo, al escribir en castellano, se producen a veces vacilaciones en palabras como las siguientes:

  · *guardarropa*, no **guarda-ropa* (por influencia de *guarda-roba*)
  · *nordeste*, no **nord-este* (por influencia de *nord-est*)
  · *parachoques*, no **para-choques* (por influencia de *para-xocs*)

- En catalán y valenciano se utiliza el guión para separar, en ciertos casos, el verbo del pronombre clítico, así como los diferentes elementos de un número.

  Por este motivo, al escribir en castellano, se producen a veces vacilaciones en palabras como las siguientes:

  darle, no **dar-le*
  treinta y nueve, no **treinta-y-nueve*

23 Escritura de palabras de otras lenguas

23 1 Cuestiones previas

El castellano se ha configurado a lo largo de su historia con palabras procedentes de otras lenguas. Muchas de ellas ya han sido recogidas en el *Diccionario* de la Real Academia Española (más o menos adaptadas a la escritura y a la pronunciación castellanas). Otras, en cambio, son de reciente entrada en la lengua y no aparecen aún en el *Diccionario* académico (marcadas con [en esta unidad).

Estas palabras pueden llegar a nuestra lengua por dos motivos:

- Por la entrada de objetos (u otro tipo de realidades) procedentes del extranjero y que incorporamos a nuestra lengua con su nombre original (a veces escrito según su pronunciación y a veces escrito según su grafía de origen). Ejemplos:

  [*web*, del inglés
  [*modem,* del inglés
  espagueti, del italiano
  judo o *yudo,* del japonés

- Como una nueva denominación para una realidad que ya tenía un nombre en castellano. Ejemplos:

  [*barman,* del inglés (camarero)
  [*toilette,* del francés (aseo o cuarto de baño)
  escalope, del francés (filete empanado)
  gas-oil, del inglés (gasóleo)

  Con frecuencia conviven, al menos en un primer momento, ambas palabras (la patrimonial y la extranjera). Esto sucede en la actualidad con algunas palabras como las siguientes:

[*gay,* del inglés	y	*homosexual*
[*souvenir,* del francés	y	*recuerdo*
complot, del francés	y	*conspiración*
córner, del inglés	y	*saque de esquina*

  Pasado el momento de coexistencia, pueden ocurrir varias cosas:

  – El extranjerismo desaparece y vuelve a emplearse, casi exclusivamente, la palabra castellana. Ejemplos:

[*hot dog,* del inglés → *perrito caliente*
[*hacker,* del inglés → *pirata informático*
open, del inglés → *abierto* (en una competición)
film o filme, del inglés → *película*

- El extranjerismo pasa a designar un subgrupo del total de realidades designado por el término castellano. Ejemplos:

  champiñón, del francés (designó al principio cualquier tipo de seta, y especializó después su significado para un tipo determinado de setas cultivadas)
  sándwich, del inglés (designa en inglés cualquier tipo de bocadillo, pero en español designa sólo el de pan de molde)
  book, del inglés (designa en inglés cualquier libro y en castellano un álbum de fotografías que refleja la trayectoria profesional de una persona)

- El extranjerismo eclipsa el uso de la palabra castellana, que sigue utilizándose pero en menor medida. Ejemplos:

  [*light,* del inglés (bajo en calorías)
  [*show*, del inglés (espectáculo)
  voleibol, del inglés (balonvolea)
  biscote, del francés (pan tostado industrial)

- El extranjerismo pasa a sustituir a la palabra castellana, que deja prácticamente de utilizarse. Ejemplos:

  [*hobby,* del inglés (afición o entretenimiento)
  [*starter,* del inglés (estrangulador, en un vehículo)
  marketing, del inglés (mercadotecnia)
  fútbol, del inglés (balompié)

A la hora de pronunciar o de escribir las palabras extranjeras, es necesario distinguir entre aquellas que ya han sido recogidas por el *Diccionario* académico (en las que el hablante debe respetar la grafía académica y pronunciarlas como si fueran palabras castellanas), y aquellas que aún no han sido en él (en las que el hablante puede optar por su castellanización o por la fidelidad a la lengua de origen).

23 2 Extranjerismos recogidos en el *Diccionario* académico

Cuando el *Diccionario* académico ha recogido una palabra extranjera se debe escribir y pronunciar tal y como aparece recogida en él.

- Algunas palabras extranjeras aparecen recogidas en el *Diccionario* académico con la grafía original y con una grafía adaptada al castellano. Ejemplos (aparece en primer lugar la forma preferida por la Academia):

  güisqui o *whisky* *chalé* o *chalet*

  El hablante puede escoger cuál de ambas formas utiliza.

- Otras palabras extranjeras han sido recogidas por el *Diccionario* académico con su grafía original sin adaptarlas al castellano. Ejemplos:

  dossier, del inglés *puzzle,* del inglés

  - En algunas de estas palabras se produce un problema con la pronunciación ya que, según su grafía, deben pronunciarse de una forma absolutamente inusual. Ejemplos:

    ballet, del francés, pronunciado, según su grafía [ballét]
    pizza, del italiano, pronunciado, según su grafía [pízza]

    En muchos de estos casos, la pronunciación de la palabra suele responder a la de su lengua de origen. Ejemplos:

    ballet, pronunciado generalmente [balé]
    pizza, pronunciado generalmente [pídsa]

- Otras palabras extranjeras han sido recogidas en el *Diccionario* académico, pero con una grafía adaptada al castellano que refleja la pronunciación de la lengua de origen. Ejemplos:

  cruasán, del francés *croissant*
  bufé, del francés *buffet*

- Por último, el *Diccionario* académico recoge palabras extranjeras que han sido castellanizadas de una forma que no responde a la pronunciación habitual de los hablantes. Ejemplos:

  yaz, del inglés *jazz*, pronunciado generalmente [yas]
  crepe, del francés *crêpe*, pronunciado generalmente [crep]

23 3 Extranjerismos que no han sido recogidos en el *Diccionario* académico

23 3.1 Palabras y expresiones extranjeras

Cuando se emplea una palabra extranjera que no ha sido recogida en el *Diccionario* académico, los hablantes pueden elegir entre mantener la forma original (demostrando un cierto conocimiento de la lengua de la que procede) o adaptar la palabra extranjera al castellano (dando a la palabra extranjera una entrada mucho más fuerte y consolidada en el castellano).

- En cuanto a la **pronunciación**:

  La palabra extranjera se puede pronunciar tal y como se escribe en su lengua original, o bien como se pronuncia en ella (aunque castellanizando su pronunciación). Ejemplos:

  [*foie-gras,* pronunciado [foyegrás] o [fuagrás]
  [*baguette,* pronunciado [baguéte] o [baguét]
  [*grunge,* pronunciado [grúnge] o [grunch]
  [*vedette,* pronunciado [vedétte] o [vedét], [vedé]

- En cuanto a la **escritura**:

  La palabra extranjera puede mantener su escritura original o bien escribirse tal y como se pronuncia en castellano. Ejemplos:

  [*foie-gras* o [*fuagrás*
  [*baguette* o [*baguet*
  [*grunge* o [*grunch*
  [*vedette* o [*vedet,* [*vedé*

  En todos estos casos, el extranjerismo debe aparecer, en la escritura, en cursiva o entre comillas.

23 3.2 Nombres propios extranjeros

Cuando se utilicen nombres propios de otras lenguas debe respetarse la grafía original. Ejemplos:

Wagner *Mozart*

Los nombres propios extranjeros sólo siguen las reglas de acentuación castellana cuando han sido totalmente castellanizados. Ejemplos:

Estrómboli, del italiano *Stromboli*
Normandía, del francés *Normandie*
Támesis, del inglés *Thames*

23 3.3 Neologismos con apariencia de extranjerismos

Algunas palabras se han formado a partir de otras palabras (castellanas o no castellanas) a las que se añade el sufijo inglés *-ing* pero que son inexistentes en esta lengua. Ejemplos:

[*camping* [*puenting* [*footing*

Estas palabras, cuando se utilizan, deben escribirse siempre en cursiva o entrecomilladas.

23 4 Palabras que proceden de otras lenguas de España

Algunas palabras que se utilizan en castellano proceden de otras lenguas peninsulares distintas del castellano. Ejemplos:

[*ikurriña,* del vasco
[*diada,* del catalán
[*gheada*, del gallego
chapela, del vasco *txapela*
trébol, del catalán *trèvol*
corpiño, del gallego *corpiño*

- En el uso de las palabras que han sido recogidas en el *Diccionario* académico se debe respetar la grafía con que han sido recogidas en él. Ejemplos:

  aizcolari, del vasco *aitzkolari*
  pacharán, del vasco *patxaran*
  morriña, del gallego *morriña*
  carabela, del gallego *caravela*
  alioli, del catalán *allioli*
  butifarra, del catalán *botifarra*

- Las palabras que no han sido recogidas en el *Diccionario* académico deben escribirse en cursiva o entrecomilladas. Ejemplos:

  [*fuet,* del catalán
  [*ninot,* del valenciano
  [*ikastola,* del vasco
  [*lehendakari,* del vasco
  [*enxebre,* del gallego
  [*xouba,* del gallego

  Estas palabras pueden escribirse respetando su grafía original o bien tal y como se pronuncian. Ejemplo:

  [*dantzari* o [*danzari*

ATENCIÓN

Errores frecuentes

- **beicon, cruasán** y **colage** son las formas castellanizadas (y recogidas en el *Diccionario* académico) de las palabras extranjeras *bacon*, *croissant* y *collage*. Por tanto, deben evitarse las formas extranjeras de estas palabras.
- **restaurante** y **váter** son las formas castellanizadas (y recogidas en el *Diccionario* académico) de las palabras *restaurant* y *water*. Por tanto, deben evitarse las formas extranjeras de estas palabras.
- **clubes** es la forma plural de la palabra *club*. Sin embargo, está muy extendido el uso del plural **clubs*.

Ejercicios

Ortografía de la letra *h*

1 **Completa las oraciones conjugando los verbos entre paréntesis.**

- Ayer (hacer) .... un año que nos conocimos.
- Por favor, no me (prohibir) .... hacer esto.
- Es mejor que no te (adherir) .... a esa causa.
- Parece como si el médico lo (haber) .... (desahuciar) ....

2 **Escribe una palabra de la misma familia léxica que cada una de éstas.**

- hielo → ....
- huerto → ....
- exhortar → ....
- hierro → ....

3 **¿Por qué *huelo, hueles* y *huele* se escriben con *h* si su infinitivo es *oler*?**

....

4 **Escribe, a continuación de cada palabra, otra de su misma familia léxica que se escriba sin *h*.**

- huérfano: ....
- hueso: ....
- Huesca: ....
- hueco: ....

5 **¿Qué diferencia de significado existe entre *He ojeado el libro* y *He hojeado el libro*?**

....

....

6 **Completa las oraciones con la palabra que corresponda.**

echo/hecho   halla/haya   desecho/deshecho

- ¿Has .... ya las maletas?
- Mi padre se .... cansado últimamente.
- Aquellos niños han .... un precioso castillo de arena.
- El que se .... encontrado un reloj, que lo devuelva.
- Siempre le .... valor en las situaciones difíciles.
- Si no .... los papeles viejos, al final me lío.

SOLUCIONARIO

1. Ayer *hizo* un año que nos conocimos. Por favor, no me *prohíbas* hacer esto. Es mejor que no te *adhieras* a esa causa. Parece como si el médico lo *hubiera desahuciado*. **2.** hielo: *deshielo*; huerto: *hortelano*; exhortar: *exhortación*; hierro: *herrero*. **3.** *Porque todas las palabras que empiezan por* hue- *se escriben con* h. **4.** huérfano: *orfanato*; hueso: *óseo*; Huesca: *oscense*; hueco: *oquedad*. **5.** He ojeado el libro: *El hablante ha echado un vistazo al libro.* He hojeado el libro: *El hablante ha pasado las hojas del libro.* **6.** ¿Has *hecho/deshecho* ya las maletas? Mi padre se *halla* muy cansado últimamente. Aquellos niños han *hecho* un precioso castillo de arena. El que se *haya* encontrado un reloj, que lo devuelva. Siempre le *echo* valor en las situaciones difíciles. Si no *desecho* los papeles viejos, al final me lío.

E j e r c i c i o s

Ortografía de las letras *b*, *v* y *w*

7 **Escribe dos verbos acabados en *-bir* y dos en *-vir* y construye una oración con cada uno de ellos.**

....

....

....

....

8 **Escribe la palabra que corresponda a las siguientes definiciones (todas las palabras contienen *b*, *v* o *w*).**

- A _ _ _ _ _ _ E R: atraer y retener dentro de sí un líquido.
- C O _ _ _ _ _ _ U I R: ayudar al logro de algo.
- H _ _ _ _ _ _ _ _ _: animal que se alimenta de vegetales.
- C A _ _ _: poder contenerse un objeto en otro.
- _ H _ _ K _: bebida alcohólica de elevada graduación.
- A D _ _ _ _ _ _ _ _ _: persona contraria o enemiga.
- C _ _ _ _ _ _ _ _ _ _ _ D: responsabilidad del que tiene una culpa.
- M _ _ _ _ _ _ _ U _ _ _: que medita o reflexiona en silencio.
- _ I C E _ _ _ S _: al contrario.

9 **Escribe dos palabras que empiecen con cada uno de los siguientes elementos compositivos.**

- bien-: .... • vice-: ....
- bio-: .... • sub-: ....

10 **Completa las frases con las palabras que aparecen en el recuadro.**

rebelarse/revelarse	grabar/gravar	haber/a ver

- Aquí tiene que .... gato encerrado.
- Me van a .... la casa con una fuerte hipoteca.
- Amonestaron a Elvira por .... contra su jefe.
- Por fin ha podido .... el misterio.
- ¡.................... cómo te defiendes!
- Quiero .... mi nombre en esta medalla.

SOLUCIONARIO

7. *Acabo de recibir una postal de mis primos. No me pueden prohibir que diga lo que pienso. El agua tiene que hervir durante diez minutos. Este martillo te puede servir para clavar la escarpia.* **8.** *absorber; contribuir; herbívoro; caber; whisky; adversario; culpabilidad; meditabundo; viceversa.* **9.** bien-: *bienestar, bienvenida;* vice-: *vicepresidente, vicerrector;* bio-: *biosfera, biodegradable;* sub-: *subdesarrollo, subconsciente.* **10.** Aquí tiene que *haber* gato encerrado. Me van a *gravar* la casa con una fuerte hipoteca. Amonestaron a Elvira por *rebelarse* contra su jefe. Por fin ha podido *revelarse* el misterio. ¡*A ver* cómo te defiendes! Quiero *grabar* mi nombre en esta medalla.

Ejercicios

Ortografía de las letras *g* y *j*

11 **Escribe la palabra que corresponda a las siguientes definiciones (todas las palabras definidas contienen *g, gu* o *gü*).**

- M E _ _ _ _ _ _ _: dulce que se elabora con clara de huevo y azúcar.
- G _ _ T _: barrio en el que una minoría de personas vive marginada del resto de la sociedad.
- A N T _ _ _ _ _ _ _ _ _: tiempo antiguo, pasado o remoto.
- L I _ _ _ _ _ _ _ _ _: ciencia que estudia el lenguaje o las lenguas.
- A V _ _ _ _ _ _ _: descubrir la verdad sobre algo.
- B _ _ _ _ _ _ _: persona que usa perfectamente dos lenguas.

12 **¿Por qué no llevan diéresis las palabras *aguantar* y *ambiguo* y sí la llevan *cigüeña* y *pingüino*?**

....

13 **Completa las siguientes oraciones con formas verbales o palabras de las familias léxicas de los verbos que aparecen entre paréntesis (todas las palabras contienen *g, gu* o *gü*).**

- Hoy no me (avergonzar) .... de lo que dije ayer.
- En Florencia nos alojamos en un (albergar) .... juvenil.
- La fiesta se (aguar) .... porque hubo una discusión entre dos invitados.
- Confío en que tú no (divulgar) .... mi secreto.
- Se ha atascado el (desaguar) .... de la bañera.
- Tus (halagar) .... palabras me reconfortan.
- Abre un poco la ventana para que no nos (ahogar) ....

14 **Completa las siguientes oraciones con palabras que tengan *g* o *j* al final de sílaba o palabra.**

- No sé qué hora es porque no llevo puesto el R _ _ _ _.
- Si no estudias un poco, serás un I _ _ _ R _ _ _ E toda la vida.
- Los esquiadores bajaban por la montaña haciendo Z _ _ _ _ _.

15 **Escribe cinco nombres de ciencias que acaben en *-logía* y tres que empiecen por *geo-*.**

....

SOLUCIONARIO

11. *merengue; gueto; antigüedad; lingüística; averiguar; bilingüe.* **12.** *Porque la diéresis marca cuándo suena la* u*, si ésta precede a la vocal* e *o a la vocal* i*. Así, la diéresis es necesaria en* cigüeña *y* pingüino*, pero no en* aguantar *y* ambiguo. **13.** Hoy no me *avergüenzo* de lo que dije ayer. En Florencia nos alojamos en un *albergue* juvenil. La fiesta se *aguó* porque hubo una discusión entre dos invitados. Confío en que tú no *divulgues* mi secreto. Se ha atascado el *desagüe* de la bañera. Tus *halagüeñas* palabras me reconfortan. Abre un poco la ventana para que no nos *ahoguemos*. **14.** No sé qué hora es porque no llevo puesto el *reloj*. Si no estudias un poco, serás un *ignorante* toda la vida. Los esquiadores bajaban por la montaña haciendo *zigzag*. **15.** -logía: *psicología, biología, mineralogía, ecología, farmacología;* geo-: *geología, geometría, geografía.*

Ejercicios

16 **Si casi todas las palabras que acaban en *-gen* llevan *g*, ¿por qué *estrujen* se escribe con *j*?**

....

17 **Completa las oraciones conjugando los verbos entre paréntesis.**

- Cuando llegamos, ya habían (*recoger*) ....
- Hoy hemos (*corregir*) .... el examen en clase.
- Ha (*surgir*) .... un problema.
- No laves el jersey con agua caliente, que (*encoger*) ....
- Han (*acoger*) .... muy bien mis propuestas.
- Al final me han (*elegir*) .... delegada.
- Tú (*exigir*) .... mucho y no das nada a cambio.
- No he (*coger*) .... la cámara de fotos.
- Este suelo (*crujir*) .... mucho; hay que cambiar el parqué.

18 **Completa las frases conjugando en pasado los verbos del recuadro.**

introducir   decir   conducir   traer   contraer   deducir   traducir

- Tú mismo .... muchos cambios en esta empresa.
- En clase de latín, Marta y yo .... *La Guerra de las Galias*.
- Fue entonces cuando yo le .... a Amelia que no iría.
- Ana y Raúl .... matrimonio tras dos años de noviazgo.
- El guía nos .... durante la visita al museo.
- Ayer no .... el coche, así que me fui en autobús.
- De sus palabras yo .... que no le apetecía venir.

19 **Escribe una palabra de la familia léxica de cada una de las indicadas.**

- cónyuge: ....
- reja: ....
- hereje: ....
- monja: ....
- ingerir: ....
- margen: ....
- tarjeta: ....
- prodigio: ....
- mensaje: ....
- injerir: ....

SOLUCIONARIO

16. *Porque* estrujar *es un verbo con* j *y todas sus formas verbales se escriben con* j. **17.** Cuando llegamos, ya habían *recogido*. Hoy hemos *corregido* el examen en clase. Ha *surgido* un problema. No laves el jersey con agua caliente, que *encoge*. Han *acogido* muy bien mis propuestas. Al final me han *elegido* delegada. Tú *exiges* mucho y no das nada a cambio. No he *cogido* la cámara de fotos. Este suelo *cruje* mucho; hay que cambiar el parqué. **18.** Tú mismo *introdujiste* muchos cambios en esta empresa. En clase de latín, Marta y yo *tradujimos La Guerra de las Galias*. Fue entonces cuando yo le *dije* a Amelia que no iría. Ana y Raúl *contrajeron* matrimonio tras dos años de noviazgo. El guía nos *condujo* durante la visita al museo. Ayer no *traje* el coche, así que me fui en autobús. De sus palabras yo *deduje* que no le apetecía venir. **19.** cónyuge: *conyugal*; margen: *marginal*; reja: *rejilla*; tarjeta: *tarjetero*; hereje: *herejía*; prodigio: *prodigioso*; monja: *monjil*; mensaje: *mensajero*; ingerir: *ingestión*; injerir: *injerencia*.

Ejercicios

Ortografía de la letra *x*

20 **Completa las oraciones con palabras que se escriban con *x* o con *s* y que sean sinónimas de las que están entre paréntesis.**

- No sé si estoy preparado para superar este (ejercicio) ....
- El espectáculo fue muy aplaudido por los (público) ....
- Me encantó la (muestra o demostración) .... de bailes regionales.
- La feria se celebró este año en la (llanura) .... del parque.
- Se muestra muy (incrédulo) .... ante las promesas de los políticos.

21 **Deduce la palabra oculta en función del significado.**

- Automóvil usado para transporte público: T _ _ I
- Aparato que permite enviar un escrito o una imagen de un lugar a otro: _ A _
- Conjunto de ascendientes o descendientes: E _ _ _ _ P E
- Fobia por todo lo que viene de fuera: _ E _ _ _ _ B I A
- Borrar una culpa mediante un sacrificio o pena: E _ P _ _ _
- Sinónimo de mostrar: E _ _ O N E _
- Paro o dificultad para respirar: A _ F _ _ _ _ _

22 **Escribe dos palabras de la familia léxica de cada una de las indicadas.**

- espléndido → ....
- específico → ....
- estímulo → ....
- esclavo → ....
- estrés → ....
- expectativa → ....
- extranjero → ....

23 **Lee en voz alta las siguientes oraciones, poniendo especial atención en las palabras subrayadas.**

- El café mexicano tiene fama en el mundo entero.
- Texas es un lugar común en las películas del Oeste.

SOLUCIONARIO

20. No sé si estoy preparado para superar este *examen*. El espectáculo fue muy aplaudido por los *espectadores*. Me encantó la *exhibición* de bailes regionales. La feria se celebró este año en la *explanada* del parque. Se muestra muy *escéptico* ante las promesas de los políticos. **21.** *taxi; fax; estirpe; xenofobia; expiar; exponer; asfixia.* **22.** espléndido: *esplendor, esplendoroso*; específico: *especificidad, especificar*; estímulo: *estimulante, estimular*; esclavo: *esclavitud, esclavista*; estrés: *estresante, estresado*; expectativa: *expectación, expectante*; extranjero: *extranjería, extranjerismo*. **23.** mexicano [mejicáno]; Texas [Téjas]. *En estos casos, la* x *se pronuncia con el sonido de la* j *por tratarse de un arcaísmo gráfico.*

Ejercicios

Ortografía de las letras *c*, *k*, *qu* y ortografía de la letra *d*

24 **Escribe el plural de las siguientes palabras.**

- verdad → ....
- coñac → ....
- tic → ....
- juventud → ....
- raíz → ....
- capaz → ....

25 **Escribe, a continuación de los siguientes adjetivos, un sustantivo de su misma familia léxica.**

- amable: ....
- viejo: ....
- delgado: ....
- sincero: ....
- generoso: ....
- joven: ....

26 **Completa las oraciones conjugando los verbos del recuadro.**

utilizar tropezar beber convencer alcanzar

- Lleva cuidado, no .... con el escalón al salir.
- .... despacio, que os vais a atragantar.
- El profesor pretende que tú .... más la imaginación al redactar.
- ¡Ojalá todos nosotros .... los objetivos propuestos!
- Por lo que veo, no te .... con mis argumentos.

27 **¿Qué le ocurre a la *-d* de los imperativos cuando se combinan con el pronombre *os*?**

....

28 **Marca cuáles de los siguientes vocablos tienen una palabra con *-ct-* en su misma familia léxica y escríbela a continuación.**

- ☐ lección: ....
- ☐ inflación: ....
- ☐ discreción: ....
- ☐ reacción: ....
- ☐ concreción: ....
- ☐ abstracción: ....

29 **¿Por qué la palabra *distracción* se escribe con *-cc-* si en su familia léxica no hay palabras con el grupo *-ct-*?**

....

SOLUCIONARIO

24. *verdades; coñacs; tics; juventudes; raíces; capaces.* **25.** amable: *amabilidad*; viejo: *vejez*; delgado: *delgadez*; sincero: *sinceridad*; generoso: *generosidad*; joven: *juventud*. **26.** Lleva cuidado, no *tropieces* con el escalón al salir. *Bebed* despacio, que os vais a atragantar. El profesor pretende que tú *utilices* más la imaginación al redactar. ¡Ojalá todos nosotros *alcancemos* los objetivos propuestos! Por lo que veo, no te *convenzo* con mis argumentos. **27.** *Los imperativos pierden la* -d- *en combinación con el pronombre* os *(excepto* idos*).* **28.** lección: *lectura*; reacción: *reactor*; abstracción: *abstracto*. **29.** *Porque hay otras palabras de la misma raíz, aunque con distinto prefijo (o sin él), que sí contienen este grupo (tracción, tractor; atracción, atractivo).*

E j e r c i c i o s

30 **Escribe una palabra acabada en *-ción* o en *-cción* que proceda de los siguientes verbos.**

- convencer: ....
- inyectar: ....
- sujetar: ....

31 **Completa las siguientes oraciones con palabras sinónimas de la palabra escrita entre paréntesis (todas las palabras contienen *-c-* o *-cc-*).**

- Prefiero las novelas históricas a las de (fantasía) ....
- Álvaro no puso ninguna (reparo) .... a aquella propuesta.
- Le sancionaron por cometer una (delito) .... de tráfico.
- Sus ojos revelaban una gran (pena, tristeza) ....
- Traigo unas revistas para que te sirvan de (entretenimiento) ....
- Ha sufrido una (rechazo) .... alérgica.

32 **Escribe cuatro palabras que se escriban con *z* delante de *e, i*.**

....

33 **¿A qué se debe la diferencia gráfica entre *cabeza / cabecero* y *ceniza / cenicero*?**

....

....

34 **Escribe una palabra que corresponda a la definición ofrecida con la grafía adecuada (las palabras contienen *c, qu* o *k*).**

- B _ _ T _ _: filete o trozo de carne que se asa o fríe.
- A _ _ R _ _: prenda impermeable, generalmente con capucha.
- _ _ E D _ _ _ _ _: permanecer en un lugar.
- _ _ I O S _ _: lugar de venta de periódicos, etc.
- _ _ E M _ D _ _ _ _: herida producida por algo muy caliente.
- _ I L _ _ _ _ _ _: mil metros.
- _ _ E _ _ _ O: escritor español, autor de *El Buscón*.

35 **Escribe tres palabras con *k*, que no se escriban con *c* ni con *qu*.**

....

SOLUCIONARIO

30. convencer: *convicción*; inyectar: *inyección*; sujetar: *sujeción*. **31.** Prefiero las novelas históricas a las de *ficción*. Álvaro no puso ninguna *objeción* a aquella propuesta. Le sancionaron por cometer una *infracción* de tráfico. Sus ojos revelaban una gran *aflicción*. Te traigo unas revistas para que te sirvan de *distracción*. Ha sufrido una *reacción* alérgica. **32.** *zéjel; zeta; nazi; zigzag.* **33.** *Porque para el mismo sonido se escribe, generalmente, z delante de la* a *y* c *delante de* e. **34.** *bistec; anorak; quedarse; quiosco; quemadura; kilómetro; Quevedo.* **35.** *káiser; kárate; kremlin.*

Ortografía del dígrafo *ll* y de la letra *y*

36 **Completa las oraciones con palabras del cuadro.**

haya aya halla

- Tenían un dormitorio de madera de ....
- Quien no .... entregado los trabajos el lunes, no se podrá examinar.
- No me gusta que todo se .... resuelto así; .... otra solución mejor.
- Este restaurante se .... próximo a la estación.
- El niño se ha encariñado mucho con el ....
- El atleta no se .... en plena forma; quizá .... que sustituirlo.

37 **Escribe cuatro palabras acabadas en *-illo* y cuatro acabadas en *-illa*, que no sean diminutivos.**

....

....

38 **Escribe dos palabras de la misma familia léxica de las siguientes.**

- valla: ....
- llano: ....
- inyectar: ....
- rayar: ....
- lluvia: ....
- rallar: ....

39 **Rellena los espacios en blanco con formas conjugadas de los verbos que aparecen entre paréntesis.**

- El profesor nos dijo que (leer) .... algún libro en vacaciones.
- Ese perro se ha pasado todo el día (aullar) ....
- Todavía me sigue (atraer) .... la idea de montar un negocio.
- Más que comer, Ricardo (engullir) .... la comida.
- ¿No (oír) .... lo que yo te (estar) .... diciendo?
- Hace tiempo le (pillar) .... robando, pero al final (huir) .... de la policía.

SOLUCIONARIO

36. Tenían un dormitorio de madera de *haya*. Quien no *haya* entregado los trabajos el lunes, no se podrá examinar. No me gusta que todo se *haya* resuelto así; *halla* otra solución mejor. Este restaurante se *halla* próximo a la estación. El niño se ha encariñado mucho con el *aya*. El atleta no se *halla* en plena forma; quizá *haya* que sustituirlo. **37.** -illo: *cuchillo, martillo, solomillo, tobillo*; -illa: *papilla, rencilla, hebilla, rodilla.* **38.** valla: *vallar, vallado;* llano: *llanero, llanura;* inyectar: *inyección, inyectable;* rayar: *raya, rayado;* lluvia: *lluvioso, llovizna;* rallar: *rallador, ralladura.* **39.** El profesor nos dijo que *leyéramos* algún libro en vacaciones. Ese perro se ha pasado todo el día *aullando*. Todavía me sigue *atrayendo* la idea de montar un negocio. Más que comer, Ricardo *engulle* la comida. ¿No *oyes* lo que yo te *estoy* diciendo? Hace tiempo le *pillaron* robando, pero al final *huyó* de la policía.

40 **Completa las siguientes oraciones con las palabras del recuadro.**

cayó	calló	olla	hoya	poyo
pollo	rayar	pulla	rallar	puya

- No se .... hasta que no le dieron la razón.
- Se sentó a esperarme en el .... del jardín.
- Los picadores emplean la .... para picar a los toros.
- Si arrastras ese mueble, vas a .... el parqué.
- Pon a cocer las lentejas en la ....
- Cavó una .... en el huerto.
- He comprado un .... asado para comer.
- ¡Ya está bien de lanzar .... contra mi actuación!
- Se .... porque resbaló en un charco.
- Para hacer croquetas, hay que .... el pan.

41 **Forma el plural de las siguientes palabras.**

- jersey: ....
- ley: ....
- paipay: ....
- buey: ....

42 **Completa las siguientes oraciones con formas verbales o sinónimos de las palabras que aparecen entre paréntesis.**

- Llevamos varios años (ir) .... a veranear a Campoamor.
- (Día anterior al presente) .... los pilotos tuvieron muchos problemas con las (cercos de los neumáticos) .... de sus vehículos.
- Súbete la (cierre dentado) .... de la cazadora.
- Limpia a fondo el mueble con esta (trapo) ....
- Reservamos una habitación con (primera comida del día) .... incluido.
- Fuimos de excursión y nos refrescamos en un (riachuelo) ....
- ¿Siempre hay tanto (ruido, confusión) .... en esta calle?

SOLUCIONARIO

40. No se *calló* hasta que no le dieron la razón. Se sentó a esperarme en el *poyo* del jardín. Los picadores emplean la *puya* para picar a los toros. Si arrastras ese mueble, vas a *rayar* el parqué. Pon a cocer las lentejas en la *olla*. Cavó una *hoya* en el huerto. He comprado un *pollo* asado para comer. ¡Ya está bien de lanzar *pullas* contra mi actuación! Se *cayó* porque resbaló en un charco. Para hacer croquetas, hay que *rallar* el pan. **41.** *jerséis; leyes; paipáis; bueyes.* **42.** Llevamos varios años *yendo* a veranear a Campoamor. *Ayer* los pilotos tuvieron muchos problemas con las *llantas* de sus vehículos. Súbete la *cremallera* de la cazadora. Limpia a fondo el mueble con esta *bayeta*. Reservamos una habitación con *desayuno* incluido. Fuimos de excursión y nos refrescamos en un *arroyo*. ¿Siempre hay tanto *barullo* / *follón* en esta calle?

Ejercicios

Ortografía de la letra *r* y del dígrafo *rr*

43 **Escribe las palabras que corresponden a las siguientes definiciones (todas las palabras contienen *r* o *rr*).**

- Poner una raya por debajo: ....
- Sistema para evitar los robos: ....
- Persona nacida en Ciudad Real: ....
- Hacerse rico: ....

44 **¿En qué único caso se escribe *-rr-* para representar el sonido vibrante múltiple?**

....

Ortografía de las letras *n* y *m*

45 **Escribe las palabras que resultan de la unión de los siguientes componentes.**

- in + pertinente: ....
- cien + pies: ....
- in + vencible: ....
- in + borrable: ....
- con + padre: ....
- in + batible: ....
- in + prescindible: ....

¿En qué casos la *n* se transforma en *m*? ....

....

Ortografía de los grupos consonánticos

46 **Escribe dos palabras que comiencen con cada uno de los siguientes grupos de letras y que puedan escribirse también eliminando alguna de las consonantes del grupo.**

- psico → ....
- trans → ....
- post → ....
- gn → ....

SOLUCIONARIO

43. *subrayar; antirrobo; ciudadrealeño; enriquecerse.* **44.** *Cuando el sonido correspondiente aparece en posición intervocálica (como en* carro, arrullo *o* barrer*).* **45.** *impertinente; ciempiés; invencible; imborrable; compadre; imbatible; imprescindible. La* n *se transforma en* m *cuando va seguida de* p *o* b. **46.** psico-: *psicología/sicología; psicosis/sicosis;* trans-: *transcurso/trascurso; transbordo/trasbordo;* post-: *postdata/posdata; postpalatal/pospalatal;* gn-: *gnomo/nomo; gnóstico/nóstico.*

Ejercicios

Ortografía de las mayúsculas

47 **En el siguiente texto, coloca las mayúsculas donde sea necesario.**

mediante el acto de la alimentación establecemos una de las relaciones más directas con el medio en que vivimos. además, existe una estrecha relación entre una alimentación no adecuada y la aparición de enfermedades. procure siempre que en su alimentación se encuentren productos como los siguientes:

i. queso, leche...
ii. carne, pollo o huevos
iii. pescados
iv. legumbres, verduras y hortalizas
v. pastas y cereales

si hace vd. un cálculo semanal y observa que alguno de los alimentos citados es escaso, muy probablemente está desequilibrando su dieta. ¿qué hacer entonces? la respuesta pasa por el equilibrio, la moderación... sólo así podrá disfrutar de una alimentación sana y llevar una vida mejor.

48 **Pon mayúscula inicial a las palabras que la necesiten.**

- ¡qué manera de llover! ¡qué barbaridad!
- este libro no tiene todavía asignado el isbn.
- querido alberto: te escribo desde la haya...
- este verano me gustaría ir a los pirineos o a los alpes.
- entre el castellano de las obras de alfonso x el sabio y el de las de leopoldo alas *clarín* hay una importante diferencia.
- ¿sí? ¿podría ponerse al aparato el señor de felipe?
- calderón de la barca escribió *el gran teatro del mundo*.
- el sistema solar pertenece a la vía láctea.
- en semana santa quiero ir a la ciudad eterna para visitar la iglesia de san pedro y otros monumentos del renacimiento.
- el corán es el libro sagrado del islamismo.
- los reyes de españa pertenecen a la dinastía de los borbones.

SOLUCIONARIO

47. *Mediante el acto de la alimentación establecemos una de las relaciones más directas con el medio en que vivimos. Además, existe una estrecha relación entre una alimentación no adecuada y la aparición de enfermedades. Procure siempre que en su alimentación se encuentren productos como los siguientes: I. Queso, leche... II. Carne, pollo o huevos III. Pescados IV. Legumbres, verduras y hortalizas V. Pastas y cereales. Si hace Vd. un cálculo semanal y observa que alguno de los alimentos citados es escaso, muy probablemente está desequilibrando su dieta. ¿Qué hacer entonces? La respuesta pasa por el equilibrio, la moderación... Sólo así podrá disfrutar de una alimentación sana y llevar una vida mejor.* **48.** *¡Qué manera de llover! ¡Qué barbaridad! Este libro no tiene todavía asignado el ISBN. Querido Alberto: Te escribo desde La Haya... Este verano me gustaría ir a los Pirineos o a los Alpes. Entre el castellano de las obras de Alfonso X el Sabio y el de las de Leopoldo Alas Clarín hay una importante diferencia. ¿Sí? ¿Podría ponerse al aparato el señor De Felipe? Calderón de la Barca escribió* El gran teatro del mundo. *El Sistema Solar pertenece a la Vía Láctea. En Semana Santa quiero ir a la Ciudad Eterna para visitar la iglesia de San Pedro y otros monumentos del Renacimiento. El Corán es el libro sagrado del islamismo. Los reyes de España pertenecen a la dinastía de los Borbones.*

Ejercicios

49 **Explica por qué se utiliza minúscula en la fórmula de tratamiento del primer ejemplo y mayúscula en el segundo.**

- El hijo de don Anselmo se marchó a estudiar a la Sorbona.
- El hijo de D. Anselmo se marchó a estudiar a la Sorbona.

....

....

50 **¿Qué diferencia de significado hay entre estas dos oraciones respecto de la mayúscula o minúscula de la palabra subrayada?**

- En Cuba compramos dos cajas de cigarros puros Cohiba.
- Nos fumamos unos cohibas en su boda.

....

....

51 **Señala en las palabras subrayadas los casos en los que la mayúscula es obligatoria, es opcional o debe utilizarse la minúscula.**

- El nuevo ministro fue designado ayer. → ....
- La portavoz recibió a los periodistas. → ....
- El conde celebrará un festejo en su mansión. → ....
- El marqués de Santillana tenía una gran biblioteca. → ....
- La cultura es un factor determinante en el desarrollo de la humanidad. → ....

Ortografía de las conjunciones *y/e, o/u*

52 **Subraya, en cada uno de los siguientes enunciados, la conjunción que corresponda.**

- Los ciclistas de La Vuelta se han encontrado hoy nieve (y / e) .... hielo en su ascensión a Cerler.
- Tengo mucho trabajo en verano (y / e) .... invierno; en primavera y otoño los turistas prefieren otros destinos.
- ¿(Y / e) .... Isabel? ¿No va a poder venir finalmente?
- No sé si han votado a favor 7 (o / u) .... 8 personas.
- ¿Cuál crees tú que es la posición correcta de este dibujo abstracto? ¿Vertical (o / u) .... horizontal?

SOLUCIONARIO

49. *Los tratamientos se escriben con mayúscula inicial si están en abreviatura y en minúscula si se desarrolla la palabra entera.* **50.** En Cuba compramos dos cajas de cigarros puros Cohiba. *Se designa la marca comercial y por eso se escribe con mayúscula inicial.* Nos fumamos unos cohibas en su boda. *El nombre propio se convierte en nombre común y por eso se escribe con minúscula.* **51.** El nuevo *ministro* fue designado ayer. La *portavoz / Portavoz* recibió a los periodistas. El *conde / Conde* celebrará un festejo en su mansión. El *Marqués de Santillana* tenía una gran biblioteca. La *Cultura / cultura* es un factor determinante en el desarrollo de la *Humanidad / humanidad*. **52.** Los ciclistas de La Vuelta se han encontrado hoy nieve *y* hielo en su ascensión a Cerler. Tengo mucho trabajo en verano e invierno; en primavera y otoño los turistas prefieren otros destinos. *¿Y* Isabel? ¿No va a poder venir finalmente? No sé si han votado a favor 7 *u* 8 personas. ¿Cuál crees tú que es la posición correcta de este dibujo abstracto? ¿Vertical *u* horizontal?

Ejercicios

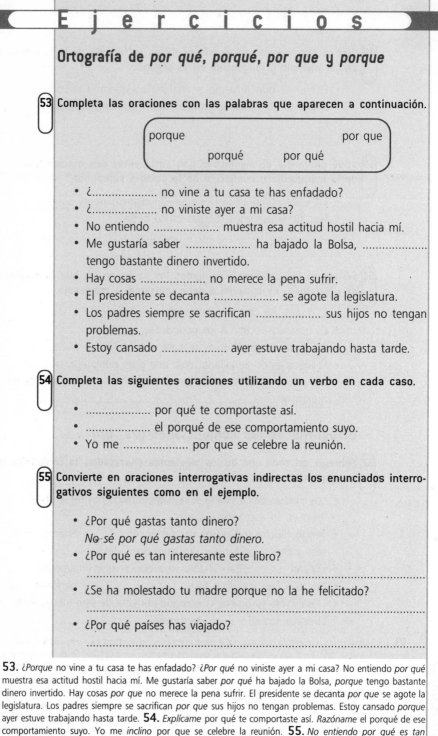

Ortografía de *por qué, porqué, por que* y *porque*

53 Completa las oraciones con las palabras que aparecen a continuación.

porque — por que — porqué — por qué

- ¿.................... no vine a tu casa te has enfadado?
- ¿.................... no viniste ayer a mi casa?
- No entiendo .... muestra esa actitud hostil hacia mí.
- Me gustaría saber .... ha bajado la Bolsa, ... tengo bastante dinero invertido.
- Hay cosas .... no merece la pena sufrir.
- El presidente se decanta .... se agote la legislatura.
- Los padres siempre se sacrifican .... sus hijos no tengan problemas.
- Estoy cansado .... ayer estuve trabajando hasta tarde.

54 Completa las siguientes oraciones utilizando un verbo en cada caso.

- .... por qué te comportaste así.
- .... el porqué de ese comportamiento suyo.
- Yo me .... por que se celebre la reunión.

55 Convierte en oraciones interrogativas indirectas los enunciados interrogativos siguientes como en el ejemplo.

- ¿Por qué gastas tanto dinero?
  No sé por qué gastas tanto dinero.
- ¿Por qué es tan interesante este libro?
  ....
- ¿Se ha molestado tu madre porque no la he felicitado?
  ....
- ¿Por qué países has viajado?
  ....

SOLUCIONARIO

53. *¿Porque* no vine a tu casa te has enfadado? *¿Por qué* no viniste ayer a mi casa? No entiendo *por qué* muestra esa actitud hostil hacia mí. Me gustaría saber *por qué* ha bajado la Bolsa, *porque* tengo bastante dinero invertido. Hay cosas *por que* no merece la pena sufrir. El presidente se decanta *por que* se agote la legislatura. Los padres siempre se sacrifican *por que* sus hijos no tengan problemas. Estoy cansado *porque* ayer estuve trabajando hasta tarde. **54.** *Explícame* por qué te comportaste así. *Razóname* el porqué de ese comportamiento suyo. Yo me *inclino* por que se celebre la reunión. **55.** *No entiendo por qué es tan interesante este libro. Me pregunto si se ha molestado tu madre porque no la he felicitado. Dime por qué países has viajado.*

Ejercicios

Ortografía de *con que, conque* y *con qué*

56 **Completa los siguientes enunciados con las formas *conque, con que* y *con qué*.**

- Es suficiente .... me dejes quedarme una noche en tu casa.
- He aprobado todo el curso, ... ahora, ¡a divertirme!
- ¿.................... has pegado el jarrón?
- ¡.................... entusiasmo nos contaba su aventura!
- Éste es el ordenador .... trabajo habitualmente.
- Me basta .... me escuchéis cinco minutos.
- .... estabais estudiando, ¿eh?
- No tenemos .... clavar este tornillo.

57 **¿Cuál de las siguientes formas no existe en castellano?**

☐ con qué ☐ conqué ☐ con que ☐ conque

Ortografía de *adónde, adonde* y *a donde*

58 **Sustituye la forma *adonde*, según el modelo propuesto.**

- Ésa es la cafetería adonde solemos ir → Ésa es la cafetería a la cual solemos ir.
- El albergue adonde vamos es muy barato → ....
- El lugar adonde nos dirigimos está cerca → ....

59 **Escribe las formas *adonde, a donde* y *adónde*, según corresponda, en los ejemplos siguientes.**

- ¿.................... pensáis ir con este tiempo?
- Ése es el polideportivo .... acudo todos los días.
- No tengo .... ir.
- No sé .... quieres llegar.
- .... vamos no hay agua corriente.

60 **¿Por qué no es posible la alternancia de las formas *donde* y *a donde* en la oración siguiente *Ésa es la oficina donde / *adonde trabajo*?**

....

....

SOLUCIONARIO

56. Es suficiente *con que* me dejes quedarme una noche en tu casa. He aprobado todo el curso, *conque* ahora, ¡a divertirme! ¿*Con qué* has pegado el jarrón? ¡*Con qué* entusiasmo nos contaba su aventura! Éste es el ordenador *con que* trabajo habitualmente. Me basta *con que* me escuchéis cinco minutos. *Conque* estabais estudiando, ¿eh? No tenemos *con qué* clavar este tornillo. **57.** *En castellano no existe la forma* *conqué. **58.** *El albergue al cual vamos es muy barato. El lugar al cual nos dirigimos está cerca.* **59.** ¿*Adónde* pensáis ir con este tiempo? Ése es el polideportivo *adonde* acudo todos los días. No tengo *a donde / adónde* ir. No sé *adónde* quieres llegar. *A donde* vamos no hay agua corriente. **60.** *Porque la forma* adónde *sólo se puede utilizar con verbos que indican dirección.*

Ejercicios

Ortografía de las palabras escritas juntas o separadas

61 **Completa las siguientes oraciones con la opción adecuada.**

- No lo escribí yo .... mi padre.
  ☐ sino ☐ si no
- Jugaré el partido .... me duele la pierna.
  ☐ sino ☐ si no
- .... me lo hubieras dicho, no habría sufrido.
  ☐ sino ☐ si no
- Pronto vendrán a casa mi cuñado, mi primo y .... familia.
  ☐ demás ☐ de más
- Aquí hay dos personas ....
  ☐ demás ☐ de más
- Coloca el jarrón ....
  ☐ aparte ☐ a parte
- Cruzaré la piscina de parte ....
  ☐ aparte ☐ a parte
- No iré .... alguna que suponga peligro.
  ☐ aparte ☐ a parte
- Pedro trabaja .... como yo.
  ☐ también ☐ tan bien
- Pronto acabaré la tesis; y espero .... leerla antes del verano.
  ☐ asimismo ☐ así mismo ☐ a sí mismo
- Hazlo ...., no de otra manera.
  ☐ asimismo ☐ así mismo ☐ a sí mismo

62 **Di qué significado tiene cada una de estas oraciones.**

Come sin vergüenza: ....
Come, sinvergüenza: ....

63 **Inventa oraciones con las palabras dadas a continuación en contextos en que se puedan escribir juntas o separadas.**

- entretanto / entre tanto: ....
- apenas / a penas: ....

SOLUCIONARIO

61. No lo escribí yo *sino* mi padre. Jugaré el partido *si no* me duele la pierna. *Si no* me lo hubieras dicho, no habría sufrido. Pronto vendrán a casa mi cuñado, mi primo y *demás* familia. Aquí hay dos personas *de más*. Coloca el jarrón *aparte*. Cruzaré la piscina de parte *a parte*. No iré *a parte* alguna que suponga peligro. Pedro trabaja *tan bien* como yo. Pronto acabaré la tesis; y espero *asimismo* leerla antes del verano. Hazlo *así mismo*, no de otra manera. **62.** Come sin vergüenza. *El hablante le está diciendo a alguien cómo ha de comer (sin vergüenza).* Come, sinvergënza. *El hablante está llamando* sinvergüenza *a la persona a la que se ha mandando comer.* **63.** *Vete preparando la merienda; entretanto / entre tanto, yo iré recogiendo la mesa. Apenas / a penas había sitio para sentarse en la fiesta.*

Ejercicios

Ortografía de las palabras prefijadas y compuestas

64 **Escribe palabras prefijadas y compuestas (unas se escriben en una sola palabra, otras con guión y otras separadas).**

- des+control → ....
- anti+Otan → ....
- no+político → ....
- pro+ONG → ....
- histórico+crítico → ....
- lanza+granadas → ....

65 **Completa las oraciones siguientes estableciendo la concordancia de las palabras compuestas indicadas entre paréntesis.**

- Dio una magnífica lección (teórico+práctico) ....
- El tráfico es muy denso en esta calle en las (hora+punta) ....
- Todos ellos pertenecen a cuerpos (técnico+administrativo) ....
- La comunidad (hispano+ruso) .... se ha visto afectada por las nuevas decisiones del gobierno.
- Los artificieros de la policía han desactivado dos (coche+bomba) .... esta mañana.

Ortografía de los extranjerismos

66 **Completa las siguientes oraciones con palabras extranjeras que no tienen equivalente en castellano.**

- Debes tirar los T _ _ _ _ _ B _ _ _ _ de leche al contenedor amarillo.
- Este coche lleva A _ _ _ _ _ _ _ delantero.
- A mi mujer le encanta cantar en los K _ _ _ _ _ _ _ _.
- Ve a comprar M _ _ _ _ _ _ _ _ _ _ _ para la pizza.

67 **Sustituye las palabras que aparecen entre paréntesis por las formas en que aparecen recogidas en el *Diccionario* académico.**

- Han acuchillado el (parquet) .... de mi casa.
- Tienes que comprarte los (skis) .... en función de tu altura.
- Van a abrir un (buffet) .... de abogados cerca de mi casa.
- El año pasado alquilamos un (bungalow) .... en la playa.
- Juan ha grabado la conferencia en una (cassette) ....

SOLUCIONARIO

64. Dio una magnífica lección *teórico-práctica*. El tráfico es muy denso en esta calle en las *horas punta*. Todos ellos pertenecen a cuerpos *técnico-administrativos*. La comunidad *hispano-rusa* se ha visto afectada por las nuevas decisiones del gobierno. Los artificieros de la policía han desactivado dos *coches bomba* esta mañana. **65.** *descontrol; anti-Otan; no político; pro ONG; histórico-crítico; lanzagranadas.* **66.** Debes tirar los *tetra brik* de leche al contenedor amarillo. Este coche lleva *airbag* delantero. A mi mujer le encanta cantar en los *karaokes*. Ve a comprar *mozzarella* para la pizza. **67.** Han acuchillado el *parqué* de mi casa. Tienes que comprarte los *esquís* en función de tu altura. Van a abrir un *bufete* de abogados cerca de mi casa. El año pasado alquilamos un *bungaló* en la playa. Juan ha grabado la conferencia en una *casete*.

Ejercicios

Ortografía de letras y palabras (ejercicios globalizadores)

68 **Completa las oraciones, conjugando los verbos entre paréntesis.**

- Ya no me vale el jersey porque se me (encoger) ....
- (Introducir) .... algunos cambios en mi escrito después de la revisión del profesor.
- Pese a tus consejos, no creo que (ir) .... a cambiar su actitud.
- Niños, (bajar) .... la voz, que me duele la cabeza.
- Ayer no (hacer) .... comida porque no tuve tiempo.
- Roberto me (decir) .... que tenía una sorpresa para mí.
- En el partido del jueves me (lanzar) .... a por el balón y (conseguir) .... marcar un gol.
- No pararemos hasta que no (averiguar) .... qué ocurrió.
- En los últimos años, las multinacionales (absorbió) .... un gran número de medianas empresas.
- Ayer Silvia (oír) .... esa noticia en la radio.

69 **Completa las siguientes oraciones con las formas *porque, por que, porqué* o *por qué* y *con que, con qué* o *con que*.**

- Me gustaría saber .... estás tan contento.
- No sé .... programa informático has hecho esto.
- La razón .... dimitió la desconozco.
- He suspendido, ... no creo que pueda irme de vacaciones.
- Expliquen el .... de las incorrecciones siguientes.
- No compro el piso .... no tengo dinero.
- Digan qué palabras se acentúan y expliquen .... signo.

70 **Escribe un sustantivo de la misma familia léxica de cada uno de los adjetivos propuestos.**

- esplendoroso: ....
- ligero: ....
- hueco: ....
- amable: ....
- satisfactorio: ....
- rayado: ....

SOLUCIONARIO

68. Ya no me vale el jersey porque se me *ha encogido*. *Introduje* algunos cambios en mi escrito después de la revisión del profesor. Pese a tus consejos, no creo que *vaya* a cambiar su actitud. Niños, *bajad* la voz, que me duele la cabeza. Ayer no *hice* comida porque no tuve tiempo. Roberto me *dijo* que tenía una sorpresa para mí. En el partido del jueves me *lancé* a por el balón y *conseguí* marcar un gol. No pararemos hasta que no *averigüemos* qué ocurrió. En los últimos años, las multinacionales *absorbieron* un gran número de medianas empresas. Ayer Silvia *oyó* esa noticia en la radio. **69.** Me gustaría saber *por qué* estás tan contento. No sé *con qué* programa informático has hecho esto. La razón *por que* dimitió la desconozco. He suspendido, *conque* no creo que pueda irme de vacaciones. Expliquen el *porqué* de las incorrecciones siguientes. No compro el piso *porque* no tengo dinero. Digan qué palabras se acentúan y expliquen *con qué* signo. **70.** esplendoroso: *esplendor*; amable: *amabilidad*; ligero: *ligereza*; satisfactorio: *satisfacción*; hueco: *oquedad*; rayado: *raya*.

Ejercicios

71 **Escribe un adjetivo de la misma familia léxica de cada uno de los sustantivos propuestos.**

- prerrenacimiento: ....
- audacia: ....
- abstracción: ....
- exquisitez: ....
- orfandad: ....
- rallador: ....
- exhaustividad: ....

72 **Escribe dos palabras que comiencen por los siguientes elementos.**

- hie-: ....
- bur-: ....
- gest-: ....
- extra: ....

73 **Escribe dos palabras que terminen por los siguientes elementos.**

- -voro: ....
- -bundo: ....
- -aje: ....
- -ger: ....

74 **Elige en cada oración la opción adecuada.**

- El equipo visitante .... derrotado a su adversario.
  ☐ a ☐ ah ☐ ha
- La invención de la imprenta .... una gran repercusión en la difusión de la cultura.
  ☐ tuvo ☐ tubo
- Hay que entender los hechos dentro de su ....
  ☐ contesto ☐ contexto
- Tras un tratamiento terapéutico, ha conseguido superar su .... a las drogas.
  ☐ adición ☐ adicción
- Hemos pintado de blanco la .... del jardín.
  ☐ baya ☐ vaya ☐ valla

SOLUCIONARIO

71. prerrenacimiento: *prerrenacentista;* audacia: *audaz;* abstracción: *abstracto;* exquisitez: *exquisito;* orfandad: *huérfano;* rallador: *rallado;* exhaustividad: *exhaustivo.* **72.** hie-: *hielo, hierba;* bur-: *Burgos, burbuja;* gest-: *gesticular, gesta;* extra-: *extraordinario, extravagante*. **73.** -voro: *omnívoro, carnívoro;* -bundo: *moribundo, vagabundo;* -aje: *mensaje, ropaje;* -ger: *escoger, recoger.* **74.** El equipo visitante *ha* derrotado a su adversario. La invención de la imprenta *tuvo* una gran repercusión en la difusión de la cultura. Hay que entender los hechos dentro de su *contexto*. Tras un tratamiento terapéutico, ha conseguido superar su *adicción* a las drogas. Hemos pintado de blanco la *valla* del jardín.

II

Acentuación

24 Reglas generales de acentuación

24 1 Cuestiones previas

24 1.1 Diferencia entre acento y tilde

El **acento** es la mayor intensidad o fuerza con que pronunciamos una sílaba dentro de una palabra. Es diferente de la **tilde**, signo gráfico (´) que ponemos sobre esta sílaba sólo en algunas palabras. Así, *car**pe**ta, **lá**piz, pa**pel**, bo**lí**grafo* y *pi**za**rra* tienen acento, mientras que, de esta serie, sólo ***lá**piz* y *bo**lí**grafo* llevan tilde. Aunque con frecuencia estos dos términos (acento y tilde) se tratan como sinónimos, conviene diferenciarlos.

La tilde responde a la necesidad de trasladar al texto escrito aspectos claramente diferenciables por el oído en la lengua oral y que son relevantes para comprender el significado. Ejemplos:

> ***Que**do contigo esa tarde.*
> *Que**dó** contigo esa tarde.*

Las normas que determinan cuándo hay que escribir la tilde son las **reglas de acentuación**.

24 1.2 Sílabas tónicas y sílabas átonas

La **sílaba tónica** es la que se pronuncia con mayor intensidad dentro de la palabra, frente al resto de las sílabas, a las que llamamos **sílabas átonas**. Ejemplos (se destaca en negrita la sílaba tónica de cada palabra):

*re-**loj*** *lla-**ma**-da* ***cá**-li-do* *a-con-**sé**-ja-se-lo*

Las palabras que tienen una sílaba tónica son **palabras tónicas**.

24 1.3 Palabras tónicas y palabras átonas

En la lengua castellana se pueden distinguir palabras tónicas y palabras átonas.

- Las **palabras tónicas** son aquellas que tienen una sílaba tónica. Ejemplo (se destacan en negrita las palabras tónicas):

  ***Éste era** el **libro** de tu **hermana**.*

- Las **palabras átonas** son aquellas que no tienen ninguna sílaba tónica. Ejemplo (se destacan en negrita las palabras átonas):

  *Éste era **el** libro **de tu** hermana.*

Aunque todas las palabras átonas pronunciadas aisladamente tienen una determinada carga acentual, no tienen esta carga cuando entran en la cadena hablada.

- Algunas palabras átonas pueden convertirse en tónicas en ciertos contextos. Ejemplo:

  ¡Era **tan** *deportista!: tan* es una palabra átona, pero se convierte aquí, por una cuestión de énfasis, en tónica.

Por el contrario, algunas palabras tónicas pueden convertirse en átonas en ciertos contextos (aunque se debe mantener la tilde si la exigen las reglas de acentuación). Ejemplo:

María Jesús: María es una palabra tónica, aunque en la lengua oral, en ciertos contextos como éste, se haga átona.

24 1.4 Palabras agudas, llanas y esdrújulas

Según el lugar que ocupa la sílaba tónica, las palabras se clasifican en agudas, llanas y esdrújulas. Para determinar cuándo una palabra es aguda, llana o esdrújula es necesario realizar correctamente la **separación silábica** (ver 39 4).

- **Palabras agudas** (llamadas también **oxítonas**): aquellas en las que el acento recae sobre la última sílaba; es decir, la sílaba tónica es la última. Ejemplos:

  *co-me-***ré** *sa-***ber** *li-ber-***tad**

- **Palabras llanas** (llamadas también **graves** y **paroxítonas**): aquellas en las que el acento recae sobre la penúltima sílaba; es decir, la sílaba tónica es la penúltima. Ejemplos:

  lá*-piz* *re-***la***-to* *ti-***je***-ras*

- **Palabras esdrújulas** (llamadas también **proparoxítonas**): aquellas en las que el acento recae sobre la antepenúltima sílaba; es decir, la sílaba tónica es la antepenúltima o la anterior a ésta (llamadas, en este caso, **sobresdrújulas**). Ejemplos:

  vá*-li-do* **tér***-mi-co* *con-***tés***-ta-me-lo*

24 2 Reglas generales de acentuación

- Se escriben con **tilde** todas las palabras **agudas** acabadas en **vocal**, en *-n* o en *-s*. Ejemplos:

  ojalá *café* *jabón* *Andrés*

  Excepción: si a la *-s* la precede otra consonante, la palabra aguda no lleva tilde. Ejemplos:

  tictacs *zigzags* *ballets*

- Se escriben con **tilde** todas las palabras **llanas** que no acaban ni en *-n* ni en *-s* ni en **vocal**. Ejemplos:

  álbum *Martínez* *Víctor* *carácter*

  Excepción: si a la *-s* la precede otra consonante, la palabra llana sí lleva tilde. Ejemplos:

  bíceps *fórceps* *trémens*

- Se escriben con **tilde** todas las palabras **esdrújulas** y **sobresdrújulas**. Ejemplos:

  álbumes *Álvaro* *fortísimo* *escóndemelo*

24 3 Observaciones a las reglas generales de acentuación

24 3.1 Utilidad de las reglas generales de acentuación

Las reglas generales de acentuación son arbitrarias, pero son importantes para diferenciar palabras. Ejemplos:

habitó: pasado del verbo *habitar*
habito: presente del verbo *habitar*
hábito: vestidura o costumbre

celebré: pasado del verbo *celebrar*
celebre: presente del verbo *celebrar*
célebre: famoso o famosa

Aunque en la lengua oral no suele haber confusión entre estas palabras, en la lengua escrita es necesario el uso de la tilde para distinguirlas.

24 3.2 Acentuación de las letras mayúsculas

En las letras mayúsculas se pone la tilde, igual que en las minúsculas, cuando corresponda según las reglas generales de acentuación. Ejemplos:

Ávila	*Óscar*	*Ítaca*
JAÉN	*PARÍS*	*EXPLICACIÓN*

24 3.3 Acentuación de nombres propios y apellidos

Los nombres propios y apellidos siguen las reglas generales de acentuación.

Aunque el primer componente de algunos nombres compuestos se hace átono en la pronunciación, en la escritura no debe eliminarse la tilde si la precisa según las reglas generales de acentuación. Ejemplos:

José Luis, no **Jose Luis*
María José, no **Maria José*

También se suprimen con frecuencia, indebidamente, las tildes de los apellidos o de los nombres de ciertas localidades, sin tener en cuenta que, especialmente en aquellos que están menos generalizados, se hace difícil conocer su pronunciación. Ejemplos:

Tévar	*Galmés*	*Cálator*

24 3.4 Palabras acabadas en *-x*

Algunas palabras castellanas terminan en *-x* (pronunciada generalmente [gs]): aunque el sonido final de la palabra puede ser [s], la *x* es, evidentemente, una letra distinta de *n* o *s*. Por tanto, no llevan tilde las palabras agudas terminadas en *-x*, pero sí las llanas terminadas en esta grafía. Ejemplos:

Palabras agudas:	*relax*	*telefax*
Palabras llanas:	*clímax*	*tórax*

24 3.5 Palabras acabadas en vocal + *-y*

Algunas palabras castellanas terminan en vocal seguida de *y* (ver 25 3.3): aunque en estos casos su sonido es el mismo que el de la vocal *i*, se debe considerar, a efectos de colocación de la tilde, la *y* como consonante distinta de *n* o *s*. Por tanto, no llevan acento gráfico las palabras agudas terminadas en vocal seguida de *y*, pero sí las llanas terminadas en esta grafía. Ejemplos:

Palabras agudas:	*vi**rrey***	*con**voy***
Palabras llanas:	***yó**quey*	***pó**ney*

24 4 Acentuación de palabras de otras lenguas

24 4.1 Acentuación de palabras latinas

- Los **palabras y expresiones latinas** incluidas en el *Diccionario* académico de 1992 siguen las reglas generales de acentuación. Ejemplos:

  *refe**rén**dum, ulti**má**tum, ídem, **quó**rum, ítem*: llevan tilde por ser palabras llanas terminadas en consonante distinta de *n* o *s*.

  *et**cé**tera, ad **lí**bitum, **má**ximum, **má**xime*: llevan tilde por ser palabras esdrújulas.

  Sin embargo, si la palabra o expresión no está recogida en el *Diccionario* académico debe escribirse sin tilde, para respetar la grafía original latina. Ejemplos:

  *post **mor**tem* [post mórtem] *car**pe** **di**em* [cárpe díem]

- Hay algunos **nombres propios procedentes del latín** que no se han castellanizado. La ausencia de tilde en estos nombres hace que se produzcan vacilaciones en la pronunciación. Algunos han heredado la pronunciación latina (*Caritas* [cáritas]); en otros, la ausencia de la tilde en castellano ha hecho que se abandone la pronunciación latina (*Sanitas*, pronunciado generalmente [sanítas], aunque en latín se pronunciara [sánitas]).

24 4.2 Acentuación de palabras extranjeras

- Las palabras de origen extranjero que han sido **recogidas en el *Diccionario* académico** y adaptadas al castellano siguen las reglas generales de acentuación. Ejemplos:

  béisbol, del inglés *baseball*
  carné, del francés *carnet*
  buró, del francés *bureau*

  Si el extranjerismo está en el *Diccionario* académico, pero no ha sido adaptado al castellano, no debe llevar ninguna tilde que no tenga en su lengua de origen. Ejemplo:

  marketing [márketin]

- Si la palabra **no** ha sido **recogida en el *Diccionario* académico** debe escribirse sin tilde cuando no la tenga en su lengua de origen. Ejemplos:

  parking [párkin]   *catering* [cáterin]

  A pesar de lo anterior, que es lo que se recoge en la nueva *Ortografía* de la Academia, en el *Diccionario* académico de 1992 aparecen con tilde palabras como *best-séller* [best-séler], *gigoló* [yigoló] y *sándwich* [sángüich], que no han sido adaptadas al castellano; y aparece sin tilde la palabra *blister* [blíster], que sí ha sido adaptada al castellano.

- Los **nombres propios** no castellanos no deben llevar ninguna tilde que no lleven en su lengua de origen. Ejemplos:

  Mozart   *Schubert*   *Newton*

  Sólo cuando se han castellanizado totalmente siguen las reglas de la acentuación castellana. Ejemplos:

  Estrómboli, del italiano *Stromboli*
  Normandía, del francés *Normandie*
  Támesis, del inglés *Thames*

24.5 Algunas palabras que admiten dos pronunciaciones y dos grafías distintas

La Real Academia Española registra en su *Diccionario* muchas palabras que pueden escribirse (y, por tanto, pronunciarse) de dos maneras distintas.

- En algunas de estas palabras que admiten dos pronunciaciones, los hablantes demuestran **preferencia** clara por una de ellas. Ejemplos (aparece en primer lugar la forma preferida por la Academia):

  acné (aguda) o *acne* (llana)
  cóctel (llana) o *coctel* (aguda)
  icono (llana) o *ícono* (esdrújula)
  medula (llana) o *médula* (esdrújula)
  misil (aguda) o *mísil* (llana)
  parásito (esdrújula) o *parasito* (llana)
  reptil (aguda) o *réptil* (llana)
  tortícolis (esdrújula) o *torticolis* (llana)

  En el caso de *medula/médula*, aunque se suele utilizar *médula*, la Academia prefiere *medula* por ser la forma etimológica.

- En otros casos, los hablantes pronuncian, casi **indistintamente**, de una u otra forma. Ejemplos (aparece en primer lugar la forma preferida por la Academia):

  alveolo (llana) o *alvéolo* (esdrújula)
  dinamo (llana) o *dínamo* (esdrújula)
  ibero(a) (llana) o *íbero(a)* (esdrújula)
  omóplato (esdrújula) u *omoplato* (llana)
  ósmosis (esdrújula) u *osmosis* (llana)

  En la edición del *Diccionario* académico de 1992 se recoge la entrada *pudín,* aunque aparece también *pudin*, no como entrada, pero sí como remisión en *budín.* Pudiera deducirse de esto que se admiten las formas *pudín* y *pudin*, aunque se prefiere *pudín.*

- Por último, hay casos en los que se registran dos pronunciaciones, y los hablantes adoptan una u otra en función de la **zona geográfica**. Ejemplos:

  chófer (llana) o *chofer* (aguda, más utilizada en América)
  fútbol (llana) o *futbol* (aguda, más utilizada en América)
  bebé (aguda) o *bebe* (llana, más utilizada en América)

24 6 Palabras en las que se suelen cometer errores

24 6.1 Palabras acabadas en *-on*

En castellano hay muchas palabras agudas acabadas en *-on*. Todas ellas llevan tilde. Ejemplos:

*rebe**lión*** *can**ción*** *can**tón*** *ren**glón***

Por analogía con estas palabras, a veces se escriben con tilde las formas verbales del tipo *dijeron, salieron, pusieron, vivieron...*, que también acaban en *-on;* pero estas palabras no deben llevar acento gráfico por ser llanas acabadas en *-n*.

24 6.2 Palabras llanas acabadas en *-n*

Palabras como *examen, joven, volumen, margen, canon...* aparecen a veces con tilde; pero no deben llevarla por ser palabras llanas terminadas en *-n*.

Este tipo de palabras se escriben a veces erróneamente con tilde, bien por contagio de sus plurales esdrújulos (*exámenes, jóvenes, volúmenes, márgenes, cánones*...), bien porque se tiende a simplificar la regla y a acentuar gráficamente todas las palabras llanas terminadas en consonante (aun cuando la consonante sea *-n* o *-s*).

24 6.3 Desplazamiento de la sílaba tónica en la formación del plural

En algunas palabras se produce un desplazamiento de la sílaba tónica al formar el plural. Este desplazamiento suele producir vacilaciones en la pronunciación y en la escritura. Ejemplos:

*ca**rác**ter* → *carac**te**res* (pronunciado o escrito a veces **carácteres*)
***ré**gimen* → *re**gí**menes* (pronunciado o escrito a veces **régimenes*)

En otras ocasiones, el desplazamiento de la sílaba tónica produce vacilaciones en la acentuación de la forma singular. Ejemplo:

*espe**cí**menes* → *es**pé**cimen* (pronunciado y escrito a veces **especimen*)

24 6.4 Verbos con pronombres pospuestos

En ocasiones, debido a una pronunciación enfática, se acentúan como si fueran agudas ciertas palabras esdrújulas formadas por verbos que llevan pronombres pospuestos (ver 30 4). Ejemplos:

da + me + lo → *dámelo* (pronunciado o escrito a veces **dameló*)
calla + te → *cállate* (pronunciado o escrito a veces **callaté*)
mira + la → *mírala* (pronunciado o escrito a veces **miralá*)

24 6.5 Vacilaciones en la pronunciación

En algunas palabras, la pronunciación habitual no se adecua a la grafía recogida en el *Diccionario* académico. A continuación se citan algunos de los numerosos ejemplos:

	Grafía recogida en el *Diccionario* académico	Pronunciación correspondiente a la grafía	Pronunciación usual no correspondiente a la grafía
agudas	*cenit*	[cenít]	*[cénit]
	sutil	[sutíl]	*[sútil]
	radar	[radár]	*[rádar]
	popurrí	[popurrí]	*[popúrri]
	ojalá	[ojalá]	*[ójala]
	mester	[mestér]	*[méster]
llanas	*táctil*	[táctil]	*[tactíl]
	kilogramo	[kilográmo]	*[kilógramo]
	libido	[libído]	*[líbido]
	fútil	[fútil]	*[futíl]
	perito	[períto]	*[périto]
	intervalo	[interválo]	*[intérvalo]
esdrújulas	*gárrulo*	[gárrulo]	*[garrúlo]
	aeródromo	[aeródromo]	*[aerodrómo]
	electrólisis	[electrólisis]	*[electrolísis]
	magnetófono	[magnetófono]	*[magnetofón]
	ínterin	[ínterin]	*[interín]
	pátina	[pátina]	*[patína]
	espécimen	[espécimen]	*[especímen]
	rubéola	[rubéola]	*[rubeóla]

No existe una regla para reconocer la grafía normativa de estas palabras; en los casos dudosos es necesario recurrir al diccionario.

Las vacilaciones en la pronunciación se dan también en ciertos nombres propios como *Nobel* (premio) o *Insalud*, pronunciados a menudo como [nóbel] e [insálud] en lugar de las formas adecuadas a la grafía [nobél] e [insalúd].

24 7 Algunas dificultades de acentuación para hablantes de Galicia

24 7.1 Algunas formas verbales, muy parecidos en castellano y en gallego, varían en la localización de su sílaba tónica.

Por este motivo, al escribir en castellano, se olvida a veces la tilde que deben llevar ciertas formas verbales (especialmente las correspondientes a la primera persona del plural de los pretéritos imperfectos de indicativo y subjuntivo). Ejemplos:

· *amábamos* (en gallego, *amabamos*)
· *ayudáramos* (en gallego, *axudaramos*)
· *barriéramos* (en gallego, *varreramos*)
· *cogiéramos* (en gallego, *colleramos*)
· *partiéramos* (en gallego, *partiramos*)

24 7.2 Algunas palabras, muy parecidas en castellano y en gallego, varían en la localización de su sílaba tónica.

Por este motivo, al escribir en castellano, se producen a veces vacilaciones como las siguientes:

· *bereber*, no **beréber* (por influencia de *bérber*)
· *diócesis,* no **diocesis* (por influencia de *diocese*)
· *héroe,* no **heroe* (por influencia de *heroe*)
· *pájaro*, no **pajaro* (por influencia de *paxaro*)
· *textil,* no **téxtil* (por influencia de *téxtil*)

24 8 Algunas dificultades de acentuación para hablantes de Cataluña, Comunidad Valenciana e Islas Baleares

24 8.1 En catalán y valenciano existen dos tipos de acento gráfico (grave [`] y agudo [´]), mientras que en castellano sólo existe el acento agudo (´).

Por este motivo, al escribir en castellano, se producen a veces vacilaciones en el tipo de acento que se debe utilizar. Ejemplos:

· *ágil*, no **àgil* (por influencia de *àgil*)
· *estético*, no **estètico* (por influencia de *estètic*)
· *gramática*, no **gramàtica* (por influencia de *gramàtica*)
· *incógnita*, no **incògnita* (por influencia de *incògnita*)
· *incrédulo*, no **incrèdulo* (por influencia de *incrèdul*)
· *página*, no **pàgina* (por influencia de *pàgina*)

24 8.2 Algunas palabras, muy parecidas en castellano y en catalán y valenciano, varían en la localización de su sílaba tónica.

Por este motivo, al escribir en castellano, se producen a veces vacilaciones como las siguientes:

· *castigo*, no **càstigo* (por influencia de *càstig*)
· *caucho*, no **cauchó* (por influencia de *cautxú*)
· *lila*, no **lilà* (por influencia de *lilà*)
· *pero*, no **però* (por influencia de *però*)

24 8.3 Las reglas de acentuación de palabras agudas y llanas se aplican en castellano y en catalán y valenciano en función de terminaciones diferentes (vocal, *-n* y *-s*, en castellano; vocal, *-en, -in* y vocal+*s,* en catalán y valenciano).

Por este motivo, al escribir en castellano, se producen a veces dificultades en la acentuación, especialmente en las palabras agudas o llanas acabadas en *-an, -on, -un*. Ejemplos:

· *tobogán*, no **tobogan* (por influencia de *tobogan*)
· *algún*, no **algun* (por influencia de *algun*)
· *están*, no **estan* (por influencia de *estan*)

24.9 Algunas dificultades de acentuación para hablantes del País Vasco y Navarra

El vasco, a diferencia del castellano, no utiliza en ninguna palabra acentos gráficos.

Por este motivo, al escribir en castellano, se produce a veces el olvido de la tilde, necesaria en algunas palabras.

ATENCIÓN

Errores frecuentes

- **fueron, escribieron, dijeron**... no llevan tilde por ser palabras llanas terminadas en *-n,* aunque sí la llevan las palabras agudas con esta terminación (*jamón, salón, sillón...*).
- **examen, resumen, joven**... no llevan tilde por ser palabras llanas acabadas en *-n*, aunque sí la lleven sus respectivos plurales (*exámenes, resúmenes, jóvenes...*) por ser palabras esdrújulas.
- **Ángel, Óscar, África**... llevan tilde porque las mayúsculas deben llevar tilde cuando lo pidan las reglas generales de acentuación.
- **Pérez, Martínez, González**... llevan tilde por ser palabras llanas acabadas en consonante distinta de *-n* o *-s*.

25 Acentuación de diptongos e hiatos

25 1 Cuestiones previas

25 1.1 Vocales abiertas y cerradas

Las cinco vocales castellanas se dividen en vocales abiertas y vocales cerradas:

- Abiertas: *a, e, o*.
- Cerradas: *i, u*.

25 1.2 El diptongo

Un diptongo es la unión de dos vocales pronunciadas en la misma sílaba. A efectos de colocación de la tilde, se considera que hay diptongo siempre que se da una de las combinaciones vocálicas siguientes:

- Unión de **vocal abierta+vocal cerrada**, o viceversa (siempre que la vocal cerrada no sea tónica). Ejemplos:

*cam-**biar***	***fue***	*sa-**lió***
***nai**-lon*	***eu**-ro*	*es-**toi**-co*

  Si la vocal cerrada es tónica (recibe la mayor intensidad en la pronunciación) nunca hay diptongo. Ejemplos (se indica, en primer lugar, la palabra con diptongo, y, entre paréntesis, la palabra que no tiene diptongo):

*sa-**bia*** (frente a *sa-**bí-a***)	***pie*** (frente a ***pí**-e*)
*va-**rias*** (frente a *va-**rí-as***)	*con-ti-**nuo*** (frente a *con-ti-**nú-o***)

- Unión de **dos vocales cerradas** (*i, u*) **distintas**. Ejemplos:

***viu**-da*	***ciu**-dad*	*cons-ti-**tui**-do*	*je-**sui**-ta*

Aunque tradicionalmente se ha definido el diptongo como la unión de dos vocales en la misma sílaba, las combinaciones vocálicas anteriores no se pronuncian siempre en la misma sílaba (por ejemplo, el diptongo *ui* muchas veces se pronuncia en dos sílabas: [in-clu-í-do] en lugar de [in-cluí-do] para *incluido*); no obstante, deben considerarse diptongos a efectos de colocación o no de la tilde (ver 25 3.1).

25 1.3 El triptongo

Un triptongo es la unión de tres vocales pronunciadas en la misma sílaba. A efectos ortográficos, la estructura **vocal cerrada+vocal abierta+vocal cerrada** (si las vocales cerradas no son tónicas) siempre constituye un triptongo. Ejemplos:

guau *a-ve-ri-**güéis*** *a-cu-**ciáis***

Si una de las vocales cerradas es tónica (recibe la mayor intensidad en la pronunciación) nunca hay triptongo. Ejemplos:

*a-**brí-ais*** y *te-me-**rí-ais***: no tienen triptongo (aunque existan tres vocales seguidas), ya que en ambos casos la primera *i* es tónica.

Aunque tradicionalmente se ha definido el triptongo como la unión de tres vocales en la misma sílaba, esta combinación (vocal cerrada+vocal abierta+vocal cerrada) no se pronuncia siempre en la misma sílaba (por ejemplo, es frecuente la pronunciación [son-ri-áis] sin triptongo, en lugar de [son-riáis] con triptongo); no obstante, deben considerarse triptongos a efectos de colocación o no de la tilde (ver 25 3.1).

25 1.4 El hiato

Un hiato es una secuencia de dos vocales pronunciadas en distinta sílaba. A efectos de acentuación se considera que hay hiato siempre que se da una de las combinaciones vocálicas siguientes:

- Secuencia de **dos vocales abiertas** (*a, e, o*). Ejemplos:

  re-ac-tor *ca-o-ba* *re-e-la-bo-rar*

- Secuencia de **dos vocales cerradas** (*i, u*) **iguales**. Ejemplos:

  chi-i-ta *du-un-vi-ro* *fri-í-si-mo*

- Secuencia de **vocal abierta+vocal cerrada** (o viceversa) siempre que la vocal cerrada sea tónica. Ejemplos:

  dí-a *ca-í-do* *le-ís-te* *Ra-úl*

Aunque tradicionalmente se ha definido el hiato como la secuencia de dos vocales pronunciadas en distinta sílaba, las combinaciones anteriores no se pronuncian siempre en distinta sílaba (por ejemplo, la palabra *lí-ne-a* con hiato, aparece muchas veces pronunciada como [lí-nea], o incluso [lí-nia], ambas sin hiato); no obstante, deben considerarse hiatos a efectos de colocación o no de la tilde (ver 25 5.1).

25 2 Reglas de acentuación de diptongos y triptongos

- Los **diptongos** y los **triptongos llevan tilde si lo piden las reglas generales de acentuación.** Ejemplos:

*ca-**mión***: lleva tilde por ser una palabra aguda acabada en *-n*.
***Suá**-rez*: lleva tilde por ser una palabra llana acabada en consonante distinta de *-n* o *-s*.
***cláu**-su-la*: lleva tilde por ser una palabra esdrújula.

- Las **reglas para la colocación de la tilde** en diptongos y triptongos son las siguientes:

  – Si el **diptongo está formado por vocal abierta+vocal cerrada** (o viceversa) y debe llevar tilde, ésta se coloca sobre la vocal abierta. Ejemplos:

  *bai-**léis*** ***hués**-ped*

  – Si el **diptongo está formado por dos vocales cerradas** y debe llevar tilde, ésta se coloca sobre la segunda vocal. Ejemplos:

  cuí**-da-te* *in-ter-**viú

  – Si el **triptongo** debe llevar tilde, ésta se coloca siempre sobre la vocal abierta. Ejemplos:

  *a-**guáis*** *co-lum-**piáis***

25 3 Observaciones a las reglas de acentuación de los diptongos y triptongos

25 3.1 Pronunciación de los diptongos y triptongos

Tradicionalmente se definían los diptongos y los triptongos como la unión de dos o tres vocales, respectivamente, pronunciadas en la misma sílaba. La *Ortografía* académica de 1999 mantiene esta definición, pero a efectos ortográficos determina cuándo hay o no diptongo en función de la combinación vocálica.

Así, en la pronunciación de algunas palabras, la frontera entre el diptongo y el hiato no es clara. Ejemplos:

*re-***clui***-do* (pronunciado frecuentemente [re-**clu**-í-do])
*a-cen-***tuó** (pronunciado frecuentemente [a-cen-**tu**-**ó**])
*des-***viar** (pronunciado frecuentemente [des-**vi**-**ár**])
cruel (pronunciado frecuentemente [**cru**-**él**])

- En muchos casos, esta vacilación en la lengua oral **no produce dificultades en la escritura**, ya que, se considere diptongo o hiato, la palabra en cuestión no debe llevar tilde según las reglas generales de acentuación, o debe llevarla de todas formas. Ejemplos:

  *des***viar**: pronunciada con diptongo [des-viar] o con hiato [des-vi-ar], no debe llevar tilde por ser palabra aguda terminada en consonante distinta de *-n* o *-s*.

  *acen***tuó**: pronunciada con diptongo [a-cen-tuó] o con hiato [a-cen-tu-ó], debe llevar tilde por ser una palabra aguda terminada en vocal.

- En otros casos, la vacilación en la pronunciación **produce dificultades en la escritura**:

  La pronunciación de la secuencia *ui, iu* en sílabas distintas puede hacer que se coloque, erróneamente, una tilde sobre la segunda vocal. Ejemplos:

  *je-***sui***-ta*, no **jesuíta* (por la pronunciación [je-su-í-ta])
  ruin, no **ruín* (por la pronunciación [ru-ín])
  *in-***clui***-do*, no **incluído* (por la pronunciación [in-clu-í-do])

  La pronunciación del diptongo *uo* (átono y a final de palabra) como hiato, hace a veces que se ponga la tilde en palabras que no deben llevarla por ser llanas terminadas en vocal. Ejemplos:

  *con-ti-***nuo**, no **contínuo* (por la pronunciación [con-tí-nu-o])
  *in-ge-***nuo**, no **ingénuo* (por la pronunciación [in-gé-nu-o])
  *mu-***tuo**, no **mútuo* (por la pronunciación [mú-tu-o])

25 3.2 La *-h-* intercalada en los diptongos y triptongos

La *-h-* intercalada no impide los diptongos y los triptongos, pues no representa ningún sonido en castellano. Ejemplos:

ahu-ma-do *prohi-bi-do* *des-ahu-cio*

25 3.3 Palabras acabadas en *-y* y en *-i*

La *-y* al final de palabra tiene sonido vocálico. Ejemplos:

ley *jersey* *hoy* *estoy*

En estos casos, la *-y* forma diptongo con la vocal anterior. Aunque su sonido es vocálico [i], se debe considerar la *y*, a efectos de colocación de la tilde, como consonante distinta de *n* o *s*. Por tanto, no llevan tilde las palabras agudas terminadas en vocal seguida de *y*, pero sí las llanas terminadas en esta grafía. Ejemplos:

Palabras agudas: *pai-**pay*** *na-**nay***
Palabras llanas: ***pó**-ney* ***yó**-quey*

frente a:

bonsái: con tilde por ser palabra aguda terminada en vocal (aunque el sonido final de *bonsái*, *convoy, estoy...* es el mismo).

Algunas de las palabras que en singular terminan en *-y* cambian esta letra en *i* al formar el plural. Es importante no olvidar la tilde en los casos en los que sea necesaria. Ejemplos:

jer-sey → *jer-séis* *pai-pay* → *pai-páis*
sa-mu-ray → *sa-mu-ráis* *gui-ri-gay* → *gui-ri-gáis*

25 3.4 Palabras agudas acabadas en *-au, -eu, -ou*

Según las reglas de acentuación, las palabras castellanas acabadas en los diptongos *-au, -eu, -ou* deben llevar tilde (*marramáu*). Sin embargo, las palabras de origen catalán con estas terminaciones no deben llevar tilde por no tenerla en su lengua de origen. Ejemplos:

Palau *Andreu* *Salou*

25 4 Reglas de acentuación de hiatos

- Los **hiatos** llevan tilde siempre que lo pidan las reglas generales de acentuación. Ejemplos:

  le-ón: lleva tilde por ser palabra aguda acabada en *-n.*
  Pá-ez: lleva tilde por ser palabra llana acabada en consonante distinta de *-n* o *-s.*
  o-ce-á-ni-co: lleva tilde por ser palabra esdrújula.

  Excepción: los **hiatos formados por vocal abierta+vocal cerrada** (o viceversa) llevan tilde sobre la vocal cerrada (siempre tónica), aunque no lo pidan las reglas generales de acentuación. Ejemplos:

  Ma-rí-a: lleva tilde sobre la vocal cerrada, aunque sea una palabra llana terminada en vocal.
  re-ír: lleva tilde sobre la vocal cerrada, aunque sea una palabra aguda acabada en consonante distinta de *-n* o *-s.*
  e-va-lú-as: lleva tilde sobre la vocal cerrada, aunque sea una palabra llana terminada en *-s.*

25 5 Observaciones a las reglas de acentuación de los hiatos

25 5.1 Hiatos que suelen pronunciarse como diptongos

Tradicionalmente se definían los hiatos como secuencia de dos vocales pronunciadas en distinta sílaba. La *Ortografía* académica de 1999 mantiene esta definición, pero a efectos ortográficos determina cuándo hay o no hiato en función de la combinación vocálica.

Así, en la pronunciación de algunas palabras, la frontera entre el diptongo y el hiato no es clara.

- Algunos **hiatos átonos** (*eo, oe, ea...* especialmente al final de palabra) tienden a reducirse a diptongos en la lengua coloquial. Esta pronunciación hace que ciertas palabras esdrújulas puedan parecer llanas y aparezcan, por eso, incorrectamente, sin tilde. Ejemplos:

  *crá-**ne-o***, no **cra-**neo***
  *a-é-**re-o***, no **ae-**reo***
  *lí-**ne-a***, no **li-**nea***
  *hé-**ro-e***, no **he-**roe***

- Los hiatos formados por **dos vocales abiertas iguales** (*aa, ee, oo*) tienden a pronunciarse en una sola sílaba, y por este motivo se cometen a veces errores en la acentuación. Ejemplos:

  *Fei-**jo**-o* (sin tilde por ser palabra llana terminada en vocal), no **Feijóo*.
  ***cré**-e-me* (con tilde por ser palabra esdrújula), no ****cree**me*.

25 5.2 La *-h-* intercalada en los hiatos

La *-h-* intercalada no impide los hiatos, pues no representa ningún sonido en castellano. Ejemplos:

*re-**hú**-yo* *ta-**ho**-na* *va-**hí**-do* ***bú**-ho*

25 5.3 La tilde como marca de hiato

En los hiatos formados por **vocal abierta+vocal cerrada** (o viceversa), la vocal cerrada (tónica) lleva tilde para marcar el hiato. Ejemplos:

*sa**bí**a* (*sa-**bí**-a*: hiato) frente a *sa**bi**a* (*sa-**bia***: diptongo)
*va**rí**as* (*va-**rí**-as*: hiato) frente a *va**ria**s* (*va-**rias***: diptongo)

El acento gráfico es el que informa de si se debe pronunciar [sa-**bí-a**] o [sá-**bia**]. No es cierto, como se oye con frecuencia, que «la tilde sirva para deshacer el diptongo», ya que no hay un diptongo previo.

La tilde marca el hiato también en otros casos:

- Cuando hay tres vocales seguidas, dos de las cuales forman un diptongo. Ejemplos:

  *te-**mí**-ais* *sa-**lí**-ais* *dis-tri-**buí**-os*

- Cuando hay tres vocales seguidas y cada una se pronuncia en una sílaba distinta. Ejemplos:

  *re-**í**-os* *o-**í**-os*

  La tilde marca aquí dos hiatos: el de la vocal cerrada *i* con la vocal anterior, y el de esa misma vocal cerrada con la vocal siguiente.

- Cuando hay cuatro vocales seguidas, dos de las cuales forman un diptongo. Ejemplos:

  *le-**í**-ais* *cre-**í**-ais* *ca-**í**-ais*

  En estos casos la tilde marca también dos hiatos: el de la vocal cerrada tónica *i* con la vocal anterior, y el de esa misma vocal cerrada con el diptongo siguiente.

25 6 Los diptongos y los hiatos en la última *Ortografía* académica

25 6.1 Palabras que contienen la secuencia *vocal abierta+vocal cerrada* (o viceversa)

- La pronunciación de algunas palabras en castellano que contienen la secuencia **vocal abierta+vocal cerrada** (o viceversa) vacila entre el **diptongo** y el **hiato** (ver 25 3.1). Así, algunas palabras, consideradas tradicionalmente monosilábicas, se pronuncian en función de las zonas geográficas y de los registros de uso, con hiato o con diptongo.

  – En la mayoría de los casos esta vacilación no implica dudas en la escritura. Ejemplos:

  cruel *dial* *riel*

  Estas palabras no llevan tilde, tanto si se considera que tienen diptongo ([cruel], [dial], [riel]), como si se considera que tienen hiato ([cru-él], [di-ál], [ri-él]). En el primer caso serían monosílabos; en el segundo, palabras agudas terminadas en consonante distinta de *-n* o *-s*; en ninguna de las dos opciones deben llevar tilde.

  – Sin embargo, otras veces la vacilación en la pronunciación produce vacilaciones en la escritura. Ejemplos:

  guion: sin tilde, si se pronuncia con diptongo [guion], por tratarse de una palabra monosilábica; o con tilde, si se pronuncia con hiato [gui-ón], por tratarse de una palabra aguda terminada en *-n*.

  fie (pasado de *fiar*): sin tilde, si se pronuncia con diptongo [fie], por tratarse de una palabra monosilábica; o con tilde, si se pronuncia con hiato [fi-é], por tratarse de una palabra aguda terminada en vocal.

  Atendiendo a ambas pronunciaciones, la Real Academia Española recoge su escritura con tilde (si se percibe nítidamente el hiato, porque se trataría de palabras agudas terminadas en vocal *-n* o *-s*) o sin tilde (si se considera que hay un diptongo, porque se trataría de monosílabos) Así, se puede escribir:

crié [cri-é]	o	*crie* [crie]	(pasado de *criar*)
crió [cri-ó]	o	*crio* [crio]	(pasado de *criar*)
fié [fi-é]	o	*fie* [fie]	(pasado de *fiar*)
fió [fi-ó]	o	*fio* [fio]	(pasado de *fiar*)
frió [fri-ó]	o	*frio* [frio]	(pasado de *freír*)
guié [gui-é]	o	*guie* [guie]	(pasado de *guiar*)
guió [gui-ó]	o	*guio* [guio]	(pasado de *guiar*)
guión [gui-ón]	o	*guion* [guion]	
lié [li-é]	o	*lie* [lie]	(pasado de *liar*)
lió [li-ó]	o	*lio* [lio]	(pasado de *liar*)
pié [pi-é]	o	*pie* [pie]	(pasado de *piar*)
pió [pi-ó]	o	*pio* [pio]	(pasado de *piar*)
rió [ri-ó]	o	*rio* [rio]	(pasado de *reír*)
Sión [si-ón]	o	*Sion* [sion]	

Aunque la Academia admite ambas formas en la escritura, parece inclinarse por la que no lleva tilde, ya que en la *Ortografía* de 1999 utiliza la forma *guion* (sin tilde) en la parte dedicada a este signo de puntuación. No obstante, las formas *lió, fié, guié...* con tilde reflejan con mayor claridad la pronunciación más habitual, diferente de la de *vio* o *bien* (pronunciadas siempre en una sola sílaba).

– No deben confundirse las palabras anteriores con los casos en los que la vocal tónica es la cerrada. En estos casos siempre es imprescindible la tilde para marcar el hiato. Ejemplos:

crí-e → frente a *crie/cri-é*
crí-o → frente a *crio/cri-ó*
fí-e → frente a *fie/fi-é*
fí-o → frente a *fio/fi-ó*
frí-o → frente a *frio/fri-ó*
guí-e → frente a *guie/gui-é*
guí-o → frente a *guio/gui-ó*
lí-e → frente a *lie/li-é*
lí-o → frente a *lio/li-ó*
pí-e → frente a *pie/pi-é*
pí-o → frente a *pio/pi-ó*
rí-o → frente a *rio/ri-ó*

Tampoco deben confundirse con las palabras que siempre se pronuncian en una sola sílaba y, por tanto, nunca llevan tilde. Ejemplos:

fue *fui* *vio* *dios*

- La pronunciación de algunas palabras que contienen tres vocales seguidas vacila entre el **triptongo** y el hiato+diptongo. Así, algunas palabras, en función de las zonas geográficas y de los registros de uso, se pronuncian con triptongo o con hiato+diptongo. Ejemplos:

  guiais: pronunciado [gui-áis] o [guiais]
  pieis: pronunciado [pi-éis] o [pieis]

  Atendiendo a ambas pronunciaciones, la Academia recoge su escritura con tilde (si se percibe nítidamente el hiato, porque se trataría de palabras agudas terminadas en *-s*) o sin tilde (si se considera que hay un triptongo, porque se trataría de monosílabos). Ejemplos:

criáis [cri-áis]	o	*criais* [criais]
criéis [cri-éis]	o	*crieis* [crieis]
fiáis [fi-áis]	o	*fiais* [fiais]
fiéis [fi-éis]	o	*fieis* [fieis]
friáis [fri-áis]	o	*friais* [friais]
guiáis [gui-áis]	o	*guiais* [guiais]
guiéis [gui-éis]	o	*guieis* [guieis]
liáis [li-áis]	o	*liais* [liais]
liéis [li-éis]	o	*lieis* [lieis]
piáis [pi-áis]	o	*piais* [piais]
piéis [pi-éis]	o	*pieis* [pieis]
riáis [ri-áis]	o	*riais* [riais]

25 6.2 Hiatos formados por dos vocales cerradas iguales

Hasta la aparición de la *Ortografía* académica de 1999, los hiatos formados por *ii* debían llevar tilde en la segunda vocal siempre que ésta fuera tónica (aunque no lo pidieran las reglas generales de acentuación), como marca de hiato y para evitar la pronunciación del hiato *ii* como una sola *i*.

A partir de la *Ortografía* de 1999, estos hiatos ya no deben llevar tilde cuando no lo pidan las reglas generales de acentuación, ya que no existen diptongos que tengan la combinación vocálica *ii* con los cuales pudieran confundirse; por lo tanto, no es necesario marcar el hiato. Ejemplos:

> ***chi**-i-ta*: no lleva tilde por ser palabra llana terminada en vocal.
> *chi-**í***: sí lleva tilde por ser palabra aguda terminada en vocal.
> *Ro-**ci**-i-to*: no lleva tilde por ser palabra llana terminada en vocal.

No obstante, en el *Diccionario* académico de 1992 aparecen aún con tilde las palabras *chiita* y *chiismo*.

Estos principios son, en teoría, aplicables también a la secuencia *uu*. No se trata dicha secuencia en este apartado, ya que no existe ninguna palabra castellana que contenga el hiato *uu* tónico.

25 7 Acentuación de formas verbales con diptongos e hiatos

25 7.1 Formas verbales acabadas en *-guar* y en *-cuar*

Es frecuente encontrar algunas formas del verbo *adecuar* escritas o pronunciadas como si tuvieran hiato en lugar de diptongo, es decir: **a-de-cú-o*, **a-de-cú-as*... con hiato, en lugar de las correctas *a-dé-cuo*, *a-dé-cuas*... con diptongo.

Adecuar, como todos los verbos cuyo infinitivo termina en *-cuar* (*evacuar*, *licuar*...) o *-guar* (*averiguar*, *aguar*...), no presenta nunca formas con hiato. Ejemplos:

> *a-de-**cuo**, a-de-**cuas**, a-de-**cua**...* (no **a-de-**cú-o***, **a-de-**cú-as***, **a-de-**cú-a***...)
> *e-va-**cuo**, e-va-**cuas**, e-va-**cua**...* (no **e-va-**cú-o***, **e-va-**cú-as***, **e-va-**cú-a***...)
> *li-**cuo**, li-**cuas**, li-**cua**...* (no **li-**cú-o***, **li-**cú-as***, **li-**cú-a***...)

Sí existe el hiato en otros verbos cuyo infinitivo acaba en *-uar* precedido de una consonante distinta de *c* o *g*. Ejemplos:

*pre-cep-**tú-o***   *in-si-**nú-o***   *a-cen-**tú-o***   *pun-**tú-o***

25 7.2 Formas verbales acabadas en *-ais, -eis*

Con frecuencia se producen errores en las formas verbales con las terminaciones *-ais, -eis* (correspondientes a la segunda persona del plural).

- Algunas son agudas (presente de indicativo y de subjuntivo, y futuro de indicativo) y, por tanto, **deben llevar tilde** por terminar en *-s*. Ejemplos:

*con-**táis***	*ha-**bláis***	*sa-**béis***
*a-pro-**béis***	*ha-**gáis***	*par-**táis***
*bai-la-**réis***	*co-me-**réis***	*sal-**dréis***

Sin embargo, a veces se encuentran estas palabras escritas incorrectamente sin tilde (**contais*, **hagais*, **saldreis...*) e incluso con la tilde sobre la *i* (**contaís*, **hagaís*, **saldreís...*).

- Otras son llanas (todos los pretéritos simples y el futuro de subjuntivo) y, por tanto, **no deben llevar tilde** en las terminaciones *-ais, -eis*. Ejemplos:

*so-ñas-**teis***	*be-bis-**teis***	*a-bris-**teis***
*to-ma-**bais***	*ha-cí-**ais***	*i-**bais***
*sa-na-**rais***	*le-ye-**seis***	*es-cri-bie-**rais***
*an-du-vie-**reis***	*tu-vie-**reis***	*di-je-**reis***

Sin embargo, estas palabras a veces aparecen con tilde en la penúltima sílaba (**tomábais*, **leyéseis*, **escribiérais*) por considerarlas, erróneamente, palabras esdrújulas, o en la última (**tomabáis*, **leyeséis*, **escribieráis*) por analogía con otras formas verbales que tienen esta misma terminación y llevan tilde.

25 7.3 Acentuación de verbos seguidos del pronombre *os*

Cuando se añade el pronombre *os* al imperativo de algunos verbos (*calla**os**, pone**os**, arrepentí**os***) se forma un hiato.

- En algunos casos (verbos de la primera y segunda conjugación) se forma un hiato de dos vocales abiertas. Las palabras que contienen estos hiatos siguen las reglas generales de acentuación: **no llevan tilde** por ser llanas terminadas en *-s*. Ejemplos:

*a-**ma**-os*	*ha-**bla**-os*	*ha-**ce**-os*	*mo-**ve**-os*

- En otros casos (verbos de la tercera conjugación) se forma un hiato de vocal cerrada+vocal abierta. Estos hiatos siempre se marcan **con** la **tilde** en la vocal cerrada para evitar su confusión con un diptongo. Ejemplos:

*re-par-**tí**-os* *reu-**ní**-os* *dor-**mí**-os*

Es un error muy frecuente en la pronunciación y, por consiguiente, en la escritura, la inclusión de una *r* entre el verbo y el pronombre, dando lugar a formas como **sali**ros***, **move**ros***, **habla**ros***...

25 7.4 Acentuación de algunas formas del verbo *huir*

Las secuencias *ui*, *iu* se consideran siempre diptongos a efectos ortográficos. No obstante, hasta la *Ortografía* académica de 1999, la RAE exceptuaba las formas *huí* y *huís*, a las que consideraba hiatos, por lo que debían escribirse con tilde. Desde la *Ortografía* de 1999, teniendo en cuenta su pronunciación con hiato (bisílaba aguda terminada en vocal: [hu-í] o con diptongo (monosílabo [hui] en función de las zonas geográficas y de los registros de uso, la Academia permite su escritura con o sin tilde.

Las formas *huía, huías, huíamos, huíais, huían* llevan tilde porque así se marca el hiato de la *i* con la *a* siguiente: [huí-ais].

25 8 Algunos errores frecuentes

25 8.1 Diptongos que se suelen pronunciar como hiatos e hiatos que se suelen pronunciar como diptongos

En algunos casos, las vacilaciones entre el diptongo y el hiato en la pronunciación pueden producir errores en la acentuación (ver 25 3.1 y 25 5.1)

25 8.2 Los diptongos *áu, éu* en las palabras esdrújulas

En palabras como *clá**u**sula* [cláu-su-la], *ná**u**sea* [náu-se-a], *ná**u**tico* [náu-ti-co], *prope**déu**tico* [pro-pe-déu-ti-co], *farma**céu**tico* [far-ma-céu-ti-co], etc., la tilde debe aparecer siempre sobre la vocal abierta (*a, e, o*) por ser la tónica.

Si se pusiera sobre la vocal cerrada (*i, u*), constituiría una marca de hiato con una pronunciación anómala: *[cla-ú-su-la], *[na-ú-ti-co], etc. Sin embargo, esta acentuación aparece a veces erróneamente en algunos escritos.

25 8.3 Algunos casos concretos

- Los apellidos ***Saiz*** y ***Sainz*** son monosílabos con diptongo y, por tanto, no deben llevar tilde. Sin embargo ***Sáez*** [*Sá-ez*] y ***Sáenz*** [*Sá-enz*] contienen un hiato y deben llevar tilde por ser palabras llanas acabadas en *-z*.
- Las palabras ***geranio*** (*ge-ra-nio*) y ***espurio*** (*es-pu-rio*) se encuentran con frecuencia pronunciadas o escritas erróneamente como **geráneo* y **espúreo*, respectivamente.
- La palabra ***mildeu*** [míl-deu] es llana acabada en vocal. Por tanto, no debe llevar tilde. No obstante, la RAE registra al lado de *mildeu* la forma *mildíu* [mil-dí-u], que es llana pero con hiato. No registra la más común en la pronunciación **mildiú* [mil-diú]: aguda con diptongo.
- El monosílabo latino *quo* de la expresión ***statu quo*** no debe pronunciarse como hiato *[kú-o], sino como diptongo: [kuó].
- La palabra latina ***tedeum*** aparece registrada con tilde en el *Diccionario* académico de 1992. Sin embargo, teniendo en cuenta la *Ortografía* de 1999, la secuencia *eu* (vocal abierta+vocal cerrada) constituye a efectos ortográficos un diptongo. Así pues, *tedeum* pasa a ser una palabra aguda terminada en *-m* y, por lo tanto, no debería llevar tilde.

25 9 Palabras que admiten dos formas correctas

A veces, una misma palabra presenta dos formas correctas: una con hiato y otra con diptongo. Ejemplos (se indica en primer lugar la forma preferida por la Academia):

cartomancia (car-to-man-cia) o *cartomancía* (car-to-man-cí-a)
gladíolo (gla-dí-o-lo) o *gladiolo* (gla-dio-lo)
hemiplejía (he-mi-ple-jí-a) o *hemiplejia* (he-mi-ple-jia)
nigromancia (ni-gro-man-cia) o *nigromancía* (ni-gro-man-cí-a)

olimpíada (o-lim-pí-a-da) u *olimpiada* (o-lim-pia-da)
período (pe-rí-o-do) o *periodo* (pe-rio-do)
reuma (reu-ma) o *reúma* (re-ú-ma)
utopía (u-to-pí-a) o *utopia* (u-to-pia)

- Todas las palabras acabadas en ***-iaco*** (ia-co) / ***-íaco*** (í-a-co) admiten también la doble acentuación. Ejemplos (se indica en primer lugar la forma preferida por la Academia):

  afrodisíaco(a) o *afrodisiaco(a)*
  cardíaco(a) o *cardiaco(a)*
  hipocondríaco(a) o *hipocondriaco(a)*
  maníaco(a) o *maniaco(a)*
  policíaco(a) o *policiaco(a)*
  zodiaco o *zodíaco*

25 10 *Aun* y *aún*

El monosílabo átono *aun* (con diptongo), equivalente a *incluso* o *siquiera,* se opone al bisílabo tónico *aún* (con hiato), equivalente a *todavía*. Ejemplos:

Aun enfermo, vino a mi casa. (Incluso enfermo, vino a mi casa.)
Aún enfermo, vino a mi casa. (Todavía enfermo, vino a mi casa.)

- *Aun* (con diptongo) también aparece en las locuciones *aun cuando* y *aun así*. Ejemplos:

  Aun cuando pudiera, no haría el viaje.
  Aun así, no haría el viaje.

  Cuando *aun así* no es una locución y *aun* puede sustituirse por *todavía*, es necesario que lleve tilde. Ejemplo:

  Estoy ***aún*** así. (Estoy todavía así.)

- En alguna ocasión, *aun* puede sustituirse por *incluso* o por *todavía* y conservar el mismo significado.

  En este caso *aún* debe llevar tilde, ya que, siendo sustituible tanto por *incluso* como por *todavía*, es una palabra tónica en la pronunciación. Ejemplo:

  Y ***aún*** te digo más: ni siquiera me llames. (E incluso te digo más: ni siquiera me llames. / Y todavía te digo más: ni siquiera me llames.)

25 11 Algunas dificultades para hablantes de Cataluña, Comunidad Valenciana e Islas Baleares

A efectos ortográficos, en castellano toda combinación de vocal cerrada+vocal abierta (siempre que la cerrada no sea tónica) constituye un diptongo. En catalán y valenciano, muchas veces estas combinaciones constituyen un hiato. Es decir, donde en castellano hay una sola sílaba (*his-to-**ria***), en catalán o valenciano hay dos (*his-tò-**ri**-**a***).

Por este motivo, al escribir en castellano, se coloca a veces la tilde en palabras llanas que no la necesitan, pero que se corresponden con palabras esdrújulas (con tilde) en catalán o valenciano. Esto ocurre especialmente con las palabras que en castellano acaban en el diptongo *ia*, y en catalán y valenciano acaban en el hiato *i-a*. Ejemplos:

· *ciencias*, no **ciències* (por influencia de *ciències*)
· *frecuencia*, no **freqüència* (por influencia de *freqüència*)
· *guardia*, no **guàrdia* (por influencia de *guàrdia*)
· *historia*, no **història* (por influencia de *història*)
· *memoria*, no **memòria* (por influencia de *memòria*)
· *paciencia*, no **paciència* (por influencia de *paciència*)
· *rabia*, no **ràbia* (por influencia de *ràbia*)
· *radio*, no **ràdio* (por influencia de *ràdio*)

- Así, la tilde que marca el hiato en castellano cuando vocal cerrada y abierta no constituyen un diptongo, a menudo no es necesaria en catalán ni en valenciano, ya que esta combinación constituye muchas veces un hiato.

  Por este motivo, al escribir en castellano, se olvida a veces la tilde necesaria para marcar el hiato. Ejemplos:

  · *cobardía*, no **cobardia* (por influencia de *covardia*)
  · *garantía*, no **garantia* (por influencia de *garantia*)
  · *geografía*, no **geografia* (por influencia de *geografia*)
  · *venía*, no **venia* (por influencia de *venia*)
  · *dormía*, no **dormia* (por influencia de *dormia*)

25 12 Algunas dificultades en la acentuación de diptongos e hiatos para hablantes de Galicia

25 12.1 En castellano, los diptongos siguen las reglas generales de acentuación. Sin embargo, en gallego no llevan tilde las palabras agudas cuya última sílaba contiene un diptongo formado por *vocal abierta+vocal cerrada* (en este orden), aunque sean palabras agudas terminadas en vocal, *-n* o *-s*.

Por este motivo, al escribir en castellano, se olvida a veces la tilde necesaria en algunas palabras agudas terminadas en vocal, *-n* o *-s*. Ejemplos:

· *adiós*, no **adios* (por influencia de *adeus*)
· *animáis*, no **animais* (por influencia de *animais*)
· *después*, no **despues* (por influencia de *despois*)

25 12.2 El castellano considera siempre las secuencias *ui, iu* como diptongos a efectos de acentuación. Sin embargo, en gallego a veces son hiatos y deben marcarse con la tilde sobre la segunda vocal.

Por este motivo, al escribir en castellano, se pone a veces tilde sobre la segunda vocal de los diptongos *iu, ui* que no deben llevarla. Ejemplos:

· *gratuito*, no **gratuíto* (por influencia de *gratuíto*)
· *ruido*, no **ruído* (por influencia de *ruído*)
· *viudo*, no **viúdo* (por influencia de *viúdo*)

- Los verbos acabados en *-uir* no llevan nunca tilde en castellano, ya que la secuencia *ui* se considera siempre un diptongo. En gallego, sin embargo, los verbos acabados en *-uir* llevan tilde sobre la *i* para marcar el hiato.

  Por este motivo, al escribir en castellano, se coloca a veces tilde en verbos que no deben llevarla. Ejemplos:

  · *concluir*, no **concluír* (por influencia de *concluír*)
  · *contribuir*, no **contribuír* (por influencia de *contribuír*)
  · *construir*, no **construír* (por influencia de *construír*)

  En gallego también se escriben con tilde algunas formas de estos verbos, que no la llevan en castellano. Ejemplos:

  · *concluido*, no **concluído* (por influencia de *concluído*)
  · *concluimos*, no **concluímos* (por influencia de *concluímos*)
  · *concluiste*, no **concluíste* (por influencia de *concluíste*)

25 12.3 Las formas verbales que contienen el hiato *ía* (con tilde) en castellano, tienen en gallego el diptongo *ia* (sin tilde).

Por este motivo, al escribir en castellano, se olvida a veces la tilde en estos tiempos verbales (primera y segunda persona del plural de los pretéritos imperfectos de la segunda y tercera conjugación y de todos los condicionales). Ejemplos:

· *amaríamos*, no **amariamos* (por influencia de *amariamos*)
· *barríais*, no **barriais* (por influencia de *varriades*)
· *decíamos*, no **deciamos* (por influencia de *diciamos*)
· *partiríamos*, no **partiriamos* (por influencia de *partiriamos*)

ATENCIÓN

Errores frecuentes

- **adecuo, adecuas, adecue, adecuen**... no llevan tilde por ser palabras llanas terminadas en vocal, *-n* o *-s* (*a-de-cuo, a-de-cuas, a-de-cue, a-de-cuen*...). La pronunciación correcta es, por tanto, [adécuo], [adécuas], [adécue], [adécuen]...
- **día, oír, ahí, país**... llevan tilde sobre la vocal cerrada (*i*), ya que los hiatos formados por *vocal abierta+vocal cerrada tónica* (o viceversa) deben llevar tilde sobre la vocal cerrada para marcar el hiato, aunque no lo exijan las reglas generales de acentuación.
- **Raúl, baúl, flúor**... llevan tilde sobre la vocal cerrada *u*, ya que los hiatos formados por *vocal abierta+vocal cerrada tónica* (o viceversa) deben llevar tilde sobre la vocal cerrada para marcar el hiato aunque no lo exijan las reglas generales de acentuación.
- **incluido, concluido, atribuido**... no llevan tilde por ser palabras llanas terminadas en vocal, ya que las combinaciones *ui, iu* constituyen, a efectos de acentuación, un diptongo (*in-clui-do, con-clui-do, a-tri-bui-do*...).
- **comeréis, beberéis, iréis**... llevan tilde porque son palabras agudas terminadas en *-s*.

26 Acentuación de los monosílabos

26 1 Cuestiones previas

Los **monosílabos** son palabras que tienen una sola sílaba. Pueden incluir o no diptongos y triptongos. Ejemplos:

gran *son* *bien* *buen* *miau*

En castellano hay dos clases de monosílabos:

- **Monosílabos tónicos**. Ejemplos:

  sal *fue* *mes* *soy* *da*

- **Monosílabos átonos**. Ejemplos:

  mis *le* *a* *con* *tus*

26 2 Reglas de acentuación de los monosílabos

- Como regla general, los monosílabos **no llevan tilde**.
- Sólo llevan tilde los monosílabos cuando hay **una misma forma que puede ser tónica o átona**; en estos casos se pone la tilde sobre el monosílabo tónico para distinguirlo del átono. Ejemplos:

  tú (pronombre): *Tú no vienes.*
  tu (posesivo): *Tu hermano no viene.*

  dé (forma del verbo *dar*): *No quiero que me **dé** nada.*
  de (preposición): *No quiero nada **de** ti.*

26 3 Monosílabos con tilde

26 3.1 Tilde diacrítica

La tilde de los monosílabos es una tilde diacrítica, ya que se utiliza para distinguir palabras que tienen la misma forma pero distinto significado o distinta función gramatical.

La tilde diacrítica de los monosílabos distingue un monosílabo tónico de otro átono con la misma secuencia de letras. Ejemplos:

él: pronombre. Ejemplo: ***Él*** *no ha salido todavía.*
el: artículo. Ejemplo: ***El*** *chico no ha salido todavía.*

más: adverbio. Ejemplo: *No quiero verlo* ***más***.
mas: conjunción equivalente a *pero*. Ejemplo: *Dudo que venga,* ***mas*** *esperaré.*

Algunos monosílabos con diferente significado tienen la misma secuencia de letras, pero si los dos monosílabos son tónicos no se debe poner tilde a ninguno de ellos. Ejemplos:

sal: forma del verbo *salir*. Ejemplo: ***Sal*** *por la puerta principal.*
sal: sustantivo. Ejemplo: *Por favor, acércame la* ***sal***.

di: forma del verbo *decir*. Ejemplo: ***Di*** *a Clara que venga ya.*
di: forma del verbo *dar*. Ejemplo: ***Di*** *a Clara un regalo.*

26 3.2 Pares de monosílabos con tilde diacrítica

Éstos son los pares de monosílabos que se distinguen con la tilde diacrítica:

- **dé**: forma del verbo *dar*. Ejemplo: *¡Ojalá me dé un libro!*
  de: preposición. Ejemplo: *Parece el título de un libro.*

  La tilde de *dé* no debe extenderse a *da*, pues no hay ninguna palabra *da* átona; ni a *des*, pues tampoco hay otro *des* átono. Existe otra forma tónica *des* (plural de la letra *d*), pero los pares de monosílabos tónicos no deben distinguirse con la tilde.

- **él**: pronombre personal. Ejemplo: *Él vino de La Rioja.*
  el: artículo. Ejemplo: *Me encanta el vino de La Rioja.*

- **más**: adverbio de cantidad. Ejemplo: *Toma más y no llores.*
  mas: conjunción adversativa. Ejemplo: *Habla, mas no llores.*

  La forma átona *mas* es equivalente a *pero*; no obstante, se emplea de forma casi exclusiva en la lengua escrita culta y, además, se empieza a sentir como una forma arcaica.

- **mí**: pronombre personal. Ejemplo: *Eso es para mí, amigo.*
  mi: posesivo. Ejemplo: *Eso es para mi amigo.*

  El sustantivo *mi*, que designa una nota musical, no lleva tilde, aunque se trate de un monosílabo tónico.

- **sé**: forma del verbo *saber* o del verbo *ser*. Ejemplos: *No sé nada. Sé sincero.*
  se: pronombre. Ejemplo: *Se lo di todo a Marta.*

- **sí**: pronombre reflexivo o adverbio de afirmación. Ejemplos: *Juan volvió en sí. Yo sí que lo sé.*
  si: condicional, partícula interrogativa o enfático. Ejemplos: *Lo haré si me lo pides. No sé si te conocen. ¡Si será bobo!*

  El sustantivo *si*, que designa una nota musical, no lleva tilde, aunque se trate de un monosílabo tónico.

- **té**: sustantivo. Ejemplo: *Quiero un té con leche.*
  te: pronombre personal. Ejemplo: *Te quiero mucho.*

  Aunque *té* como sustantivo lleva tilde, ésta no debe ponerse en su plural *tes,* porque en plural no se puede confundir con ninguna forma átona que se escriba igual, ya que no existe. Hay otra forma tónica *tes* (plural de la letra *t*), pero los pares de monosílabos tónicos no deben distinguirse con la tilde.

- **tú**: pronombre personal. Ejemplo: ***Tú**, hijo, come bien.*
  tu: posesivo. Ejemplo: ***Tu** hijo come bien.*

- **qué / que**; **quién / quien**; **cuál / cual**; **cuán / cuan**; **dó / do** (ver 27).

26 3.3 La conjunción *o*

La *o* (conjunción disyuntiva) puede llevar tilde, según la Real Academia Española, sólo cuando se escribe entre cifras (*2 ó 4*). Es una **tilde diacrítica** que sirve para diferenciar la *o* del cero, especialmente en los textos manuscritos, ya que en los textos impresos no suele darse confusión. No obstante, esta tilde no representa un verdadero acento, pues la conjunción *o* siempre es un monosílabo átono, y las palabras átonas no llevan tilde.

También puede producirse confusión cuando la conjunción *o* aparece entre otras dos letras, aunque en estos casos se deben marcar tipográficamente (con comillas, en cursiva...) las letras correspondientes. Ejemplo:

El dígrafo «qu» siempre aparece delante de «e» o «i».

26 4 Monosílabos con diptongos o triptongos

26 4.1 Acentuación de los monosílabos con diptongos o triptongos

Los monosílabos que contienen diptongos y triptongos siguen la regla general de acentuación de los monosílabos y por eso no llevan tilde. Ejemplos:

sois *miau* *diez* *buey* *Saiz*

- El monosílabo átono ***aun*** (con diptongo, equivalente a *incluso*) se opone al bisílabo tónico ***aún*** (con hiato, equivalente a *todavía*). (ver 25 10).

26 4.2 Acentuación de los monosílabos con diptongos en la *Ortografía* académica de 1999

En la *Ortografía* académica de 1999 se atiende a las dos pronunciaciones que pueden tener algunas palabras según las zonas geográficas y los registros de uso (con hiato o con diptongo) y se permiten, por tanto, dos grafías diferentes (con o sin tilde respectivamente) (ver 25 6.1). Ejemplos:

fié [fi-é]	o	*fie* [fie]
guión [gui-ón]	o	*guion* [guion]
huí [hu-í]	o	*hui* [hui]
riáis [ri-áis]	o	*riais* [riais]

Ambas grafías son correctas. Si se considera que hay un hiato debe ponerse la tilde, y si se considera que hay un diptongo o un triptongo debe suprimirse la tilde.

26 5 Palabras en las que se suelen cometer errores

26 5.1 El monosílabo *ti*

La palabra *ti* nunca lleva tilde. Aunque algunos la ponen por analogía con *mí* y *sí* tónicos, no debe llevarla.

26 5.2 Los monosílabos *fue, fui, vio* y *dio*

Las palabras *fue, fui, vio* y *dio* llevaban tilde hasta la publicación de la *Ortografía* académica de 1959. Desde entonces se han incorporado a la regla general de los monosílabos y, por lo tanto, no llevan tilde.

26 5.3 El monosílabo *ion*

La palabra *ion* debe escribirse sin tilde, ya que es un monosílabo con diptongo y sigue las reglas generales de acentuación de los monosílabos.

Aunque es frecuente la pronunciación de *ion* como bisílaba [i-ón] y, consecuentemente, su escritura con tilde (**ión*), en el *Diccionario* académico de 1992 aparece sólo recogida sin tilde. En este mismo *Diccionario* aparecían recogidas *guión* y *Sión* con tilde, aunque a partir de la *Ortografía* de 1999 se admite su escritura con o sin tilde.

26 5.4 Los monosílabos que forman parte de palabras compuestas

En algunas palabras compuestas sin guión, el segundo componente es un **monosílabo**. Si la palabra resultante al formar el compuesto es aguda, no debe olvidarse la tilde aunque el monosílabo no la llevara. Ejemplos:

vaivén (va + y + ven) *ganapán* (gana + pan)

26 6 Algunas dificultades para hablantes de Galicia

26 6.1 Algunos monosílabos que llevan tilde diacrítica en gallego nunca deben llevarla en castellano.

Por este motivo, al escribir en castellano, se pone a veces una tilde innecesaria en algunos monosílabos. Ejemplos:

- *da,* no **dá* (por influencia de *dá*)
- *das,* no **dás* (por influencia de *dás*)

26 6.2 Ciertos monosílabos que tienen tilde diacrítica en castellano no la necesitan en gallego.

Por este motivo, al escribir en castellano, se olvida a veces la tilde diacrítica necesaria en algunos monosílabos. Ejemplos:

- *él*: con tilde en castellano cuando funciona como pronombre, pero siempre sin tilde en gallego.
- *sí*: con tilde en castellano cuando funciona como pronombre reflexivo o como adverbio de afirmación, pero siempre sin tilde en gallego.

26 7 Algunas dificultades para hablantes de Cataluña, Comunidad Valenciana e Islas Baleares

26 7.1 Algunos monosílabos que en catalán y valenciano nunca llevan tilde sí llevan en castellano una tilde diacrítica.

Por este motivo, al escribir en castellano, se olvida a veces la tilde diacrítica necesaria en algunos monosílabos. Ejemplos:

mí, tú, él: llevan tilde en castellano cuando son tónicas (pronombres personales), pero nunca la llevan en catalán ni valenciano.

26 7.2 Algunos monosílabos que en castellano nunca llevan tilde sí la llevan en catalán y valenciano.

Por este motivo, al escribir en castellano, se pone a veces una tilde innecesaria en estos monosílabos. Ejemplos:

· *es,* no **és* (por influencia de *és*)
· *son,* no **són* (por influencia de *són*)

26 7.3 El monosílabo *té* lleva tilde en castellano cuando es un sustantivo (infusión); en catalán y valenciano sólo la lleva cuando es una forma del verbo *tenir*. Hay que evitar la confusión en la colocación de la tilde diacrítica.

Algo parecido ocurre con el monosílabo *sí,* que lleva tilde en catalán y valenciano únicamente cuando es adverbio de afirmación, no cuando es pronombre reflexivo, mientras que en castellano debe ponerse la tilde en ambos casos. Ejemplos:

***Sí** que iré el domingo.* (*Sí* es un adverbio de afirmación.)
*Juan no da más de **sí**.* (*Sí* es un pronombre reflexivo.)

ATENCIÓN

Errores frecuentes

- **fui, fue, dio, vio**... no llevan tilde por ser palabras monosílabas con diptongo (siguen la regla general de acentuación de los monosílabos).
- **da, des** (formas del verbo *dar*), no llevan tilde diacrítica, ya que no necesitan distinguirse de ningún otro monosílabo átono que tenga la misma forma.
- **fe, ti**... no llevan tilde diacrítica, ya que no necesitan distinguirse de ningún otro monosílabo átono que tenga la misma forma.

27 Acentuación de interrogativos y exclamativos

27 1 Cuestiones previas

27 1.1 Palabras interrogativas y exclamativas

Los interrogativos y los exclamativos son palabras que se utilizan para introducir preguntas y exclamaciones respectivamente. Todos son tónicos y llevan tilde.

Las formas de los interrogativos y los exclamativos son las siguientes:

qué
quién, quiénes
cuál, cuáles
cuándo
cuánto, cuánta, cuántos, cuántas, cuán (poético)
dónde, dó (arcaico)
cómo

Ejemplos:

*¿**Qué** camisas te gustan?* *¡**Qué** camisas te gustan!*
*¿**Cuánto** has tardado?* *¡**Cuánto** has tardado!*

27 1.2 Enunciados interrogativos y exclamativos parciales y totales

- Los enunciados que comienzan por elementos interrogativos o exclamativos son enunciados **parciales**. Se pregunta o se exclama por una parte del enunciado. Ejemplos:

  *¿**Cuándo** vino Pedro?* *¡**Qué** miedo he pasado!*

- Los enunciados que no empiezan con elementos interrogativos ni exclamativos son enunciados **totales**. Ejemplos:

  ¿Vino Pedro? *¡Tengo miedo!*

  En el caso de las preguntas, los enunciados totales se reconocen muy fácilmente, ya que siempre son posibles las respuestas *sí / no*. Ejemplo:

  ¿Vino Pedro? (*sí / no*)

27 1.3 Enunciados interrogativos o exclamativos directos y oraciones interrogativas o exclamativas indirectas

- Los enunciados interrogativos y exclamativos **directos** aparecen siempre enmarcados por los signos correspondientes. Ejemplos:

  ¿Qué querías decir en realidad? (interrogativo parcial)
  ¡Cuánto había estudiado! (exclamativo parcial)
  ¿Vienes esta tarde con nosotros? (interrogativo total)

- Las oraciones interrogativas y exclamativas **indirectas** aparecen siempre incorporadas dentro de una oración mayor; es decir, son oraciones subordinadas a algún elemento de otra oración en la que se encuentran. Ejemplos:

  No sé ***qué querías decir en realidad****.*
  No te imaginas ***cuánto había estudiado****.*

- En ambos casos (enunciados interrogativos y exclamativos directas y oraciones indirectas), los interrogativos y los exclamativos deben llevar tilde.

27 2 Regla de acentuación de los interrogativos y exclamativos

- **Todos los interrogativos y exclamativos llevan tilde** sin excepción.

  Las formas de los interrogativos y exclamativos son:

  - *qué*
  - *quién, quiénes*
  - *cuál, cuáles*
  - *cómo*
  - *cuándo*
  - *cuánto, cuánta, cuántos, cuántas, cuán* (poético)
  - *dónde, dó* (arcaico)

27 3 Observaciones a la regla de acentuación de los interrogativos y exclamativos

27 3.1 Tilde diacrítica

La tilde de los interrogativos y de los exclamativos es una tilde diacrítica porque sirve para distinguirlos de otras palabras que se escriben igual, pero que nunca llevan tilde por ser átonas (las conjunciones y los relativos). La presencia o ausencia de la tilde supone un cambio en el significado. Ejemplos:

Ya sé ***que*** *estabas escribiendo.* (Conozco el hecho de que estabas escribiendo.)
Ya sé ***qué*** *estabas escribiendo.* (Conozco lo que estabas escribiendo.)

*¿**Cuando** has llamado te han atendido?* (¿Al llamar te han atendido?)
*¿**Cuándo** has llamado?* (¿En qué momento has llamado?)

- A menudo se considera que cualquier forma como *que, quien, cuando...* que aparezca detrás del signo correspondiente de interrogación o exclamación debe llevar tilde. Sin embargo no es así, si tales formas son átonas. Ejemplos:

  *¿**Que** vas a hacerlo tú solo?*
  *¡**Que** te he dicho que no!*

  En el caso de las preguntas, las formas *que, quien, cuando...* no deben llevar tilde (aunque aparezcan detrás del signo de interrogación) si son posibles las respuestas *sí / no*. Tales formas siempre son átonas. Ejemplos:

  *¿**Que** estáis leyendo?* (sí / no)
  *¿**Quien** lo acierte se lleva el premio?* (sí / no)

  frente a:

  *¿**Qué** estáis leyendo?* (*sí / *no)
  *¿**Quién** lo acertó?* (*sí / *no)

27 3.2 Interrogativos y exclamativos precedidos de preposición

Los elementos interrogativos o exclamativos pueden ir precedidos de preposición. Ejemplos:

*¿**De dónde** sale Pedro? / No sé **de dónde** sale Pedro.*
*¡**En qué** estado ha quedado la casa! / Hay que ver **en qué** estado ha quedado la casa.*

- Uno de los errores más frecuentes es la confusión de *¿a qué...?* y *¿a que...?* (fórmula que se utiliza para introducir enunciados de apuesta) en casos como los siguientes:

  *¿**A qué** vienes?* (A leer un rato)
  *¿**A que** vienes?* (¡A que no!)

En el primer caso, *qué* es un interrogativo (no son posibles las respuestas *sí* / *no*) y por lo tanto debe llevar tilde.

- A veces se producen confusiones entre ***por qué***, ***porqué***, ***por que***, ***porque*** (ver 17); ***con qué***, ***con que***, ***conque*** (ver 18); y ***adonde***, ***a donde*** y ***adónde*** (ver 19).

27 3.3 Interrogativos y exclamativos solos en el discurso

Los interrogativos o exclamativos pueden aparecer solos, sin otros elementos. También en estos casos deben llevar tilde. Ejemplos:

Esta tarde vienen tres amigos míos al cine.
*¿**Cómo**? / ¿**Qué**?*

Esta tarde vienen unos amigos míos al cine.
*¿**Quiénes**? / ¿**Cuántos**?*

27 3.4 Las formas de los interrogativos y exclamativos con algunos verbos

- Cuando se emplean los **verbos de pregunta y respuesta** (*preguntar, contestar, responder, decir*...) para reproducir palabras de otro, es frecuente encadenar un *que* átono (conjunción) con algún interrogativo o algún exclamativo. Ejemplos:

  Me dijeron ***que qué*** *bonita era tu casa.*
  Me contestaron ***que para qué*** *había ido.*
  Me preguntaron ***que cuándo*** *era la oposición.*

  En estos casos, el interrogativo o el exclamativo es el que aparece en segundo lugar, y debe llevar tilde.

- Los verbos ***tener*** y ***haber***, cuando forman perífrasis de obligación o posibilidad (*Tienen que ser las siete, Hay que esperar*...), van seguidos de la forma átona *que*, que nunca debe acentuarse. Ejemplos:

  Tienes ***que*** *comer. (Tienes obligación de comer.)*
  No hay ***que*** *comer. (No es obligatorio comer.)*

  Que tampoco debe llevar tilde en la expresión ***ni que decir tiene***, ya que no se trata de un interrogativo ni de un exclamativo. Esta expresión responde a la perífrasis *tener que decir*.

En los casos en los que no forman perífrasis, los verbos ***tener*** y ***haber*** pueden ir seguidos de un interrogativo o de un exclamativo que siempre debe llevar tilde. Ejemplos:

*¿Tienes **qué** comer?* (¿Tienes algo para comer?)
*No hay **qué** comer.* (No hay nada para comer.)

Las oraciones introducidas por estos interrogativos o exclamativos son, generalmente, oraciones de infinitivo.

- Algunas locuciones verbales con *dar*, como ***dar que pensar***, ***dar que hablar*** y ***dar que hacer*** están formadas con un *que* (átono) no interrogativo ni exclamativo que nunca lleva tilde. Ejemplos:

  *¿Te dio mucho **que** hacer el niño?*
  *Su actitud ha dado tanto **que** hablar...*

27 3.5 Algunos casos concretos

- Los dos *quien* de la expresión indefinida ***quien más***, ***quien menos*** se escriben sin tilde por ser palabras átonas. Ejemplo:

  ***Quien más quien menos** tiene sus buenos momentos.*

- La expresión ***quién sabe*** que indica duda está formada con la palabra *quien* procedente de la forma interrogativa-exclamativa; por ello debe llevar tilde. Ejemplo:

  ***Quién sabe** si podremos comprar esa casa.*

- En la construcción ***no ser quién para***, la palabra *quien*, aunque es un indefinido (equivale a *nadie*), proviene del interrogativo y es tónico; por ello debe escribirse con tilde. Ejemplo:

  *Tú **no eres quién** para decir eso.* (¿Quién eres tú para decir eso?)

- En los enunciados del tipo ***hay que saber quién es quién*** y ***hay que saber cuál es cuál***, el segundo *quién* y el segundo *cuál*, respectivamente, se escriben con tilde, a pesar de ser indefinidos (equivalen a *cada uno*), por ser tónicos y proceder de interrogativos.

- La conjunción ***como***, que aparece a veces en la secuencia *ya+ver* en *futuro+como*, aunque es tónica no debe llevar tilde, ya que no es interrogativo ni exclamativo. Ejemplo:

  *Ya verás **como** Juan sí que viene.*

- Cuando se **coordinan dos elementos** como *donde, cuando, cuanto...* (adverbios relativos), el primer elemento se hace tónico, pero no debe llevar tilde por no tratarse de un elemento interrogativo o exclamativo. Ejemplo:

  Lo haré ***donde y cuando*** *quiera.*

- La expresión ***¿Sabes qué?*** equivalente a *¿Sabes una cosa?*, contiene un *qué* interrogativo que debe llevar tilde, aunque, por su significado, presenta algunos rasgos de los indefinidos.

27.4 Algunas dificultades y exclamativos para hablantes de Galicia

En gallego, los interrogativos y exclamativos no llevan tilde en los enunciados interrogativos y exclamativos directos, pero sí en las oraciones indirectas. En castellano, sin embargo, la tilde es necesaria tanto en aquéllos como en éstas.

Por este motivo, al escribir en castellano, se olvida a veces la tilde en los interrogativos y exclamativos de los enunciados interrogativos y exclamativos directos.

27.5 Algunas dificultades para hablantes de Cataluña, Comunidad Valenciana e Islas Baleares

27.5.1 En catalán y valenciano el único interrogativo que lleva acento gráfico (grave) es *què*. El resto nunca lleva tilde.

Por este motivo, al escribir en castellano, se olvida a veces la tilde necesaria en los interrogativos y exclamativos.

27.5.2 En catalán y valenciano, el relativo *que* precedido de preposición debe llevar tilde, mientras que en castellano nunca debe llevarla.

Por este motivo, al escribir en castellano, se escribe a veces una tilde innecesaria en este *que* no interrogativo.

28 Acentuación de los demostrativos

28 1 Cuestiones previas

Los demostrativos ***este***, ***ese*** y ***aquel***, con sus femeninos (***esta***, ***esa***, ***aquella***) y sus plurales (***estos***, ***esos***, ***aquellos***; ***estas***, ***esas***, ***aquellas***) pueden acompañar a un sustantivo o sustituirlo.

- Cuando acompañan a un sustantivo (determinativos) pueden ir delante o detrás de él y nunca llevan tilde. Ejemplos:

  Ese *gato es dócil.*
  Estas *gafas no están limpias.*
  Con la pelota ***aquella*** *no juego.*

- Cuando ocupan el lugar del nombre (pronombres) pueden llevar tilde, aunque no siempre es obligatoria. Ejemplos:

  Ése */* ***ese*** *me gusta más que* ***aquél*** */* ***aquel****.*
  Prefiero ***aquéllos*** */* ***aquellos****.*
  Me interesa ***ésta*** */* ***esta****.*

28 2 Reglas de acentuación de los demostrativos

- Los demostrativos **nunca llevan tilde** cuando acompañan al nombre (son determinativos). Ejemplos:

  El libro ***este*** *no me gusta, prefiero* ***ese*** *tebeo.*
  Aquel *cuadro está torcido.*

- Los demostrativos **pueden llevar tilde** (de forma opcional) cuando sustituyen al nombre (son pronombres). Ejemplos:

  Este */* ***éste*** *me gusta más que* ***aquel*** */* ***aquél****.*
  Aquella */* ***aquélla*** *no es tu casa.*

- Los pronombres demostrativos **deben llevar tilde** (de forma obligatoria) para deshacer la ambigüedad en los casos en los que puede haberla. Ejemplos:

  Veo a ***ese*** *director.* (Estoy viendo a un director concreto.)
  Veo a ***ése*** *director.* (Veo que puede llegar a ser director.)

- Los demostrativos *esto, eso, aquello* **nunca llevan tilde**.

28 3 Observaciones a las reglas de acentuación de los demostrativos

28 3.1 Tilde diacrítica

La tilde en los demostrativos es una tilde diacrítica porque sirve para diferenciar palabras que tienen la misma forma pero distinta función gramatical.

28 3.2 *Esto, eso* y *aquello*

Esto, *eso* y *aquello* son demostrativos neutros que siempre funcionan como los nombres; no pueden, por tanto, confundirse con determinativos y por ello nunca llevan tilde.

28 3.3 Demostrativos seguidos de *que*

Cuando los demostrativos van seguidos de *que* (relativo), sin coma, no llevan tilde. Ejemplos:

> ***Aquel que*** *llegue primero ganará.*
> ***Ese que*** *tú me dijiste ni siquiera llegó a tiempo.*
> ***Estos que*** *tú prefieres son más antiguos.*

28 3.4 Coherencia en el uso de la tilde en los demostrativos

La tilde en los demostrativos cuando éstos sustituyen a un nombre es opcional, salvo en los casos en que es necesaria para deshacer la ambigüedad.

Lo importante es ser coherente en estos casos en los que la tilde es opcional: dentro de un mismo texto debe escribirse la tilde sobre el pronombre demostrativo en todos los casos en los que es opcional o no ponerse en ninguno de ellos.

28 4 Algunas dificultades para hablantes de Cataluña, Comunidad Valenciana, Islas Baleares y Galicia

En catalán, valenciano y gallego, las formas de los demostrativos nunca llevan tilde.

Por este motivo, al escribir en castellano, se olvida a veces la tilde en aquellos casos en los que es preceptiva.

29 Acentuación de *solo* y *sólo*

29 1 Cuestiones previas

La palabra *solo* puede ser adverbio o adjetivo.

- **Adverbio:** Equivale a *solamente* y puede llevar tilde. Modifica a nombres, adjetivos, adverbios, verbos, numerales, etc. Ejemplos:

  ***Sólo** / **solo** tu hermano lo entendió.* (Solamente tu hermano lo entendió.)
  *Tengo **sólo** / **solo** tres libros.* (Tengo solamente tres libros.)

- **Adjetivo masculino singular:** Acompaña a un sustantivo o a un pronombre, con los que debe concordar, y nunca lleva tilde. Como adjetivos, existen también las formas *sola, solos, solas.* Así, si se cambia el género o el número del sustantivo o del pronombre al que se refiere, se debe cambiar también la forma del adjetivo *solo*; de este modo se puede diferenciar del adverbio *solo / sólo*. Ejemplos:

  *Yo **solo** no puedo hacerlo. (Nosotros **solos** no podemos hacerlo.)*
  *Juan se encuentra muy **solo**. (María se encuentra muy **sola**.)*

29 2 Reglas de acentuación de *solo* y *sólo*

- *Solo* **nunca lleva tilde** cuando es **adjetivo**. Ejemplo:

  *Estudio **solo** / **sola** porque me cunde más.* (Estudio sin compañía.)

- *Solo* **puede llevar tilde** (de forma opcional) cuando es **adverbio** (se puede sustituir por *solamente*). Ejemplo:

  ***Sólo** / **solo** lo haría por mis hijos.* (Lo haría solamente por eso.)

- *Solo* **debe llevar tilde** (de forma obligatoria) cuando es **adverbio** y se puede producir ambigüedad. Ejemplos:

  *Raúl habla **solo** por la calle.* (Raúl habla para sí por la calle.)
  *Raúl habla **sólo** por la calle.* (Raúl habla solamente cuando va por la calle.)

  *Hice **solo** dos ejercicios.* (Hice dos ejercicios sin ayuda.)
  *Hice **sólo** dos ejercicios.* (Hice solamente dos ejercicios.)

29 3 Observaciones a las reglas de la acentuación de *solo* y *sólo*

29 3.1 Tilde diacrítica

La tilde de *sólo* es diacrítica: se pone para diferenciar dos palabras que tienen la misma forma pero distinto significado y distinta función gramatical.

29 3.2 Coherencia en el uso

La tilde en *solo* cuando es adverbio es opcional, salvo en los casos en que es necesaria para deshacer la ambigüedad.

Lo importante es ser coherente en los casos en los que la tilde es opcional: dentro de un mismo texto debe escribirse la tilde sobre el adverbio *solo* en todos los casos en los que es opcional o no ponerla en ninguno de ellos.

29 3.3 *Solo* como sustantivo

Solo puede ser también un sustantivo. En este caso nunca lleva tilde. Ejemplos:

> *Hacia la mitad de la obra, hay un* **solo** *de piano muy complicado.*

29 4 Algunas dificultades para hablantes de Galicia

En gallego una misma forma con tilde (*só*) designa el adverbio y el adjetivo.

Por este motivo, al escribir en castellano, se tiende a veces a poner siempre tilde en *solo,* en lugar de ponerla únicamente en el adverbio en los casos en que hay ambigüedad.

29 5 Algunas dificultades para hablantes de Cataluña, Comunidad Valenciana e Islas Baleares

En catalán y valenciano no existe confusión entre estas dos formas, ya que se traducen de forma distinta cada una (*sols* y *solament,* adverbios en catalán y valenciano; *sol*, adjetivo).

Por este motivo, al escribir en castellano, se olvida a veces la tilde sobre el adverbio *solo* cuando se puede producir ambigüedad.

30 Acentuación de palabras compuestas

30 1 Cuestiones previas

Las **palabras compuestas** son aquellas que están formadas por dos o más palabras distintas. A efectos de acentuación se deben tener en cuenta las siguientes clases de palabras compuestas:

- Palabras unidas **sin guión**. Ejemplos:

  lavaplatos (lava + platos) *decimoséptimo* (décimo + séptimo)

- Palabras unidas **con guión**. Ejemplo:

  histórico-filosófico (histórico + filosófico)

- **Verbos unidos a uno o varios pronombres**. Ejemplos:

  siéntate (sienta + te) *dámelo* (da + me + lo)

- **Palabras terminadas en *-mente*** (el sufijo *-mente* proviene del antiguo sustantivo *mente*, que se unía a ciertos adjetivos). Ejemplos:

  sanamente (sana + mente) *claramente* (clara + mente)

30 2 Reglas de acentuación de las palabras compuestas

- Las **palabras compuestas sin guión** siguen las reglas generales de acentuación. La tilde, si ha de ponerse, se coloca siempre sobre el segundo componente (ya que el primero se hace átona). Ejemplos:

  vigesimoséptimo (vigésimo + séptimo)
  tiovivo (tío + vivo)

- Las **palabras compuestas con guión** conservan la tilde de todos sus componentes si por sí solos la llevaban. Ejemplos:

  teórico-práctico *físico-químico*

- Las palabras formadas por **un verbo y uno o varios pronombres** pospuestos llevan tilde cuando lo piden las reglas generales de acentuación. Ejemplos:

  deme (dé + me) *búscala* (busca + la)

- Los **adverbios terminados en *-mente*** conservan la tilde que tuviera el adjetivo correspondiente. Ejemplos:

  fácilmente *comúnmente*

30 3 Observaciones a las reglas de acentuación de las palabras compuestas

30 3.1 Palabras compuestas que adquieren la tilde en su formación

- En algunas palabras compuestas sin guión, el segundo componente es un **monosílabo**. Si la palabra resultante al formar el compuesto es aguda, no debe olvidarse la tilde aunque el monosílabo no la llevara. Ejemplos:

  vaivén (va + y + ven) *ganapán* (gana + pan)

- Tampoco debe olvidarse la tilde si al formar la palabra compuesta se ha producido un **hiato** en el que se debe poner tilde (ver 25 4). Ejemplo:

  pintaúñas (pinta + uñas)

30 3.2 Palabras compuestas que pierden la tilde del primer componente en su formación

Es un error mantener la tilde del primer componente en las palabras compuestas sin guión; al formar el compuesto esta tilde desaparece, ya que sólo es tónico el último componente. Ejemplos (se destaca en negrita la sílaba tónica):

*decimo**sex**to* (décimo + sexto) *video**jue**go* (vídeo + juego)

30 3.3 Palabras que se escriben en una palabra o en más de una

Algunas palabras compuestas se pueden escribir en una palabra o en más de una (ver 21). Según cómo se escriban, deben llevar o no la tilde. Ejemplos:

así mismo o *asimismo* *donjuán* o *don Juan*

30 3.4 Palabras que tienen dos sílabas tónicas

- Las palabras terminadas en *-mente* conservan la tilde de su primer componente porque se considera que, en la pronunciación, estas palabras suelen tener dos sílabas tónicas (la sílaba tónica del adjetivo y la de la terminación *-mente*). No obstante, en algunas zonas de América tiende a hacerse átono el primer componente, al menos en la pronunciación coloquial.
- A veces, por analogía con el adverbio *solo* / *sólo*, se pone tilde a la palabra *solamente*. Pero esta palabra no está formada por el adverbio *sólo* + *mente*, sino por el adjetivo femenino *sola* + *mente*, y este adjetivo no lleva tilde; por tanto, *solamente* nunca debe llevar tilde.

30 3.5 Nombres propios que se escriben en dos palabras

Algunos nombres propios se escriben en dos palabras (*José Pedro, Ángel Luis, María Jesús*). Aunque en la pronunciación el primer componente de estos nombres suele ser átono, en la lengua escrita se debe respetar la tilde que tuviera fuera del compuesto. Ejemplos:

José Antonio *Ángel Luis* *María Ángeles*

30 4 Cambios en la *Ortografía* académica de 1999

Hasta la aparición de la *Ortografía* académica de 1999, las formas verbales que tenían tilde la conservaban al añadir pronombres pospuestos (así, se formaba **cayóse,* **déme* y **estáte* a partir de *cayó, dé* y *está*).

Ahora, la Real Academia Española somete los verbos con pronombres pospuestos a las **reglas generales de acentuación**. Ejemplos:

cayose (no lleva tilde por ser una palabra llana acabada en vocal)
deme (no lleva tilde por ser una palabra llana acabada en vocal)
estate (no lleva tilde por ser una palabra llana acabada en vocal)

La conservación de la tilde en las formas verbales con pronombres pospuestos permitía ver con más claridad los dos elementos del compuesto (por una parte, el verbo y por otra, el pronombre). Las nuevas normas académicas, sin embargo, incluyen estas palabras en las reglas generales de acentuación con el fin de simplificarlas.

No son muchas las formas verbales a las que afecta este cambio, principalmente porque la construcción verbo (generalmente en pasado) con tilde+pronombre es, en muchos casos, algo arcaica.

No debe confundirse la eliminación de la tilde en palabras como *partiose* o *estate* con los casos en los que la unión de verbo y pronombre da como resultado una palabra esdrújula. Ejemplos:

dámelo (da + me + lo)
búscamelas (busca + me + las)

En estos casos, siguiendo las reglas generales de acentuación, se debe poner la tilde por tratarse de palabras esdrújulas.

- La palabra *acabose* puede ser una forma verbal (***acabó*** + el pronombre ***se***) o un sustantivo (*ser el* ***acabose*** = *ser el colmo*). En ambos casos son palabras llanas acabadas en vocal, por lo que no llevan tilde.

Antes de la *Ortografía* académica de 1999, el verbo formado por *acabó* + *se* sí llevaba tilde, y de esta forma se diferenciaba, en la lengua escrita, del sustantivo *acabose*. Ahora, *acabose* ha pasado a ser una palabra con dos valores gramaticales distintos (como verbo y como sustantivo).

30.5 Algunas dificultades para hablantes de Galicia

A diferencia del castellano, el gallego considera los adverbios terminados en *-mente* como una sola palabra ya consolidada a todos los efectos, así pues nunca llevan tilde por ser palabras llanas terminadas en vocal.

Por este motivo, al escribir en castellano, se olvida a veces la tilde cuando es necesaria en los adverbios terminados en *-mente*.

· *ágilmente,* no **agilmente* (por influencia de *axilmente*)
· *gráficamente,* no **graficamente* (por influencia de *graficamente*)
· *cortésmente,* no **cortesmente* (por influencia de *cortesmente*)

ATENCIÓN

Errores frecuentes

- **decimotercero, vigesimosegundo**... no llevan tilde por ser palabras llanas acabadas en vocal (aunque *décimo* y *vigésimo* sí la lleven).
- **tiovivo, videojuego, baloncesto**... no llevan tilde por ser palabras llanas acabadas en vocal (aunque *tío, vídeo* y *balón* sí la lleven).
- **díselo, cómpratelo**... llevan tilde puesto que son palabras compuestas sin guión que se rigen por las normas generales de acentuación.
- **dieciséis, veintitrés, veintiséis**... llevan tilde por ser palabras agudas acabadas en vocal (aunque los monosílabos *seis* y *tres* no la lleven).
- **inútilmente, erróneamente, comúnmente**... llevan tilde porque son palabras compuestas acabadas en *-mente* que conservan la tilde del adjetivo correspondiente (*inútil, erróneo, común...*).

Ejercicios

Reglas generales de acentuación

1 **Lee en voz alta el siguiente texto y subraya la sílaba tónica de las palabras de dos o más sílabas que aparecen en él.**

La Asociación Municipal de Tres Cantos convoca el certamen del libro infantil «El Pájaro Cantor». El tema es libre y la extensión será de un mínimo de cincuenta folios. Los concursantes podrán enviar además los originales que deseen hasta el último sábado de abril.

2 **Clasifica las palabras señaladas en el texto anterior.**

Agudas → ....

Llanas → ....

Esdrújulas → ....

3 **Completa los siguientes enunciados.**

- Las palabras *asociación, extensión, será, podrán* y *además* llevan tilde porque son palabras .... acabadas en ...., ... o ....
- Las llanas, en cambio, sólo llevan tilde cuando ....
- Y las esdrújulas llevan tilde ....

4 **Pronuncia correctamente las siguientes palabras (se destaca en negrita la sílaba tónica) y escribe una oración con cada una de ellas:**

sutil →	....
elite →	....
radar →	....

5 **Completa estas oraciones con las tildes necesarias.**

- Ojala el sabado podamos ir a Avila.
- Perez, Lopez y Martinez son apellidos muy comunes en España.
- Jose Manuel tiene un caracter fuerte y tú eres debil.

6 **Coloca las tildes que faltan en estas palabras.**

- idem
- beisbol
- foie-gras
- biceps

SOLUCIONARIO

1. *La Asociación Municipal de Tres Cantos convoca el certamen del libro infantil «El Pájaro Cantor». El tema es libre y la extensión será de un mínimo de cincuenta folios. Los concursantes podrán enviar además los originales que deseen hasta el último sábado de abril.* **2.** Agudas: *Asociación, Municipal, infantil, Cantor, extensión, será, podrán, enviar, además, abril*. Llanas: *Cantos, convoca, certamen, libro, tema, libre, cincuenta, folios, concursantes, originales, deseen, hasta*. Esdrújulas: *Pájaro, mínimo, último, sábado.* **3.** Las palabras *asociación, extensión, será, podrán* y *además* llevan tilde porque son palabras *agudas* acabadas en *vocal, -n* o *-s*. Las llanas, en cambio, sólo llevan tilde cuando *no acaban en vocal, -n o -s*. Las esdrújulas llevan tilde *siempre*. **4.** *El humorista realizó un sutil comentario al respecto. Sólo una elite de científicos pudo asistir a su disertación. En esta carretera la velocidad está controlada por radar.* **5.** *Ojalá el sábado podamos ir a Ávila. Pérez, López y Martínez son apellidos muy comunes en España. José Manuel tiene un carácter fuerte y tú eres débil.* **6.** *ídem: lleva tilde por ser un latinismo recogido en el* Diccionario académico*; béisbol: lleva tilde porque, aunque procede del inglés* baseball*, ha sido adaptada al castellano; foie-gras: no lleva tilde porque es un extranjerismo que no ha sido adaptado al castellano; bíceps: lleva tilde por ser palabra llana acabada en -s precedida de consonante.*

Ejercicios

Acentuación de diptongos e hiatos

7 **Lee el siguiente texto, rodeando los hiatos y subrayando los diptongos.**

El único huésped de aquella pensión pasaba los días sentado frente al fuego de la chimenea, como desahuciado ante el paso del tiempo, ajeno al alboroto de los niños a la salida del colegio, a las voces de algunos transeúntes ruidosos o a cualquier otra eventualidad. Cada noche realizaba su única salida, abandonando hasta el amanecer aquella habitación sombría. Cogía su capa de paño, abría la puerta del zaguán y salía de la casa con una oscura misión que le habían encomendado hacía mucho tiempo.

8 **Completa el cuadro siguiente con las palabras del texto.**

PALABRAS CON DIPTONGO		PALABRAS CON HIATO	
CON TILDE	SIN TILDE	CON TILDE	SIN TILDE

9 **¿Por qué llevan tilde las palabras *rehúyo* y *caímos*?**

....

....

10 **Escribe dos ejemplos para cada caso.**

- palabras con diptongo (con tilde): ....
- palabras con diptongo (sin tilde): ....
- palabras con hiato (con tilde): ....
- palabras con hiato (sin tilde): ....

SOLUCIONARIO

7. Hiatos: *días, chimenea, transeúntes, realizaba, sombría, cogía, abría, salía, habían, hacía*. Diptongos: *huésped, pensión, fuego, desahuciado, tiempo, colegio, ruidosos, cualquier, eventualidad, habitación, zaguán, misión*. **8.** Con diptongo (con tilde): *huésped, pensión, habitación, zaguán, misión*. Con diptongo (sin tilde): *fuego, desahuciado, tiempo, colegio, ruidosos, cualquier, eventualidad*. Con hiato (con tilde): *días, transeúntes, sombría, cogía, abría, salía, habían, hacía*. Con hiato (sin tilde): *chimenea, realizaba*. **9.** *Los hiatos formados por una vocal cerrada tónica y otra abierta (o formados por una vocal abierta más una cerrada tónica) siempre llevan tilde, aunque no sigan las reglas generales de acentuación.* **10.** Con diptongo (con tilde): *después, situación*. Con diptongo (sin tilde): *necesario, serie*. Con hiato (con tilde): *envío, caótico*. Con hiato (sin tilde): *enviar, correo*.

Ejercicios

11 **Coloca la tilde en las palabras que lo necesiten.**

- Piensalo bien antes de actuar, despues puede ser demasiado tarde.
- Necesito una pua nueva para la guitarra.
- Mi tio se rie muy escandalosamente.
- Siguio un tratamiento terapeutico para atajar su enfermedad.
- Saldreis a jugar si antes recogeis las habitaciones y limpiais la cocina.
- Aun no ha venido Raul.

12 **Escribe una oración con cada una de las siguientes palabras, poniendo la tilde cuando sea necesaria.**

- samurais: ....
- pais: ....
- virrey: ....
- rail: ....

13 **Justifica la presencia o ausencia de tilde en estas formas verbales.**

- adecuo: ....
- sabeis: ....
- repartios: ....
- hagais: ....
- hui: ....
- moveos: ....

14 **Coloca la tilde donde corresponda.**

chiita chii tiito leeis

15 **Separa las sílabas de las siguientes palabras y señala si hay o no algún triptongo.**

- abríais: ....
- decidíais: ....
- reíais: ....

SOLUCIONARIO

11. *Piénsalo* bien antes de actuar, *después* puede ser demasiado tarde. Necesito una *púa* nueva para la guitarra. Mi *tío* se *ríe* muy escandalosamente. *Siguió* un tratamiento *terapéutico* para atajar su enfermedad. *Saldréis* a jugar si antes *recogéis* las habitaciones y *limpiáis* la cocina. *Aún* no ha venido *Raúl*. **12.** *La película trataba sobre la casta de los samuráis. Ese país tiene un elevado índice de natalidad. El virrey gobierna un territorio en nombre del rey. Me enganché el pie en el raíl del tren.* **13.** *adecuo: no lleva tilde por ser una palabra llana acabada en vocal (a-de-cuo); sabéis: lleva tilde por ser una palabra aguda acabada en -s (sa-béis); repartíos: lleva tilde en la vocal cerrada para marcar el hiato (re-par-tí-os); hagáis: lleva tilde por ser una palabra aguda acabada en -s (ha-gáis); hui / huí: se puede escribir con o sin tilde, según se pronuncie con diptongo [hui] o con hiato [hu-í]; moveos: no lleva tilde por ser una palabra llana acabababa en -s (mo-ve-os).* **14.** *chiita; chií; tiito; leéis.* **15.** *a-brí-ais, de-ci-dí-ais, re-í-ais. En ningún caso hay triptongo porque en los tres casos hay una vocal cerrada tónica.*

Ejercicios

Acentuación de los monosílabos

16 **Subraya las palabras de la siguiente lista que sean monosilábicas.**

cien	soy	seis	baúl	hoy	vio
ruin	dais	pues	ahí	fue	buen

17 **Pon tilde en los monosílabos que lo necesiten.**

- Tengo mucha fe en que vas a conseguirlo.
- Tu hermano me contó que tu no sabías nada de mi.
- Di a tus padres que vengan una noche a cenar.
- No se cómo se llama, pero no se lo digas.
- Quiero saber si el vino me lo dio el.
- Me da mucha rabia que me hagan esperar.
- Sal de la habitación y cierra la puerta, por favor.

18 **Completa las oraciones utilizando las palabras del recuadro.**

te / té | mas / más | si / sí | mi / mí

- No tengo .... ayuda, ... intentaré conseguirla.
- A .... me encanta lo dulce y a .... hermano lo salado.
- Aunque el jersey esté dado de .... me lo pondré, ... no te importa.
- Tómate el ....; .... sentará bien.

19 **Escribe una oración con cada uno de los siguientes pares.**

- o / ó: ....
- de / dé: ....
- mi / mí: ....

20 **Di si en estas palabras la tilde es obligatoria o no y explica por qué.**

líe (presente de subjuntivo del verbo *liar*)

....

lié (pasado del verbo *liar*)

....

SOLUCIONARIO

16. monosílabos: *cien; soy; seis; hoy; vio; ruin; dais; pues; fue; buen.* **17.** Tengo mucha fe en que vas a conseguirlo. Tu hermano me contó que *tú* no sabías nada de *mí.* Di a tus padres que vengan una noche a cenar. No *sé* cómo se llama, pero no se lo digas. Quiero saber si el vino me lo dio *él.* Me da mucha rabia que me hagan esperar. Sal de la habitación y cierra la puerta, por favor. **18.** No tengo *más* ayuda, *mas* intentaré conseguirla. A *mí* me encanta lo dulce y a *mi* hermano lo salado. Aunque el jersey esté dado de *sí*, me lo pondré, *si* no te importa. Tómate el *té; te* sentará bien. **19.** o / ó: *Él o ella vendrán a las 5 ó 6 de la tarde;* de / dé: *Tal vez me dé por ir a comer a casa de mi madre;* mi / mí: *A mí me encanta el cine francés, pero a mi padre le resulta muy aburrido.* **20.** líe: *la tilde es obligatoria porque marca el hiato de la i con la vocal siguiente;* lié: *la nueva* Ortografía *académica permite su escritura con tilde (si se considera que hay hiato) o sin tilde (si se considera que hay diptongo), ya que atiende a ambas pronunciaciones.*

Ejercicios

Acentuación de interrogativos y exclamativos

21 **Pon la tilde a los interrogativos y exclamativos que lo necesiten.**

- ¿Donde vive Juan hay muchas tiendas?
- ¿Cuando te preguntan en clase respondes?
- ¡Que no venga, por favor!
- Nunca sabrás cuanto cuesta eso.
- ¿Hiciste cuanto pudiste por salvarlo?
- ¿A que no sabes que es esto?
- ¡En que hora le dije que iría!
- ¿A que has venido?
- Él no es quien para decirme eso.

22 **Explica las diferencias de significado entre estas dos oraciones.**

Ya sé qué has leído hoy. / Ya sé que has leído hoy.

....

....

Acentuación de *solo/sólo*

23 **Señala en qué enunciados la palabra *solo* debe llevar tilde obligatoriamente, en cuáles es opcional y cuándo no debe llevarla.**

- Trabajo solo para vivir mejor. → ....
- Esto solo lo puedes hacer tú. → ....
- Solo él lo sabe. → ....
- ¡Qué solo estás! → ....
- Vino solo a verte. → ....

24 **¿Cuál es el significado de cada una de estas oraciones? ¿Es obligatoria la tilde en el segundo caso?**

Ismael trabaja solo los domingos. / Ismael trabaja sólo los domingos.

....

....

SOLUCIONARIO

21. ¿Donde vive Juan hay muchas tiendas? ¿Cuando te preguntan en clase respondes? ¡Que no venga, por favor! Nunca sabrás *cuánto* cuesta eso. ¿Hiciste cuanto pudiste por salvarlo? ¿A que no sabes *qué* es esto? ¡En *qué* hora le dije que iría! ¿A *qué* has venido? Él no es quién para decirme eso. **22.** *En la primera oración se conoce el libro que se ha leído; en la segunda, se sabe simplemente que se ha realizado una lectura.* **23.** Tilde obligatoria: *Trabajo sólo para vivir mejor. Vino sólo a verte. En ambos casos la tilde es obligatoria con los significados «Solamente trabajo para vivir mejor» / «Solamente vine a verte», pero no debe llevarla cuando significa «Trabajo sin compañía para vivir mejor» / «He venido sin compañía a verte».* Tilde opcional: *Esto solo / sólo lo puedes hacer tú. Solo / Sólo él lo sabe.* No debe llevar tilde: *¡Qué solo estás!* **24.** Ismael trabaja solo los domingos. *Trabaja sin compañía.* Ismael trabaja sólo los domingos. *Ismael solamente trabaja los domingos. (La tilde en este caso es obligatoria para deshacer la ambigüedad.)*

Ejercicios

Acentuación de los demostrativos

25 **Pon tilde en los demostrativos que lo necesiten, indicando en qué casos es opcional.**

- Las gafas estas no me sientan bien; me probaré aquellas.
- Ese que tú me dijiste es su mejor cuadro.
- Esto lo arreglo yo ahora mismo.
- Aquellos que pasen la prueba serán convocados el martes.

26 **Construye tres oraciones con demostrativos: una en la que la tilde sea opcional; otra en la que la tilde evite ambigüedades (uso obligatorio); y otra en la que el demostrativo no pueda llevar tilde.**

....

....

....

Acentuación de las palabras compuestas

27 **Forma con cada una de las palabras un compuesto acabado en *-mente* y completa las oraciones con las palabras resultantes.**

rápida única débil feliz última

- Desde que se jubiló, vive .... en el pueblo.
- La habitación quedó .... iluminada con la luz de una vela.
- El fuego se extendió tan .... que ardieron varias hectáreas.
- Mi hermano .... lee tebeos.
- .... sufro intensos dolores de cabeza.

28 **Escribe tilde en las palabras siguientes que la precisen.**

- vigesimoprimero
- lingüistico-literario
- veintitres
- tiovivo
- decimoseptimo
- disponte
- tragatelo
- proponlo
- estese
- hazmerreir
- damelo
- vaiven

29 **¿Por qué *solamente* no lleva tilde si *solo* cuando es adverbio puede llevarla?**

....

SOLUCIONARIO

25. Las gafas *estas* no me sientan bien; me probaré *aquellas / aquéllas. Ese* que tú me dijiste es su mejor cuadro. *Esto* lo arreglo yo ahora mismo. *Aquellos* que pasen la prueba serán convocados el martes. **26.** Tilde opcional: *Este / éste es mi primo.* Tilde obligatoria: *Compraron éstos regalos para todos (La tilde es obligatoria para deshacer la ambigüedad, ya que la tilde indica que éstos no acompaña a* regalos, *sino que funciona como pronombre).* No debe llevar tilde: *Aquel cartel indica cuántos kilómetros faltan.* **27.** Desde que se jubiló, vive *felizmente* en el pueblo. La habitación quedó *débilmente* iluminada con la luz de una vela. El fuego se extendió tan *rápidamente* que ardieron varias hectáreas. Mi hermano *únicamente* lee tebeos. *Últimamente* sufro intensos dolores de cabeza. **28.** *vigesimoprimero; lingüístico-literario; veintitrés; tiovivo; decimoséptimo; disponte; trágatelo; proponlo; estese; hazmerreír; dámelo; vaivén.* **29.** *Porque* solamente *no está formada por el adverbio* sólo + mente, *sino por el adjetivo* sola + mente.

Ejercicios

Acentuación (ejercicios globalizadores)

30 **Explica por qué llevan o no tilde las siguientes palabras.**

- marfil: ...
- Milán: ...
- convoy: ...
- Félix: ...
- fórceps: ...
- dictamen: ...
- Ávila: ...
- etcétera: ...
- parking: ...

31 **Escribe, a continuación de las siguientes palabras, otra con tilde de su misma familia léxica que contenga un diptongo o un hiato.**

- leonera → ...
- lineal → ...
- nauseabundo → ...
- sabia → ...
- caer → ...
- café → ...

32 **Escribe dos palabras compuestas con cada una las palabras siguientes.**

- seis → ...
- décimo → ...
- pie → ...
- vídeo → ...

33 **Escribe una frase con cada una de las siguientes palabras y añade el acento gráfico cuando sea necesario.**

- escondemelo: ...
- tiramelo: ...
- piensatelo: ...

SOLUCIONARIO

30. marfil: *no lleva tilde por ser una palabra aguda que no acaba ni en vocal ni en* -n *ni en* -s; Milán: *lleva tilde porque los nombres propios castellanizados siguen las reglas generales de acentuación, y es una palabra aguda terminada en* -n; convoy: *no lleva tilde por ser una palabra aguda que no acaba ni en vocal ni en* -n *ni en* -s; Félix: *lleva tilde por ser una palabra llana que no acaba ni en vocal ni en* -n *ni en* -s; fórceps: *lleva tilde porque cuando la* -s *final sigue a otra consonante, las palabras llanas sí llevan tilde*; dictamen: *no lleva tilde por ser una palabra llana acabada en* -n; Ávila: *lleva tilde porque las letras mayúsculas siguen las reglas generales de acentuación, y es una palabra esdrújula*; etcétera: *lleva tilde porque las palabras latinas recogidas en el* Diccionario *académico siguen las reglas generales de acentuación, y es una palabra esdrújula*; parking: *no lleva tilde por ser un extranjerismo no recogido en el* Diccionario *académico y no llevar tilde en su lengua de origen.* **31.** leonera: *león*; lineal: *línea*; nauseabundo: *náusea*; sabia: *sabiduría*; caer: *caída*; café: *cafeína.* **32.** seis: *dieciséis, veintiséis*; décimo: *decimosexto, decimonónico*; pie: *rodapié, ciempiés*; vídeo: *videodisco, videocinta.* **33.** *Toma este paquete y escóndemelo, que es un regalo para mi madre y no quiero que lo vea. Se me ha ido el balón, tíramelo, por favor. Piénsatelo bien antes de hacerlo.*

Ejercicios

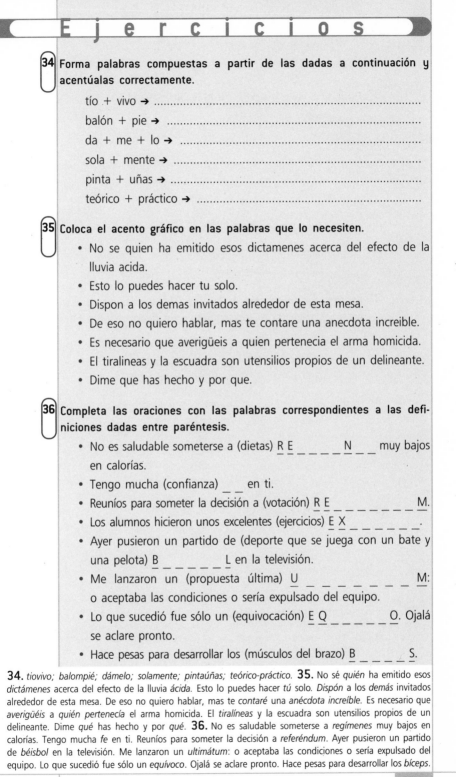

34 **Forma palabras compuestas a partir de las dadas a continuación y acentúalas correctamente.**

tío + vivo → ....

balón + pie → ....

da + me + lo → ....

sola + mente → ....

pinta + uñas → ....

teórico + práctico → ....

35 **Coloca el acento gráfico en las palabras que lo necesiten.**

- No se quien ha emitido esos dictamenes acerca del efecto de la lluvia acida.
- Esto lo puedes hacer tu solo.
- Dispon a los demas invitados alrededor de esta mesa.
- De eso no quiero hablar, mas te contare una anecdota increible.
- Es necesario que averigüeis a quien pertenecia el arma homicida.
- El tiralineas y la escuadra son utensilios propios de un delineante.
- Dime que has hecho y por que.

36 **Completa las oraciones con las palabras correspondientes a las definiciones dadas entre paréntesis.**

- No es saludable someterse a (dietas) R E _ _ _ _ _ N _ _ muy bajos en calorías.
- Tengo mucha (confianza) _ _ en ti.
- Reuníos para someter la decisión a (votación) R E _ _ _ _ _ _ _ _ M.
- Los alumnos hicieron unos excelentes (ejercicios) E X _ _ _ _ _ _ _.
- Ayer pusieron un partido de (deporte que se juega con un bate y una pelota) B _ _ _ _ _ _ L en la televisión.
- Me lanzaron un (propuesta última) U _ _ _ _ _ _ _ _ M: o aceptaba las condiciones o sería expulsado del equipo.
- Lo que sucedió fue sólo un (equivocación) E Q _ _ _ _ _ _ O. Ojalá se aclare pronto.
- Hace pesas para desarrollar los (músculos del brazo) B _ _ _ _ S.

SOLUCIONARIO

34. *tiovivo; balompié; dámelo; solamente; pintaúñas; teórico-práctico.* **35.** No sé *quién* ha emitido esos *dictámenes* acerca del efecto de la lluvia *ácida*. Esto lo puedes hacer *tú* solo. *Dispón* a los *demás* invitados alrededor de esta mesa. De eso no quiero hablar, mas te *contaré* una *anécdota increíble*. Es necesario que *averigüéis* a *quién pertenecía* el arma homicida. El *tiralíneas* y la escuadra son utensilios propios de un delineante. Dime *qué* has hecho y por *qué*. **36.** No es saludable someterse a *regímenes* muy bajos en calorías. Tengo mucha *fe* en ti. Reuníos para someter la decisión a *referéndum*. Ayer pusieron un partido de *béisbol* en la televisión. Me lanzaron un *ultimátum*: o aceptaba las condiciones o sería expulsado del equipo. Lo que sucedió fue sólo un *equívoco*. Ojalá se aclare pronto. Hace pesas para desarrollar los *bíceps*.

Puntuación

31 La coma

31 1 Cuestiones previas

31 1.1 La coma

- La coma es un signo de puntuación que **separa partes dentro de un enunciado** (palabra o secuencia de palabras que constituye un acto de comunicación). Ejemplos:

  Me dijeron que, si no eran muy caras, me comprarían una bici.
  Mi hijo, que tiene veinte años, está estudiando Bellas Artes.
  Este verano he estado en Córdoba, Sevilla, Granada...

- En la lengua oral, la coma no siempre se corresponde con una pausa en la pronunciación. Ejemplo:

  ¿Me ayudas a empujar el coche? Sí, hombre, no te preocupes.

- Cuando la coma representa una pausa, ésta debe ser breve. Suele indicar, en la pronunciación, un **tono final ascendente** o **en suspensión**. Ejemplo:

  Juan ha ido a León; Sara, a Cuenca; Ramón, a Mallorca.

31 1.2 Uso de la coma para deshacer ambigüedades

En muchos casos, el uso de la coma puede deshacer una ambigüedad. Ejemplo:

Pedro no está, despistado.
Pedro no está despistado.

En el primer caso, se advierte que Pedro no está, y se llama «despistado» al interlocutor; en el segundo caso, se informa de que Pedro no está despistado.

31 1.3 Aspectos tipográficos

- En los textos impresos, la coma se escribe siempre unida sin ningún espacio a la **palabra anterior** y se separa de la **palabra siguiente** con un espacio en blanco.
- Ningún renglón debe empezar con coma, aunque ésta sí puede aparecer al final del renglón.

31 2 Algunas reglas útiles para el uso de la coma

Se utiliza coma en los casos siguientes:

- Para separar los elementos de una **enumeración**, siempre que entre ellos no aparezcan las conjunciones *y, e, ni, o, u*. Ejemplos:

  Pedro, Juan, Luisa y tu hermano vendrán a la fiesta.
  Comimos gambas, langosta, bogavante...
  No sé si quedaremos el viernes, el sábado o el domingo.

- Para separar **vocativos** del resto del enunciado. Ejemplos:

  ¿Sabes, Manuel, que te he traído un regalo?
  Isabel, te agradezco mucho tu opinión.

- Para delimitar **incisos**, especialmente aquellos que constituyen aclaraciones (sean aposiciones, oraciones de relativo explicativas...). Ejemplos:

  El libro, que se publicó en junio, es de gran calidad.
  Este río, el Tajo, pasa por Toledo.

- Para separar **conectores** que introducen explicaciones, ejemplos, etc., como *o sea, es decir, esto es, por ejemplo, sin embargo, por (lo) tanto*, etc. Ejemplos:

  No te lo exijo, o sea, lo dejo a tu elección.
  Las grandes ciudades tienen algunos inconvenientes; por ejemplo, la contaminación.
  No pudo venir a la boda; sin embargo, nos envió un regalo.

- Para separar una **oración** o **construcción circunstancial** cuando aparece al principio de un enunciado. Ejemplos:

  Tan pronto como lo supo, me comunicó la noticia.
  De lejos que está, ni siquiera se ve el campanario.
  En ese jardín de los columpios, jugaba yo de pequeña.

- Para indicar que **falta un verbo** en el enunciado porque se ha mencionado antes o porque se sobreentiende. Ejemplos:

  Mi hermano estudia Física; yo, Filosofía.
  Juanjo trajo dos libros; Sandra, algunos cuadernos.

- Para separar **adverbios** o **construcciones adverbiales** que afectan a todo el resto del enunciado y no sólo al predicado. Ejemplos:

  Afortunadamente, ya hemos terminado de pagar el piso.
  Por desgracia, le ha sido imposible acudir al encuentro.

- Para separar una oración subordinada de la oración principal cuando **la subordinada no complementa al verbo de la principal sino a otro predicado** que podría suponerse y que no aparece explícito. Ejemplo:

  Abel ha salido, porque no contesta al teléfono.
  [Es evidente que] Abel ha salido, porque no contesta al teléfono.

- Para separar los elementos que aparecen al principio del enunciado y que **introducen aquello de lo que se va a hablar**. Ejemplos:

  En cuanto a nuestro proyecto, ha sido ya aprobado.
  Técnicamente, Pedro es un buen jugador.

- Para **separar oraciones subordinadas encabezadas por un *que* causal o final**. Ejemplos:

  Me voy a casa, que llego tarde (porque llego tarde).
  Vuélvete, que te veamos (para que te veamos).

31.3 Observaciones a las reglas de utilización de la coma

31.3.1 Los vocativos

- El vocativo no debe confundirse con el sujeto. El vocativo siempre indica una llamada al interlocutor. Ejemplos:

  Abuelo, ya he terminado mis deberes. (*Abuelo* es un vocativo y el sujeto de la oración es *yo*.)
  Oye, Javier, ¿tú estás seguro de eso? (*Javier* es un vocativo y el sujeto de la oración es *tú*.)

- Cuando un vocativo aparece ante un enunciado interrogativo o exclamativo, no entra dentro de los signos de interrogación ni de los de exclamación; pero cuando va intercalado o al final, sí entra en la secuencia con esos signos. Ejemplos:

  Paloma, ¿quieres que te acerque o prefieres caminar?
  Enrique, ¡qué rápido te has recuperado!

  frente a:

  ¿Quieres que te acerque, Paloma, o prefieres caminar?
  ¡Qué rápido te has recuperado, Enrique!

31 3.2 La coma para separar incisos

Los incisos pueden aparecer al **principio** (sólo llevan una coma después), en **medio** (llevan una coma delante y otra después) o al **final** (sólo llevan una coma delante) de un enunciado. Ejemplos:

Según creo, tu hermano ha perdido el tren.
Tu hermano, según creo, ha perdido el tren.
Tu hermano ha perdido el tren, según creo.

31 3.3 Las oraciones relativas explicativas y especificativas

- A menudo, la aclaración que se incluye en un enunciado está constituida por una oración relativa **explicativa**. Este tipo de oraciones aclara el significado del nombre que antecede. Ejemplos:

  El Jardín Botánico, que está en las afueras, inauguró una exposición de rosas silvestres. (Se sobreentiende que sólo hay un jardín botánico.)
  El hijo de Teresa, que tiene nueve meses, está enfermo. (Se sobreentiende que es el único hijo que tiene Teresa.)

- Son distintas las oraciones de relativo **especificativas**, que sí restringen el significado del nombre que antecede, y no deben ir entre comas. Ejemplos:

  El Jardín Botánico que está en las afueras inaugurará una exposición de rosas silvestres. (De todos los Jardines Botánicos que hay, el que está en las afueras es el que inaugurará la exposición.)
  El hijo de Teresa que tiene nueve meses está enfermo. (De todos sus hijos, el que tiene nueve meses es el que está enfermo.)

31 3.4 La coma para separar conectores

- El conector *pero* no lleva coma detrás, aunque lo expresado antes vaya separado por un punto y coma o por un punto. Ejemplo:

  Ya ha anochecido; **pero** *las calles siguen llenas de gente.*

- *Cuando pero* precede a una secuencia interrogativa o exclamativa no se pone coma; sí pueden ponerse puntos suspensivos (ver 35 3). Ejemplos:

  Pero ¿qué estás haciendo?
  Pero... ¡será posible!

- Tampoco se pone coma detrás de los conectores *así que* y *aunque*. Ejemplos:

  Has llegado tarde, así que se han ido sin ti.
  Aunque no nos haya escrito, sé que se acuerda de nosotros.

31 3.5 Las cláusulas absolutas

Las cláusulas absolutas son construcciones circunstanciales que se caracterizan por tener significado temporal, causal o condicional y por contener una forma no conjugada del verbo (infinitivo, participio o gerundio). Estas construcciones suelen encabezar enunciados y se separan del resto con una coma. Ejemplos:

Al volver la luz, encendí otra vez el ordenador.
Habiendo explicado Jorge su decisión, decidimos apoyarle.
Terminada la película, cada uno se fue a su casa.

31 3.6 La coma antes de la conjunción *y*

En ciertos casos, la coma puede aparecer delante de la conjunción *y*:

- Cuando se coordinan elementos que no son equivalentes ni semánticamente ni sintácticamente. Ejemplos:

  Todos se levantaron y se marcharon, y yo, sin enterarme.
  Me he tomado un día de vacaciones, y es que lo necesitaba.

- Cuando hay posibilidad de ambigüedad. Ejemplos:

  Mi hermana estuvo con Inés, y Elena y tus primos llegaron después.
  Mi hermana estuvo con Inés y Elena, y tus primos llegaron después.

- Cuando aparece la expresión *y viceversa*. Ejemplo:

  Cuando yo trabajo mi marido se ocupa de la casa*, y viceversa.*

- Cuando los distintos elementos que componen una enumeración están separados por punto y coma, delante de la conjunción *y* que suele preceder al último elemento de la serie puede escribirse coma o punto y coma. Ejemplos:

  El Monasterio de Piedra está en Zaragoza; el Parque Natural de Ordesa, en Huesca; las Tablas de Daimiel, en Ciudad Real, y la Ciudad Encantada está en Cuenca.

31 3.7 Eliminación de comas innecesarias

- Debe evitarse tanto omitir comas necesarias como poner comas que son innecesarias. Así, cuando aparecen dos comas muy próximas, puede eliminarse una de ellas si no es imprescindible. Ejemplo:

  Por eso(,) todos, incluido Juan, aceptaron.

También en aquellos casos en los que la coma separa una construcción circunstancial que encabeza un enunciado puede suprimirse la coma si esta construcción indica lugar o tiempo (y especialmente si es breve). Ejemplos:

En Almería(,) lo pasamos estupendamente (indica lugar).
El año pasado(,) llovió muchísimo (indica tiempo).

frente a:

En ese caso, no aceptaré tus condiciones (indica condición).
A pesar de ello, nos hicimos muy amigos (indica concesión).
Por todo esto, he decidido cambiarme de casa (indica causa).

31 4 Combinación de la coma con otros signos de puntuación

La coma se puede combinar con los **puntos suspensivos** y con los **signos de interrogación y exclamación** (la coma puede aparecer antes del signo de apertura o después del de cierre). Ejemplos:

Mayte, Arancha, Mercedes..., todas fueron compañeras tuyas del colegio.
Jorge, ¿dónde trabajas ahora?
Espera un momento, ¡no me puedo creer lo que estoy oyendo!

Sin embargo, es incompatible con el **punto**, el **punto y coma** y los **dos puntos**.

31 5 Otros usos de la coma

- Se suele utilizar coma después de la palabra que indica el lugar en las **fechas** que aparecen en cartas y otros documentos. Ejemplo:

  Cuenca, 20 de enero de 1986

- Cuando se cita en **bibliografía** el nombre y apellidos de un autor, se ponen primero los apellidos y luego el nombre, separándolos con una coma. Ejemplos:

  Lapesa Melgar, Rafael
  Menéndez Pidal, Ramón

- La coma puede indicar también la separación entre la **parte entera** y **la parte decimal** de un número (en estos casos, puede utilizarse también el punto). Ejemplos:

  27,5
  446,49

  La coma se sitúa en la parte inferior entre ambas cantidades, no en la superior.

31 6 Algunos casos en los que no debe usarse la coma

- No se pone coma para separar un sujeto de su predicado, excepto en aquellos casos en los que hay un inciso o en los que el sujeto tiene una extensión considerable. Ejemplos:

  **La fachada de la casa de enfrente, está muy deteriorada.*
  La fachada de la casa de enfrente está muy deteriorada.

- No se pone coma delante ni detrás de la conjunción completiva *que*, excepto en los casos que hay un inciso. Ejemplos:

  **La presidenta de la compañía dijo, que habían obtenido grandes beneficios.*
  **La presidenta de la compañía dijo que, habían obtenido grandes beneficios.*
  La presidenta de la compañía dijo que habían obtenido grandes beneficios.
  La presidenta de la compañía dijo que, según los últimos datos, habían obtenido grandes beneficios.

- No se debe emplear la coma detrás de los encabezamientos de cartas. Ejemplos:

**Querida María José,*	**Ilmo. Sr.,*
Querida María José:	*Ilmo. Sr.:*

- En algunas oraciones de relativo explicativas que complementan a un pronombre no se pone coma ya que no se produce pausa en la pronunciación. Ejemplo:

  Tú que estás cerca ayúdame a llevar estos libros, por favor.

32 El punto

32 1 Cuestiones previas

- El punto **cierra enunciados** (palabra o secuencia de palabras que constituyen un acto de comunicación) que tienen sentido completo. Ejemplos:

  El foro se celebró en la universidad. Acudieron numerosas personalidades políticas.

- El punto representa, en la pronunciación, el final de un enunciado con **tono descendente**. Ejemplo:

  Joaquín y yo estuvimos ayer en una exposición.

- Hay tres clases de punto:

  – **Punto y seguido** (o *punto seguido*): separa enunciados dentro de un mismo párrafo.

  – **Punto y aparte**: separa párrafos dentro de un texto.

  – **Punto final** (no **punto y final*): indica el final de un texto; después del punto final no hay escrito nada más.

  Ejemplo:

  Cada año se genera una gran cantidad de residuos. Muchos de estos materiales, como el papel, el plástico o el cristal, pueden ser reutilizados, lo que supone un importante ahorro de energía y una reducción de la contaminación. — punto y seguido (tras «residuos»); punto y aparte (tras «contaminación»)

  Los gobiernos de todo el mundo coinciden en que reciclar es una forma de aprovechar los recursos, y ya se han creado programas de reciclaje a gran escala. — punto final

- En los textos impresos, el punto se escribe siempre unido a la **palabra anterior** sin ningún espacio y el punto y seguido se separa de la **palabra siguiente** con un espacio en blanco.

32 2 Algunas reglas útiles para el uso del punto

- Se utiliza **punto y seguido** cuando hay una cierta relación semántica entre lo que hay antes y después del punto.
- Se utiliza **punto y aparte** cuando en cada uno de los párrafos que separa se desarrollan ideas, asuntos o hechos diferentes, o variedades distintas de una misma idea, de un mismo asunto o de un mismo hecho.
- Se utiliza el **punto final** para cerrar un texto.

Ejemplo:

Las técnicas de memorización sirven para retener una información sobre la que se ha trabajado previamente. Estas técnicas se denominan también mnemotécnicas. — punto y seguido / punto y aparte

Existen diferentes técnicas de memorización, adecuadas al tipo de contenidos que se quieren retener. — punto final

32 3 Observaciones a las reglas de utilización del punto

32 3.1 Escritura después del punto

- Siempre se escribe **mayúscula** después del punto (excepto cuando el punto se pone detrás de una abreviatura).
- Después de punto y seguido se continúa escribiendo siempre **en la misma línea**. Si el punto está a final de línea, se empieza a escribir en la línea siguiente (sin dejar ningún espacio al principio del renglón). Ejemplos:

  Lucía se levantó de la cama en cuanto oyó el despertador. Se dirigió a la cocina y preparó una taza de café.

- Después de punto y aparte se escribe **en renglón aparte**. Suele dejarse un espacio en blanco al principio del renglón que sigue al punto y aparte. Ejemplos:

  El deterioro mediambiental se debe en gran medida a las sustancias contaminantes derivadas de la actividad humana.

  Como consecuencia de la contaminación, se producen fenómenos como la lluvia ácida, provocada por las emanaciones que desprenden algunos procesos industriales.

32 3.2 Elección del punto y seguido y el punto y aparte

A veces, la elección entre el punto y seguido y el punto y aparte es **subjetiva**. Cuando se trata de distintos aspectos de un mismo asunto o idea, la persona que escribe puede elegir entre el punto y seguido o el punto y aparte. En general, se debe procurar que los textos estén distribuidos en párrafos no demasiado cortos ni demasiado largos.

32 4 Combinación del punto con otros signos de puntuación

El punto no aparece nunca combinado con la **coma**, el **punto y coma**, los **dos puntos** o los **puntos suspensivos**.

Nunca sigue a los **signos de interrogación o exclamación** de cierre, aunque sí puede preceder a los de apertura. Ejemplos:

¡Pero qué documental más interesante!
Ayer había un atasco tremendo. ¿Sabes cuánto tiempo tardé en volver a casa?

32 5 Otros usos del punto

- Se pone punto, generalmente, detrás de las **abreviaturas** (ver 42 2). Ejemplos:

  Ilmo. Sr. (Ilustrísimo Señor) | *pág.* (página)
  Dra. (Doctora) | *a. de C.* (antes de Cristo)
  etc. (etcétera) | *S.A.* (Sociedad Anónima)

  Cuando la abreviatura lleva alguna letra voladita, el punto se pone delante de esta letra. Ejemplos:

  V.º B.º (visto bueno)
  n.º (número)
  C.ª (compañía)
  1.º (primero)

  Si la abreviatura va acompañada de barra, no se pone punto. Ejemplos:

  c/ (calle)
  p/o (por orden)

- Se pone punto para separar las **horas** de los **minutos** cuando ambos están escritos con cifras (también para este uso se pueden emplear los dos puntos). Ejemplos:

  18.30 horas *19.15 horas*

- El punto puede indicar también la separación entre la **parte entera** y **la parte decimal** de un número. Sin embargo, la Real Academia Española prefiere, en estos casos, el uso de la coma. Ejemplos:

  27.5 *446.49*

- En Matemáticas, se pone a veces punto (a media altura) como signo de **multiplicación**. Ejemplos:

  $5 \cdot 2 = 10$ $6 \cdot 7 = 42$

32 6 Algunos casos en los que no debe usarse el punto

- No se pone punto en los **símbolos** (ver 44). Ejemplos:

  N (Norte) SO (Suroeste)
  m (metro) rpm (revoluciones por minuto)

- Para escribir los **números de más de tres cifras**, aunque tradicionalmente en castellano se separaba con punto, la normativa internacional señala que se debe prescindir de él. Para facilitar la lectura de los millares, millones, etc., se recomienda dejar un espacio cada tres cifras (empezando por el final). Ejemplos:

  1 000 000 *3 256* *32 000 000*

  Sin embargo, esta separación no debe utilizarse en la escritura de los años, en la numeración de las páginas, ni en los números de las leyes, decretos o artículos. Ejemplos:

  En 1969 el hombre llegó a la Luna.
  Este libro tiene nada menos que 3568 páginas.
  Real Decreto 1640/1999, de 22 de octubre

- No se pone punto final después de **títulos** o subtítulos de libros, artículos, capítulos, obras de arte, etc. Ejemplos:

  La familia de Pascual Duarte
  Las Meninas
  Capítulo IV: Acentuación de palabras esdrújulas

33 El punto y coma

33 1 Cuestiones previas

- El **punto y coma** separa partes de un enunciado que están relacionadas entre sí. Ejemplo:

  Hoy voy al cine; mañana, al teatro.

- El punto y coma indica una **pausa** mayor que la de la coma (ver 31 1) y, en ocasiones, menor que la del punto (ver 32 1) Ejemplos:

  Ayer estuve en el parque con mis sobrinos; hacía un sol espléndido.
  Ayer estuve en el parque con mis sobrinos. El día amaneció soleado.
  Ayer estuve en el parque con mis sobrinos, en el cine y en la escuela.

  Todavía no ha escrito Carola; es posible que aún esté enfadada conmigo.
  Todavía no ha escrito Carola. ¿Crees que aún estará enfadada conmigo?
  Todavía no ha escrito Carola, aunque ya debería haberlo hecho.

- Este signo de puntuación representa, en la **pronunciación**, el final de un enunciado con tono descendente, como el del punto. Ejemplos:

  Ayer estuve en el parque; hacía un sol espléndido.

  Ayer estuve en el parque. El día amaneció soleado.

- En los textos impresos, el punto y coma se escribe siempre unido a la **palabra anterior** sin ningún espacio y se separa de la **palabra siguiente** con un espacio en blanco.

33 2 Algunas reglas útiles para el uso del punto y coma

Se utiliza punto y coma en los casos siguientes:

- Cuando lo que sigue en el texto guarda una **relación semántica** muy estrecha con lo anterior:

  - Relación de **contraste**. Ejemplo: *El martes pasado estuve en León; el jueves lo pasaré en Oviedo.*

  - Relación entre **un todo y una de sus partes**, o entre **varias cosas y una de ellas**. Ejemplo: *Decidí no ir por muchos motivos; el principal es que ayer no quería ver a nadie.*

  - Relación de **paralelismo**. Ejemplo: *Hay quien piensa que escribir novelas es cuestión de esfuerzo; hay quien piensa que es sólo inspiración.*

  - Relación **adversativa**. Ejemplo: *Ismael tuvo muy buenas notas; no obstante, estudió menos de lo que creemos.*

    Esta relación puede ir indicada con enlaces del tipo *sin embargo, no obstante, ahora bien, en cambio...*

  - Relación entre **una causa y su consecuencia**. Ejemplo: *Hay huelga de autobuses; no me esperes mañana, por tanto.*

    Esta relación puede ir indicada con enlaces del tipo *por (lo) tanto, por consiguiente...*

  - Relación **explicativa**. Ejemplo: *Cuando tengo mucho trabajo, me pongo nervioso; en otras palabras, me altero por cualquier cosa.*

    Esta relación puede ir indicada con enlaces del tipo *o sea, es decir, esto es, en otras palabras...*

- En **enumeraciones**, cuando la **presencia de varias comas** en el texto obliga a separar cada elemento de la serie con un punto y coma. Ejemplos:

  Ayer estuve con Manolo, el de la farmacia; con Juanjo, el de la ferretería; y con Maribel, la de la panadería.

  Mi madre es tendera; la de Sandra, arquitecta; la de Antonio, cirujana...

33 3 Observaciones a las reglas de utilización del punto y coma

- En algunos casos, el uso del punto y coma permite prescindir del enlace entre los elementos que se relacionan. Ejemplo:

  Has tenido mucha fiebre; por consiguiente, no deberías ir al instituto.

  frente a:

  Has tenido mucha fiebre; no deberías ir al instituto.

  No obstante, cuando se eliminan los enlaces es preferible el uso de los dos puntos, ya que indican de forma más evidente la relación que hay entre las dos partes del enunciado (ver 34 5).

- Nunca se escribe mayúscula después del punto y coma.

33 4 Combinación del punto y coma con otros signos de puntuación

El punto y coma puede combinarse con los **puntos suspensivos** y con los **signos de interrogación y exclamación** (el punto y coma puede aparecer antes del signo de apertura o después del de cierre). Ejemplos:

Si pudiera vivir otra vida...; sin embargo, me gusta la que tengo.
¿Te vas de vacaciones?; hay un puente estupendo el mes que viene.

Sin embargo, no puede aparecer combinado este signo con el **punto**, los **dos puntos** o la **coma**.

33 5 Confusión entre el punto y coma y otros signos de puntuación

- La elección entre el punto y coma y el **punto y seguido** es, con frecuencia, subjetiva; no obstante, evitar sistemáticamente el punto y coma poniendo en su lugar un punto origina un estilo demasiado entrecortado y telegráfico. Conviene, pues, alternar ambos signos de puntuación. Ejemplo:

Llegaré el lunes a mediodía e iré a ver a los abuelos; después, haré unas compras en el centro de la ciudad.

frente a:

Llegaré el lunes a mediodía. Iré a ver a los abuelos. Haré unas compras en el centro de la ciudad.

No obstante, la elección entre el punto y el punto y coma depende, en general, de la conexión semántica que haya entre lo que aparece delante y detrás del signo de puntuación. Si la conexión semántica es mayor, se debe emplear el punto y coma, y si es menor, el punto.

- El punto y coma no debe confundirse con la **coma**. En la entonación, la coma nunca supone un final tonal descendente porque no cierra enunciados, sino partes de enunciados. El punto y coma, sin embargo, cierra enunciados dentro de un párrafo o texto.

  Cuando haya dudas entre colocar una coma o un punto y coma, se debe poner especial atención en el tono final: si es descendente, punto y coma; si es ascendente o en suspensión, coma. Ejemplos:

  Ayer estuve en el parque; el día amaneció soleado.

  Ayer estuve en el parque, en el cine y en la escuela.

  A veces, la elección entre la coma y el punto y coma depende de la longitud de la frase y de si existen o no otras comas en los enunciados que se quieren separar. Ejemplos:

  Vendrá, pero mañana.
  Vendrá a ver a los alumnos, a los profesores y al director; pero es posible que no venga hasta mañana.

- Los contextos en que aparecen el punto y coma y los **dos puntos** son habitualmente diferentes. Aunque hay ocasiones en las que ambos signos de puntuación pueden emplearse aunque se produce un cambio en el significado (ver 34 5).

34 Los dos puntos

34 1 Cuestiones previas

- Los **dos puntos** indican una **pausa** semejante a la del punto (ver 32 1) aunque, al contrario que éste, no indican el final de un enunciado. Su **tono** suele ser **descendente**. Ejemplos:

  Ya lo dice el refrán: «La avaricia rompe el saco».

  Somos cuatro hermanos: dos chicos y dos chicas.

- Los dos puntos anuncian o introducen lo que viene a continuación. Ejemplos:

  La directora nos dijo: «Mañana tendremos una reunión».
  Querido Ernesto: Gracias por tu carta...

- En los textos impresos, los dos puntos se escriben siempre unidos, sin ningún espacio, a la **palabra anterior** y se separan de la **palabra siguiente** con un espacio en blanco.

34 2 Algunas reglas útiles para el uso de los dos puntos

Se utilizan los dos puntos en los casos siguientes:

- Para introducir una **cita textual**. Ejemplo:

  Clara afirmó: «Nunca pensé que conducir fuera tan fácil».

- Para anunciar o cerrar una **enumeración**. Ejemplos:

  Esa película obtuvo tres premios: al mejor guión, al mejor montaje y a la mejor banda sonora.
  Sara, Carlos y Luz: éstos son los tres alumnos que han obtenido las mejores notas.

  En estos casos, la enumeración puede ser el desarrollo de alguno de los elementos que aparecen en el otro segmento del enunciado (como *tres premios* en el primer ejemplo y *éstos* en el segundo).

- Para introducir **ejemplos** de lo dicho anteriormente. En estos casos, pueden aparecer algunas de las fórmulas que se utilizan para introducirlos (*por ejemplo, como los siguientes, verbigracia*...). Ejemplos:

  En Sevilla hay importantes monumentos. Ejemplos: la Giralda, la Torre del Oro, la Maestranza, etc.
  Prefiero la comida casera: cocido, lentejas, potaje...

- En el encabezamiento de cartas, discursos, instancias o informes, detrás de los **vocativos de cortesía**. Ejemplos:

  Querido David: Te escribo desde Ibiza...
  Excmo. Sr. Ministro: Tengo el placer de comunicarle...

- Para introducir una **explicación** de lo anterior. Ejemplos:

  Mira lo que me pasó el otro día: salí a la calle en zapatillas y no me di cuenta hasta un buen rato después.
  Este verano viajaremos por Castellón, Valencia, Alicante y Cartagena: por toda la costa de Levante.
  He de darme prisa: la floristería cierra a las dos.

  En estos casos, si se utiliza algún enlace no se ponen los dos puntos. Ejemplos:

  Este verano viajaremos por Castellón, Valencia, Alicante y Cartagena; **es decir,** *por toda la costa de Levante.*
  He de darme prisa **porque** *la floristería cierra a las dos.*

34 3 Observaciones a las reglas de utilización de los dos puntos

34 3.1 Uso de la mayúscula después de los dos puntos

Después de dos puntos no se pone nunca mayúscula salvo en los casos siguientes:

- Cuando se reproduce una **cita**. Ejemplo:

  El libro comienza: «En un lugar de la Mancha...»

- En el encabezamiento de las cartas, detrás de los **vocativos de cortesía** (tanto si lo que sigue va en el mismo renglón como si va en renglón aparte). Ejemplo:

  Querida Rosa:
  Ayer recibí tu carta y me alegra que estés bien...

- De forma opcional, en las clasificaciones ordenadas en **apartados**. Ejemplos:

  En castellano, el comparativo tiene tres grados:
  – *De superioridad* (más alto que)
  – *De igualdad* (igual de alto que)
  – *De inferioridad* (menos alto que)

34 3.2 Los dos puntos y la conjunción *que*

No deben ponerse dos puntos ni delante ni detrás de la conjunción *que*. Ejemplos:

El entrenador dijo **que** *ganaríamos el partido.*
El entrenador dijo: «Ganaremos el partido».

frente a:

**El entrenador dijo: que ganaremos el partido.*
**El entrenador dijo que: «Ganaremos el partido».*
**El entrenador dijo que: ganaríamos el partido.*

34 4 Combinación de los dos puntos con otros signos de puntuación

Los dos puntos pueden aparecer combinados con los **puntos suspensivos** y con los **signos de interrogación y de exclamación** (los dos puntos aparecen, generalmente, antes del signo de apertura). Ejemplos:

Voy a pasarme por la biblioteca: ¿te traigo algún libro?
La carrera pasa por Asturias, Cantabria, País Vasco...: todo el norte de España, en definitiva.

Sin embargo, los dos puntos no se combinan nunca con la **coma**, el **punto y coma** o el **punto**.

34 5 Confusión entre los dos puntos y otros signos de puntuación

- La utilización de los dos puntos o el **punto y coma** puede marcar diferencias de significado en una misma oración. Ejemplos:

  Ha llovido: estoy contentísimo. (Estoy contentísimo porque ha llovido.)

  Si en estos casos se pusiera punto y coma, serían menos evidentes las relaciones de causa y consecuencia. Ejemplos:

  Ha llovido; estoy contentísimo. (Ha llovido y estoy contentísimo, pero no necesariamente por la lluvia.)

- Además de la diferencia en el uso, los dos puntos y la **coma** marcan distinta entonación. Así, la coma representa, generalmente, un tono ascendente o en suspensión, mientras que los dos puntos indican un tono descendente. Ejemplos:

  Tengo una duda: ¿cuándo viene Chus?

  Tengo una duda, así que dile a Chus que venga.

34 6 Otros usos de los dos puntos

- En instancias, informes, declaraciones, sentencias, etc., detrás de los **verbos** típicos de estos escritos (*expone, suplica, informa, declara, dispone...*) suelen emplearse los dos puntos. Ejemplo:

  Pablo Casals, con DNI...
  SOLICITA:
  La homologación del título...

  En estos casos debe escribirse con mayúscula inicial lo que aparecece después de los dos puntos.

  Puede ocurrir que el texto introducido por los dos puntos comience por la conjunción *que*. Este uso es, por tanto, una excepción a la norma de incompatibilidad de esta conjunción con los dos puntos (ver 34 3.2). Ejemplo:

  Dña. Paula García, con DNI...
  EXPONE:
  Que habiendo solicitado...

- Con frecuencia, los dos puntos aparecen también detrás de las **expresiones** *ahora bien, en otras palabras, en síntesis, en resumen, pues bien, en consecuencia, es más, más aún, o mejor.* Ejemplos:

  Mario no está. Ahora bien: avísame en cuanto llegue.
  Dudo que Óscar haya llegado ya. Es más: sería la primera vez que no llega tarde.

- Se utilizan los dos puntos para separar las **horas** de los **minutos** cuando ambos están escritos con cifras. Ejemplos:

  13:35 horas   *4:55 horas*

- En Matemáticas, se pueden poner dos puntos como signo de **división**. Ejemplos:

  20 : 4 = 5   *56 : 7 = 8*

35 Los puntos suspensivos

35 1 Cuestiones previas

- Los **puntos suspensivos** son tres puntos seguidos sin espacios entre ellos que representan en la pronunciación una **pausa** con entonación suspendida. Ejemplos:

  Visitamos la catedral, el casco viejo, la plaza Mayor...

  Cuando te pones así...

- En los textos impresos, cuando los puntos suspensivos aparecen detrás de una palabra sin que haya otros signos de puntuación entre ambos, deben unirse a la palabra sin ningún espacio; cuando aparecen antes de una palabra, deben separarse de ésta por un espacio.

35 2 Algunas reglas útiles para el uso de los puntos suspensivos

Se utilizan puntos suspensivos en los casos siguientes:

- Para indicar que una **enumeración** podría continuar. Ejemplo:

  En las piscifactorías se crían truchas, carpas, lucios...

- Para indicar que se deja **algo inacabado** porque se da por hecho que el lector sabrá completarlo. Ejemplos:

  A buen entendedor...
  Si te viera Álvaro...

- Para indicar **suspense**. Ejemplo:

  Llamaron a la puerta, abrí y... era mi hermano.

- Para mostrar **vacilación o titubeo** en lo que se trata de comunicar. Ejemplo:

  Me gustaría..., no sé..., prefiero que..., que no vengas.

- Para evitar escribir una palabra **tabú** o **malsonante**. Ejemplo:

  El muy maleducado me dijo que yo era un hijo de p...

- Para indicar que **en un texto citado se elimina alguna parte**. En estos casos, los puntos suspensivos aparecen entre paréntesis (...) o entre corchetes [...]. Ejemplo:

  Pues sepa Vuestra Merced, ante todas las cosas, que a mí llaman Lázaro de Tormes, (...). Mi nascimiento fue dentro del río Tormes, por la cual causa tomé el sobrenombre. (*Anónimo:* Lazarillo de Tormes)

35 3 Combinación de los puntos suspensivos con otros signos de puntuación

- Los puntos suspensivos pueden aparecer combinados con la **coma**, los **dos puntos** y el **punto y coma**. Ejemplos:

  Entonces me dijo..., no sé cómo explicarlo...: estoy muy nervioso.
  Había macarrones, judías, filetes...; aún así, sólo tomé fruta.

  Los puntos suspensivos se pueden combinar también con los **signos de interrogación y exclamación**. Los tres puntos deben aparecer dentro de los signos de interrogación o exclamación cuando el enunciado que aparece dentro de ellos está incompleto, y fuera de ellos cuando el enunciado está completo. Ejemplos:

  ¿Sabía Ud...?
  Pero ¡qué has hecho!...

  En todos los casos anteriores, el signo de puntuación correspondiente debe aparecer unido sin espacio a los puntos suspensivos.

- Los puntos suspensivos nunca aparecen combinados con el **punto**, ya que pueden funcionar como tal (excepto cuando el punto corresponde a una abreviatura; en estos casos aparecen cuatro puntos seguidos). En estos casos, lo que aparece después de los puntos suspensivos debe ir escrito con mayúscula. Ejemplo:

  Este año las cosechas... Es necesario que llueva más.

35 4 Los puntos suspensivos y la expresión *etcétera* (*etc.*)

Los **puntos suspensivos** y la expresión ***etc.*** se excluyen entre sí, ya que ambos indican que una enumeración podría continuar. Poner ambas indicaciones es redundante. Ejemplos:

En el bar había franceses, alemanes, italianos, ***etc.***
En el bar había franceses, alemanes, italianos...

frente a:

En el bar había franceses, alemanes, italianos,* ***etc....*
En el bar había franceses, alemanes, italianos...,* ***etc.*

En general, se prefiere el uso de *etc.* para las enumeraciones cerradas que no se ponen completas y que responden a textos científicos o técnicos, y puntos suspensivos en enumeraciones abiertas que se pueden dejar incompletas sin que se dificulte por ello la comprensión del texto.

36 Los signos de interrogación y de exclamación

36 1 Cuestiones previas

36 1.1 Los signos de interrogación

- Los signos de interrogación encierran **preguntas**. Ejemplos:

  ¿Vas a venir esta tarde al taller de escritura?
  ¿Qué hora tienes?

- Estas preguntas pueden ser:

  – **Totales** (cuando son posibles las respuestas *sí* o *no*). En la **pronunciación** el tono final suele ser ascendente. Ejemplo:

  ¿Tienes frío?

  – **Parciales** (cuando no son posibles las respuestas *sí* o *no*). En la **pronunciación** el tono final suele ser descendente. Ejemplo:

  ¿Cuántos años tienes?

36 1.2 Los signos de exclamación

- Los signos de exclamación encierran **exclamaciones** que expresan emoción, alegría, pena, rechazo, admiración, etc. Ejemplos:

  ¡Qué traje más bonito llevas!
  ¡No estoy en absoluto de acuerdo!

- En la **pronunciación**, los enunciados que encierran los signos de exclamación tienen un tono final descendente pero con un momento previo de ascenso brusco. Ejemplo:

  ¡Qué simpático!

36 1.3 Unión de los signos de interrogación y de exclamación con otros elementos del texto

En los textos impresos, los signos de interrogación y de exclamación de apertura se separan con un espacio de la palabra o signo de puntuación que los precede y se unen sin espacio a la palabra o signo de puntuación siguiente.

En los textos impresos, los signos de interrogación y de exclamación de cierre se unen sin espacio a la palabra o signo de puntuación que los precede y se separan con un espacio de la palabra o signo de puntuación siguiente.

36 2 Algunas indicaciones sobre la utilización de los signos de interrogación y exclamación

36 2.1 Obligatoriedad de los signos de apertura y de cierre

- Los signos de interrogación y exclamación son siempre dos: **uno al principio del enunciado y otro al final**. Ejemplos:

  ¿Te apetece un té?
  ¡Qué calor hace en esta cafetería!

  Aunque en otras lenguas los signos interrogativos y exclamativos son sólo necesarios al final del enunciado, la entonación castellana exige que estos signos se escriban también al principio.

- El signo de **apertura** de interrogación y exclamación lleva el punto arriba, mientras que el de **cierre** lo lleva abajo. Ejemplos:

  ¡Hola! *¿Qué?*

36 2.2 Enunciados que son a la vez interrogativos y exclamativos

Cuando el enunciado es interrogativo y exclamativo al mismo tiempo, se recomienda abrirlo con el signo de exclamación y cerrarlo con el de interrogación o viceversa. Ejemplos:

¡Por qué te comportas así? o *¿Por qué te comportas así!*
¡Es que no lo has visto? o *¿Es que no lo has visto!*

Sin embargo, es frecuente, en estos casos, el uso de los dos signos de apertura y de cierre. Ejemplos:

¡¿Por qué te comportas así?!
¡¿Es que no los has visto?!

36 2.3 Repetición de los signos de interrogación o exclamación

En los textos literarios o muy expresivos, no es raro encontrar dos o tres signos de admiración al principio y al final del enunciado para dar mayor énfasis a la pregunta o a la exclamación. Ejemplos:

¡¡Felicidades!! *¡¡¡Qué casualidad!!!*
¿¿Quién?? *¿¿¿Yo???*

Sin embargo, este tipo de puntuación no se debe extender a otros usos.

36 2.4 Interrogativas y exclamativas dentro de enunciados mayores

- A veces, una parte del enunciado puede quedar fuera de los signos de interrogación o de exclamación. Ejemplos:

  Si vienes mañana a clase, ¿me traerás el libro?
  En esas circunstancias, ¿qué podríamos hacer nosotros?

  No obstante, si se cambia el orden del enunciado, estos elementos deben aparecer dentro del entorno interrogativo o exclamativo. Ejemplos:

  ¿Me traerás el libro si vienes mañana a clase?
  ¿Qué podríamos hacer nosotros en esas circunstancias?

- En otros casos, un enunciado enmarcado por los signos de interrogación o de exclamación puede aparecer intercalado en un enunciado mayor no interrogativo ni exclamativo. Ejemplos:

  Iba por la calle tan tranquila y, ¡pum!, un trozo de cornisa cayó a mi lado.
  Pero... ¡despistado!, ¿cómo no te has acordado de que era mi cumpleaños?

36 3 Combinación de los signos de interrogación y exclamación con otros signos de puntuación

- Detrás de los signos de interrogación y exclamación no debe ponerse **punto** (aunque sí puede aparecer delante del signo de apertura). El signo de cierre puede valer como punto y, cuando actúe como tal, lo que viene detrás debe escribirse con mayúscula. Ejemplos:

  ¿Tienes hambre? ***T****e prepararé un bocadillo.*
  ¡Qué barbaridad! ***M****e niego a aguantar esos comentarios.*

- Sin embargo, sí pueden aparecer combinados con la **coma**, el **punto y coma**, los **dos puntos** o los **puntos suspensivos**. Ejemplos:

  Es un curso muy divertido, ¿verdad?
  Me gusta, ¿sabes?; es una chica fantástica.
  Una pregunta: ¿cada cuántos años hay que renovar el pasaporte?
  Y de repente... ¡zas!, el gato se abalanzó sobre el ratón.

36 4 Otros usos de los signos de interrogación y exclamación

- Los signos de cierre de interrogación y de exclamación aparecen a veces escritos entre paréntesis.
  - El signo de interrogación de cierre entre paréntesis indica una **llamada de atención** sobre una palabra o grupo de palabras que pueden ser erróneas o provocan confusión o sorpresa. Ejemplo:

    Nos dijo que cada uno tenía que acoquinar (?) mil pesetas.

  - Se usa el signo de exclamación de cierre entre paréntesis para indicar duda, ironía, sorpresa... Ejemplo:

    Dicen que este niño es capaz de memorizar cincuenta palabras (!) en un minuto.

- Puede emplearse el signo de cierre de interrogación detrás de las fechas que indican algún acontecimiento cuando no se sabe con certeza la fecha exacta. Ejemplo:

  El cuadro Baco y Ariadna *(1617?) fue subastado ayer en Londres.*

36 5 Algunas dificultades para hablantes del País Vasco, Navarra, Cataluña, Comunidad Valenciana e Islas Baleares

En catalán, en valenciano y en vasco, la norma prescribe el uso de un solo signo de cierre en las interrogaciones y exclamaciones. No obstante, en catalán y valenciano se pueden utilizar los signos de apertura y cierre cuando la frase es muy larga o no va introducida por elementos interrogativos o exclamativos.

Por este motivo, al escribir en castellano, se produce a veces el olvido del signo de apertura de interrogación o exclamación.

37 Paréntesis y corchetes

37 1 Cuestiones previas

37 1.1 Los paréntesis

Los paréntesis se utilizan, principalmente, para encerrar aclaraciones que se separan del resto del discurso. Ejemplos:

El cementerio de Luarca (Asturias) está situado a orillas del mar.
Los partidarios de las reformas (profesores de historia, en su mayoría) monopolizaron la conversación.

La secuencia entre paréntesis se pronuncia, normalmente, en un tono más grave o más bajo que el resto del enunciado, lo que indica que sintácticamente está desligado de él.

37 1.2 Los corchetes

Los corchetes se utilizan, principalmente, con el mismo valor que los paréntesis, cuando la aclaración que quiere hacerse está dentro de un paréntesis. Ejemplo:

Paul Gauguin (1848, París [Francia]) es una de las figuras más representativas del Impresionismo.

37 1.3 Unión de los paréntesis y corchetes con otros elementos del texto

En los textos impresos, los paréntesis y los corchetes de apertura se separan con un espacio de la palabra o signo de puntuación que los precede y se unen sin espacio de la palabra o signo de puntuación siguiente.

En los textos impresos, los paréntesis y los corchetes de cierre se unen sin espacio a la palabra o signo de puntuación que los precede y se separan con un espacio de la palabra o signo de puntuación siguiente.

37.2 Algunas reglas útiles para el uso de los paréntesis

Se utilizan los paréntesis en los siguientes casos:

- Para encerrar **aclaraciones, comentarios marginales**, etc. cuando no tienen una relación muy estrecha con el resto del discurso. Ejemplo:

  Hay retenciones en la carretera N-I (sentido Burgos) a causa de las obras.

- Para dar algún **dato** o hacer alguna **precisión**. Ejemplos:
  - Fechas: *Después de acabar la carrera (1997) solicité una beca para trabajar en Italia.*
  - Datos numéricos: *Pagaron una cifra astronómica (5 000 millones de pesetas) por el fichaje de ese jugador.*
  - Topónimos: *En Punta Umbría (Huelva) hay unas playas preciosas.*
  - Desarrollo de una sigla: *Hice el doctorado por la UNED (Universidad Nacional de Educación a Distancia).*
  - Autor u obra de una cita: *«Toda la vida es sueño y los sueños, sueños son»* (*Calderón de la Barca:* La vida es sueño).

- Para **introducir**, de una manera abreviada, una **construcción alternativa** (con variación de sentido) a lo que se está enunciando. Ejemplos:

  Trabajo para (y por) mis hijos.
  ¿Has leído su nuevo artículo sobre el (de)queísmo?

- Para marcar las **acotaciones** en las obras teatrales. Ejemplo:

  DIONISIO. (Saca una cartera. La abre. PAULA curiosea.) Mira...
  PAULA. (Señalando algo.) ¿Y esto? ¿También un rizo de pelo...?

  (*Miguel Mihura:* Tres sombreros de copa)

- Para completar palabras abreviadas cuando se transcribe un texto o una inscripción. Ejemplo:

  I(esus)N(azarenus)R(ex)I(udeorum)

37 3 Confusión de los paréntesis con otros signos de puntuación

- La diferencia principal entre los paréntesis y las **comas** es que los paréntesis suponen un grado de separación mayor con lo que se está comunicando. Ejemplos:

  Joaquín Urrutia (en la foto, a la derecha) presentó ayer su nuevo libro en el Ateneo.
  Joaquín Urrutia, el autor de Sendas, *presentó ayer su nuevo libro en el Ateneo.*

- El empleo de paréntesis es parecido, en ocasiones, al uso de la **raya**. No obstante, el grado de separación que implican los paréntesis es mayor que el que implica la raya. Ejemplo:

  El mitin político —celebrado ayer en esta misma localidad— abre la campaña electoral del año.

  frente a:

  El mitin político (celebrado ayer en esta misma localidad) abre la campaña electoral del año.

37 4 Algunas reglas útiles para el uso de los corchetes

Se utilizan los corchetes en los siguientes casos:

- Para encerrar datos, aclaraciones, etc., **dentro de un texto que va entre paréntesis**. Ejemplo:

  La sala de exposiciones permanecerá cerrada (excepto sábados [10.00-13.00h]) hasta el próximo miércoles, día 31.

- Los **corchetes** con puntos suspensivos dentro sirven para indicar que en un texto citado se deja **algo sin reproducir**. Aunque se suelen utilizar los corchetes, también se emplean a veces los paréntesis. Ejemplo:

  Galaor [...] obtuvo permiso de Amadís, con la promesa de acudir a Sobradisa lo más pronto que pudiese.
  (Amadís de Gaula)

37 5 Combinación de los paréntesis y los corchetes con otros signos de puntuación

- Los signos de puntuación que corresponden al texto que va dentro de los paréntesis o de los corchetes deben incluirse **dentro de éstos**. Ejemplo:

  Los de la excursión hemos quedado a las seis y media de la mañana (¡qué sueño!).

- Los signos de puntuación que corresponden al texto en el que van insertados los paréntesis o los corchetes deben escribirse **fuera de éstos**. Ejemplo:

  ¿Viste qué bonita (la camisa)?

  – La **coma**, el **punto y coma** y los **dos puntos** nunca pueden preceder al paréntesis de apertura, pero sí seguir al de cierre. Ejemplo:

    Apenas la mitad de los que aprobaron selectividad este año (un 45 %), contando los presentados en junio y septiembre, podrá elegir la carrera que desee estudiar.

  – Los **puntos suspensivos** y el **punto** sí pueden preceder al paréntesis de apertura. Ejemplo:

    Si alguien te pregunta... (y espero que nadie lo haga), di que me he ido de viaje.

37 6 Otros usos de los paréntesis y de los corchetes

- En ocasiones se utiliza el **paréntesis de cierre** detrás de los números o letras que encabezan clasificaciones. Ejemplo:

  La conferencia constará de los siguientes puntos:
  a) Introducción al arte de las Vanguardias
  b) Cubismo
  c) Surrealismo

- A veces se utiliza el **corchete de apertura** para indicar en un poema que lo que viene a continuación corresponde al verso anterior, pero que ha pasado a la línea siguiente por falta de espacio (esta línea debe ir alineada a la derecha). Ejemplo:

  La misma noche que hace blanquear los mismos
  [árboles
  Nosotros, los de entonces, ya no somos los mismos.
  (*Pablo Neruda:* Veinte poemas de amor y una canción desesperada. Poema n.º 20)

38 Las comillas

38 1 Cuestiones previas

38 1.1 Tipos de comillas

Hay diferentes tipos de comillas:

- **Latinas o españolas** (« »). Ejemplos:

  Margarita nos preguntó: «¿Queréis que vayamos este domingo a jugar al baloncesto?».
  «¡Qué baile más curioso!», exclamó al ver aquellos movimientos.

- **Inglesas** (" "). Ejemplos:

  Margarita nos preguntó: "¿Queréis que vayamos este domingo a jugar al baloncesto?".
  «¡Qué baile más curioso ese de la "bamba"!», exclamó al ver aquellos movimientos.

- **Simples** (' '). Ejemplos:

  Margarita nos preguntó: «¿Queréis que vayamos este domingo a hacer 'puenting'?».
  «¡Qué baile más curioso ese de la 'bamba'!», exclamó al ver aquellos movimientos.

En general, se recomienda el uso de las comillas latinas y utilizar los demás tipos cuando se tienen que emplear comillas dentro de un texto que ya está entrecomillado. Sin embargo es muy frecuente el uso de las comillas inglesas en lugar de las latinas

38 1.2 Unión de las comillas con otros elementos del texto

En los textos impresos, las comillas de apertura se separan con un espacio de la palabra o signo de puntuación que los precede y se unen sin espacio a la palabra o signo de puntuación siguiente.

En los textos impresos, las comillas de cierre se unen sin espacio a la palabra o signo de puntuación que los precede y se separan con un espacio de la palabra o signo de puntuación siguiente.

38 2 Algunas reglas útiles para el uso de las comillas

- Se utilizan las **comillas latinas** («») en los siguientes casos:

  – Para indicar que una **cita** es **textual**. Ejemplo:

  Como dijo Gracián: «Lo bueno, si breve, dos veces bueno».

  – Para indicar que una palabra o expresión está usada con **sentido irónico o figurado**. Ejemplo:

  Si eres tan «puntual» como siempre, seguro que no llegamos a tiempo.

  – Para indicar que una palabra o expresión es invención del autor. Ejemplo:

  No es que sea generoso, es que es un «gastópata».

  – Para indicar que una palabra o expresión se utiliza **para hablar del lenguaje mismo** (uso metalingüístico). Ejemplo:

  La preposición «de» se usa mucho en castellano.

  – Para destacar **sobrenombres, apodos, alias**... Ejemplo:

  Leopoldo Alas «Clarín» escribió La Regenta.

  – Para enmarcar el **significado** de una palabra, expresión, modismo, refrán, etc. Ejemplo:

  Tirar la toalla *significa «rendirse».*

  – Para enmarcar los títulos de **artículos, noticias, trabajos**, etc. y a veces de libros. Ejemplo:

  Nuestro trabajo se llama «Dieta mediterránea y salud».

  – Para indicar, en una narración, que se reproducen los **pensamientos de los personajes**. Ejemplo:

  «¿Por qué habré venido?», pensó Alberto al llegar allí.

- Se utilizan las **comillas simples** (') (o las **comillas inglesas**) ("") cuando se deben emplear comillas dentro de un texto que ya aparece entrecomillado. Ejemplo:

  La profesora dijo: «Anotad todos los sinónimos de "agradable" que aparezcan en este texto».

38 3 Observaciones a las reglas de utilización de las comillas

38 3.1 Uso de las comillas y de la cursiva

En ocasiones, el uso de las comillas puede ser sustituido por el uso de la **cursiva**. Ejemplos:

¿Te compraste por fin el «compact» que querías?
¿Te compraste por fin el ***compact*** que querías?

Debe evitarse el abuso de las comillas y sustituirlo, cuando sea conveniente, por otras marcas. Un uso excesivo de las comillas dificulta la lectura de un texto, además de hacerlo antiestético.

38 3.2 Usos indebidos de las comillas

- Cuando se reproduce una cita que no es literal, ésta no debe ponerse entre comillas. Ejemplo:

  El portavoz dijo que tomarían medidas para evitar la contaminación.

  frente a:

  **El portavoz dijo que «tomarían medidas para evitar la contaminación».*
  **El portavoz dijo «que tomarían medidas para evitar la contaminación».*

- No es aconsejable entrecomillar los nombres propios de instituciones, organismos, etc., pues éstos se escriben siempre con mayúscula, y esta marca hace innecesarias las comillas. Ejemplos:

  *El instituto **L**ope de **V**ega*
  *El museo **G**uggenheim*

  mejor que:

  El instituto «Lope de Vega»
  El museo «Guggenheim»

38 4 Combinación de las comillas con otros signos de puntuación

- Los signos de puntuación que corresponden al texto que va incluido **dentro de las comillas** deben aparecer dentro de éstas. Ejemplo:

  Para hacer el trabajo conviene que leáis el artículo: «¿Nuevos proyectos o viejos recursos?».

- Los signos de puntuación que corresponden al texto mayor en el que van insertadas las comillas deben escribirse **fuera de las comillas**. Ejemplo:

  ¿Leísteis el artículo «Nuevos proyectos y viejos recursos»?

  Por este motivo, nunca aparecen inmediatamente antes de las comillas de cierre la coma, el punto y coma o los dos puntos (aunque sí pueden aparecer antes de las comillas de apertura).

- Cuando un texto entre comillas cierra un enunciado, es frecuente dudar si el **punto** debe ponerse **antes o después de las comillas**.

  – En los casos en los que el enunciado se inicia en las comillas de apertura, el punto debe colocarse antes de las de cierre, ya que en estos casos las comillas abren y cierran el enunciado. Ejemplo:

    «Más vale tarde que nunca.»

  – Pero si el texto que aparece entrecomillado se encuentra detrás de punto y coma, dos puntos, coma, o simplemente a continuación de lo anterior, se debe colocar el punto detrás de las comillas de cierre, ya que el período no ha sido abierto por las comillas y debe clausurarse fuera de ellas. Ejemplo:

    Como dice Luis: «Más vale tarde que nunca».

  Este punto detrás de las comillas ha de mantenerse incluso en los casos en los que inmediatamente antes de las comillas de cierre aparezcan signos de interrogación o de exclamación o incluso el punto correspondiente al final de una abreviatura. Ejemplos:

  El artículo se titula: «¡Bienvenidos!».
  En el papel ponía la dirección: «Isaac Peral 12, 6.º dcha.».

39 El guión

39 1 Cuestiones previas

39 1.1 El guión

El guión consiste en una línea horizontal de menor tamaño que la raya. Ejemplos:

científico-técnico *M-40* *números 344-350*

El guión (-) y la raya (—) no deben confundirse, pues son signos de puntuación distintos y tienen funciones diferentes (ver 40).

39 1.2 Unión del guión con otros elementos del texto

El guión se une generalmente sin ningún espacio a las palabras o letras que aparecen antes o después del signo.

39 2 Algunas reglas útiles para el uso del guión

Se utiliza el guión en los casos siguientes:

- Para separar las palabras al **final de renglón**. Ejemplo:

  Cuando me he levantado esta mañana, he en-
  cendido la radio para oír las noticias.

- Para formar algunas **palabras prefijadas y compuestas** (ver 22). Ejemplos:

  anti-Estado *histórico-filosófico*

- Para indicar un intervalo numérico. Ejemplos:

  Quiero imprimir las páginas 122-145. (Se refiere a todas las páginas incluidas entre la 122 y la 145.)

- Para transcribir expresiones formadas por una o varias **letras** y algún **número**. Ejemplo:

  Para ir a Segovia tienes que tomar la A-6.

- Para indicar que una letra o un grupo de letras es **inicial** o **final** de palabra. Ejemplos:

  Se escriben con g *los verbos acabados en* -ger.
  Se escriben con h *las palabras que empiezan por* hie-.

  Cuando la letra o grupo de letras se encuentran en **medio** de la palabra, se ponen dos guiones. Ejemplo:

  La palabra «parapsicología» contiene el grupo -ps-.

39 3 Observaciones a las reglas de utilización del guión

- A veces, ciertas secuencias de **palabras que no constituyen un compuesto** aparecen separadas con guión para dar una mayor sensación de unidad conceptual. Ejemplo:

  Estos pendientes los compré en una tienda de todo-a-cien.

  Se trata de usos puramente subjetivos que no se adecuan a ninguna regla de puntuación.

- En las secuencias formadas por varias **palabras constituidas (cada una de ellas) por dos elementos**, si el último de ellos es común a todas y sólo aparece en la última palabra, debe ponerse guión detrás de cada uno de los elementos que se han enumerado. Ejemplo:

  El proyecto consiste en crear video-, biblio- y hemeroteca en la ciudad.

  No obstante, no es aconsejable esta forma de escritura. Es más adecuado escribir todas las palabras completas. Ejemplo:

  El proyecto consiste en crear videoteca, biblioteca y hemeroteca en la ciudad.

39 4 Separación de palabras al final de renglón

39 4.1 Reglas para la separación de palabras al final de renglón

Al pasar de un renglón a otro cuando hay que dividir una palabra, se utiliza guión. Cuando se separan palabras al final de renglón, hay que tener en cuenta las siguientes reglas:

- Los **diptongos y triptongos** deben aparecer en la misma línea. Ejemplos:

  rei-nado *busca-bais* *no-viembre*

- La ***-h-* intercalada** no puede quedar nunca al final de renglón, sí al principio absoluto cuando va detrás de consonante. Ejemplos:

  des-hacer *tras-humancia*

- La ***x*** puede terminar el renglón (cuando va delante de consonante) o comenzarlo (cuando va delante de vocal). Ejemplos:

  ex-traño *ane-xo*

- El grupo -*cc*- se separa siempre al final de renglón; no pueden aparecer las dos consonantes ni al final ni al principio de la línea. Ejemplos:

  *rea**c**-**c**ión* *inye**c**-**c**ión*

- La *s* **que va precedida y seguida de consonante** forma sílaba con la consonante anterior, no con la siguiente; por tanto, puede aparecer al final de línea, pero no al principio. Ejemplos:

  *o**bs**-**t**áculo* *i**ns**-**p**iración*

- Los dígrafos ***ch, ll, rr, gu*** y ***qu*** nunca pueden separarse ni aparecer al final de renglón. Ejemplos:

  *ra-**ch**as* *ca-**ll**ejuelas* *reco-**rr**ido*
  *re-**gu**ero* *mar-**qu**esina*

- Los grupos formados por una **consonante seguida de *r* o de *l*** pertenecen, generalmente, a la misma sílaba y no pueden, por tanto, separarse al final de renglón. Ejemplos:

  *fiam-**br**e* *ha-**bl**aríamos*

  – Sin embargo, debe tenerse en cuenta que, en algunas palabras, la *r* no forma sílaba con las consonantes *b, d* o *t* que la preceden, especialmente en ciertas palabras prefijadas o compuestas. Ejemplos:

    *su**b**-**r**ayar* *ciuda**d**-**r**ealeño* *pos**t**-**r**omántico*

  – El grupo ***tl*** suele separarse al final de renglón, ya que cada consonante pertenece a una sílaba distinta. Ejemplos:

    *a**t**-**l**ético* *trasa**t**-**l**ántico*

    Sin embargo, teniendo en cuenta ciertas pronunciaciones que unen ambas consonantes en la misma sílaba (especialmente en Canarias e Hispanoamérica), es también válido que aparezcan unidas al inicio de renglón.

- Cuando **tres consonantes** aparecen seguidas en una palabra, se separan en dos sílabas teniendo en cuenta que los grupos constituidos por una consonante seguida de *l* o *r* siempre inician sílaba (salvo los casos indicados anteriormente), y que los grupos *st, ls, ns, rs, ds* siempre cierran sílaba. Ejemplos:

  *co**ns**-**t**ipado* *ha**m**-**br**e* *i**st**-**m**o*

- Cuando **cuatro consonantes** aparecen seguidas en una palabra, generalmente pertenecen dos a cada sílaba. Ejemplos:

  *co**ns**-**tr**eñido* *a**bs**-**tr**acto*

- Las **palabras prefijadas o compuestas** (cuando el segundo elemento comienza por vocal y puede aparecer solo) pueden separarse al final de línea, bien atendiendo a la separación silábica, bien atendiendo a la división en los elementos que la integran. Ejemplos:

  des-agradecido o *de-sagradecido*

- *Las* **palabras procedentes de otras lenguas** no deben separarse al final de renglón si no se conocen las reglas correspondientes.

39 4.2 Consideraciones tipográficas para la separación de palabras al final de renglón

Además de las reglas de la separación de palabras al final de renglón, hay que tener en cuenta las siguientes consideraciones tipográficas:

- Aunque los **hiatos** forman parte de sílabas diferentes, se recomienda no separarlos al final de renglón (excepto en las palabras prefijadas y compuestas). Ejemplos:

  reac-tor   *caó-tico*

- Debe evitarse acabar un renglón con la **vocal inicial** de una palabra o empezarlo con la vocal final de otra palabra. Ejemplos:

  ári-do   *eva-lúo*

- Como máximo pueden dividirse **tres líneas seguidas**, salvo si la medida del texto es muy estrecha, como en periódicos y revistas.
- Debe evitarse que, por efecto de la división, queden al final o al principio de línea **dos sílabas iguales seguidas**. Ejemplos:

  El trozo ***que queda-***
  ba en la nevera...

  mejor que:

  El trozo ***que que-***
  daba en la nevera...

- Es conveniente que no aparezca, a principio de renglón, una sílaba que **comience por r**.
- Se recomienda evitar las divisiones que originen **palabras malsonantes o desagradables**. Ejemplos:

  tu-bérculo o *tubércu-lo*, no *tubér-culo*
  pu-tativo o *putati-vo*, no *puta-tivo*

- Las **abreviaturas, siglas** y **símbolos** no deben separarse al final de renglón.

40 La raya

40 1 Cuestiones previas

40 1.1 La raya

La raya consiste en una línea horizontal de mayor tamaño que el guión. Ejemplos:

—Buenos días, Inés.
—Hola, Daniela, ¿cómo es que has venido? —preguntó al verla entrar.

El guión (-) y la raya (—) no deben confundirse, pues son signos de puntuación distintos y tienen funciones diferentes (ver 39).

40 1.2 Unión de la raya con otros elementos del texto

En los textos impresos, la raya de apertura debe aparecer unida sin ningún espacio a la palabra que la sigue, así como la raya de cierre debe aparecer unida sin ningún espacio a la palabra anterior. Sin embargo, antes de la raya de apertura y después de la de cierre debe haber un espacio, a menos que tras la de cierre haya otro signo de puntuación.

40 2 Algunas reglas útiles para el uso de la raya

Se utiliza la raya en los siguientes casos:

- Para encerrar **comentarios** marginales, desconectados sintácticamente del resto del enunciado. Ejemplo:

  A veces me gustaría —no es fácil conseguirlo— publicar un libro sobre esta ciudad.

- En los **encabezamientos** de los diálogos, cuando se reproduce una conversación. Ejemplo:

  —¿Cómo está, Leonor?
  —Bien, ¿y usted?

- Para **delimitar los enunciados** aclaratorios del narrador en un diálogo. Ejemplos:

  —¿Dónde has estado? —preguntó el padre.
  —Aquí pasa algo —dijo Felipe—. Hay ruidos extraños.

40 3 Observaciones a las reglas de utilización de la raya

40 3.1 El uso de la raya en los comentarios

En los casos en los que la raya introduce un **comentario marginal**, su uso es muy parecido al del paréntesis. No obstante, con los paréntesis la desconexión sintáctica suele ser mayor que con la raya. Ejemplos:

El mitin político —celebrado ayer en esta misma localidad— abre la campaña electoral del año.

frente a:

El mitin político (celebrado ayer en esta misma localidad) abre la campaña electoral del año.

Si se quiere introducir un comentario en un texto entre paréntesis, puede aparecer entre rayas. Ejemplo:

Casi todos los asistentes (el gerente, el director, los secretarios... —la lista sería larga—) prefirieron aplazar la decisión.

40 3.2 El uso de la raya en los incisos del narrador

La raya en los diálogos se utiliza tanto para introducir las palabras textuales como para enmarcar los incisos del narrador.

Los **incisos del narrador intercalados en un diálogo** deben escribirse entre rayas siguiendo las siguientes normas:

- Si el inciso está incluido en el enunciado se debe poner una raya al principio y otra al final. Ejemplo:

  *—Oye **—dijo Marta—**, ¿por qué no escribes un cuento para adultos?*

- Si el inciso cierra la frase, sólo lleva raya delante y se termina con un punto. Ejemplo:

  *—No has contestado a mi pregunta **—dijo Ángel impaciente.***

- Si la frase anterior al inciso debe ir seguida de coma, punto, punto y coma o dos puntos, estos signos deben ponerse detrás de la raya de cierre. Ejemplo:

  —Dime una cosa **—me dijo David—**, *¿crees que esta gotera viene de arriba?*

- Si la frase anterior al inciso lleva signos de interrogación o exclamación o va seguida de puntos suspensivos, estos signos deben escribirse antes de la raya de apertura (cuando ésta introduce el inciso del narrador, no el diálogo). Ejemplo:

  —¿A qué hora despega el avión? ***—me preguntó uno de los viajeros.***

  Y si se cierra enunciado, el punto debe ir detrás de la raya de cierre. Ejemplo:

  —Muchas gracias ***—dijo Pedro—****. El viernes que viene iremos a visitarte.*

40 4 Combinación de la raya con otros signos de puntuación

Delante de la raya de apertura de inciso del narrador pueden aparecer los **signos de interrogación o de exclamación** o los **puntos suspensivos**, pero no la **coma**, el **punto y coma**, el **punto** o los **dos puntos**. Ejemplo:

—Esto no ha hecho más que comenzar... —comentó ilusionada la directora.

Cualquier signo de puntuación puede aparecer detrás de la raya de cierre. Ejemplos:

A veces —dijo pensativo—, me gustaría encontrar la solución a tus problemas.
Pero... —interrumpí— ¿sabes lo que estás diciendo?

40 5 Otro uso de la raya

Además de los usos expuestos, la raya puede también utilizarse para indicar que en una lista o columna suprimimos palabras que ya han aparecido.

Este uso suele emplearse en las listas de referencias bibliográficas. Ejemplo:

PÁEZ, Enrique (1995): *Un secuestro de película*, Madrid, SM (Barco de vapor).
— (1994): *Abdel*, Madrid, SM (Barco de vapor).
— (1996): *Renata y el mago Pintón*, Madrid, SM (Barco de vapor).

41 Otros signos de puntuación

41 1 Cuestiones previas

Existen, además de los tratados en unidades anteriores, otros signos de puntuación que pueden utilizarse en los textos:

- La **barra oblicua** (/). Ejemplo:

  Responda sí/no en el cuestionario.

- El **apóstrofo** ('). Ejemplo:

  Vivo en la calle O'Donnell.

- El **asterisco** (*). Ejemplo:

  *El niño se *arrascó la herida.*

- Las **llaves** ({ }). Ejemplo:

  Verbos { *1.ª conjugación: acabados en -ar* / *2.ª conjugación: acabados en -er* / *3.ª conjugación: acabados en -ir* }

- El **signo de párrafo** (§). Ejemplo:

  Cita extraída del § 17

41 2 La barra oblicua

La barra oblicua (/) se utiliza:

- En ciertas **abreviaturas**. En estos casos, la barra oblicua no se separa con espacios de lo que aparece antes o después. Ejemplos:

  c/ (calle o cuenta)
  c/c (cuenta corriente)
  s/n (sin número)

- En algunas expresiones **con valor preposicional**. En estos casos, la barra oblicua no se separa con espacios de lo que aparece antes o después. Ejemplos:

  100 Km/h (kilómetros por hora)
  20 000 ptas./mes (pesetas al mes)
  02/08/74 (2 de agosto de 1974)

- Para ofrecer dos **opciones**. En estos casos, la barra oblicua no se separa con espacios de lo que aparece antes o después. Ejemplos:

  niños/as *D./D.ª*
  sí/no *verdadero/falso*

- Para señalar el **final de un verso** cuando el siguiente se transcribe en la misma línea. En estos casos debe dejarse un espacio antes y después de la barra. Ejemplo:

  Enhiesto surtidor de sombra y sueño / que acongojas el cielo con tu lanza.

  (Gerardo Diego)

  También se recoge este uso de la barra oblicua cuando se transcribe un texto, aunque no sea poético, y se quiere indicar el cambio de línea del original.

41 3 El apóstrofo

El apóstrofo (') es una coma que se coloca en la parte superior derecha de una letra o de una palabra.

- El apóstrofo suele emplearse para indicar la **omisión de alguna letra**:
  - En textos poéticos antiguos. Ejemplos:

    Tierras d'Alcañiz negras las va parando,
    e a derredor todo lo va preando.

    (Cantar de Mío Cid)

  - En la reproducción del lenguaje coloquial-vulgar. Ejemplos:

    ¿T'asustaste mucho?
    La niña está en ca' la Juani.
    ¿Pa' qué lo quieres?

- Por influencia del inglés, el apóstrofo aparece en algunas expresiones en las que **se suprimen las dos primeras cifras de un año**. Ejemplos:

  Expo'92
  Eurobasquet'99

  En estos casos, es preferible suprimir el apóstrofo. Ejemplos:

  Expo 92
  Eurobasquet 99

  También es frecuente, por influencia del inglés, el empleo del apóstrofo detrás de los nombres propios y seguido de *s* como marca de propiedad o pertenencia (genitivo sajón). Sin embargo, se recomienda evitar este uso. Ejemplos:

  Esta tarde hemos quedado en Pepe's bar.

- Algunos **nombres propios de persona no castellanos** llevan apóstrofo. Ejemplos:

  Eugenio D'Ors
  O'Connors

- Debe evitarse poner apóstrofo en lugar de **coma** (o punto) al separar los números enteros de los decimales. Ejemplos:

  42,7 no **42'7*
  0,25 no **0'25*

41 4 El asterisco

El asterisco (*) suele usarse en los casos siguientes:

- Como llamada de **nota** en un texto. En estos casos, a veces el asterisco aparece entre paréntesis. Cuando hay varias llamadas en un mismo texto, se pueden utilizar, sucesivamente, uno, dos, tres o cuatro asteriscos.

- Para indicar que una palabra, expresión u oración es incorrecta o no es gramatical. Ejemplos:

  **Pienso de que no tienes razón* (por *pienso que...*).
  **alante* (por *adelante*)
  **tortículis* (por *tortícolis*)

- En Historia de la Lengua, para indicar que se trata de una reconstrucción hipotética (no documentada en ningún texto escrito) en la evolución de una palabra. Ejemplo:

  *álamo < *almus*

41 5 Las llaves

Se emplean las llaves ({ }), para encerrar **cuadros sinópticos**, **opciones**, **clasificaciones**, **esquemas**, etc. Ejemplo:

Sistema circulatorio {
- *circulación sanguínea* { *glóbulos rojos*, *glóbulos blancos*, *plaquetas* }
- *ciculación linfática*
}

41 6 El signo de párrafo

El signo de párrafo (§) se usa para indicar, seguido del número correspondiente, divisiones internas dentro de los capítulos de un texto. Ejemplos:

§ 23, § 5.

También se utiliza para referirse al párrafo en remisiones y referencias cruzadas cuando un texto tiene estas divisiones. Ejemplo:

ver § 5

Algunas dificultades para hablantes de Cataluña, Comunidad Valenciana e Islas Baleares

En catalán y valenciano se utiliza generalmente el apóstrofo en la unión de los artículos *el* y *la* y de la preposición *de*, cuando preceden a palabras que empiezan por vocal.

También se utiliza el apóstrofo en la unión de pronombres personales átonos y formas verbales que empiezan o acaban por vocal o *h*.

Por analogía con estos usos, al escribir en castellano, se emplea a veces el apóstrofo en contextos en los que no debe utilizarse. Ejemplos:

- *la escena*, no **l'escena* (por influencia de *l'escena*)
- *signo de interrogación*, no **signo d'interrogación* (por influencia de *signe d'interrogació*)
- *se escribe*, no **s'escribe* (por influencia de *s'escriu*)

Ejercicios

La coma

1 **Coloca las comas que faltan en estas oraciones.**

- Le ruego señor Jerez que no se olvide del libro que le pedimos.
- Hemos perdido porque no hay jolgorio en la calle.
- Aunque sea verdad lo que me dices yo que soy bastante escéptico no acabo de creérmelo.
- Ésta es en efecto mi oportunidad; si quiero conseguir la beca debo aprovecharla.
- Volveré a ese país verdadero pulmón de América porque me ha parecido fascinante.
- En cuanto a mi estado de salud según las palabras del doctor estaré completamente recuperado la semana que viene.
- En primer lugar creo que profesionalmente es un avance; en segundo lugar es una gran oportunidad para vivir una temporada fuera de España.

2 **Si se trata de una enumeración, ¿por qué no es posible la coma detrás de la palabra *cocina*?**

Armarios, electrodomésticos y demás utensilios de cocina se adquieren aquí a buen precio.

....

....

3 **Explica la diferencia que existe entre los pares de oraciones siguientes.**

- Me acuerdo de la casa de Juan y de Pedro. / Me acuerdo de la casa de Juan, y de Pedro.

....

....

- Esto es para mi hijo. / Esto es para mí, hijo.

....

....

SOLUCIONARIO

1. *Le ruego, señor Jerez, que no se olvide del libro que le pedimos. Hemos perdido, porque no hay jolgorio en la calle. Aunque sea verdad lo que me dices, yo, que soy bastante escéptico, no acabo de creérmelo. Ésta es, en efecto, mi oportunidad; si quiero conseguir la beca, debo aprovecharla. Volveré a ese país, verdadero pulmón de América, porque me ha parecido fascinante. En cuanto a mi estado de salud, según las palabras del doctor, estaré completamente recuperado la semana que viene. En primer lugar, creo que, profesionalmente, es un avance; en segundo lugar, es una gran oportunidad para vivir una temporada fuera de España.* **2.** *Porque la coma nunca separa el sujeto del predicado en una oración (a menos que haya un inciso entre ambos).* **3.** Me acuerdo de la casa de Juan y de Pedro. *El hablante se acuerda de la casa cuyos propietarios son Juan y Pedro.* Me acuerdo de la casa de Juan, y de Pedro. *El hablante se acuerda de la casa de Juan, y, además, de una persona llamada Pedro.* Esto es para mi hijo. *El hablante informa a alguien de que algo está destinado a su hijo.* Esto es para mí, hijo. *El hablante indica que hay algo que es para él, y se lo dice a su hijo (o a alguien al que se refiere con ese apelativo cariñoso).*

Ejercicios

El punto

4 **En el texto siguiente, señala dónde se podría poner punto y seguido, y dónde punto y aparte.**

La informática, o en una definición más académica, las tecnologías de la información, se han convertido en un ingrediente fundamental en nuestras vidas Cualquier actividad supone —de una manera o de otra— el recurso a unos sistemas de información integrados por ordenadores, programas específicos y complicados sistemas de comunicaciones, sin los que la mayor parte de la actividad comercial y empresarial actual sería imposible Paralelamente, la proliferación de los ordenadores personales ha permitido a millones de personas acceder a la tecnología informática de una forma sencilla y asequible.

Equipo Dos: *Diccionario de Informática,* Acento Editorial (Flash)

5 **Coloca los puntos donde corresponda y efectúa las correcciones necesarias en las mayúsculas y en la disposición de los párrafos.**

El primer monumento que debemos visitar en la ciudad de Ávila es su recinto amurallado su perímetro es de 2 526 metros y tiene una altura media de 12 metros la catedral debe ser nuestro segundo objetivo se trata de una iglesia-fortaleza, pues forma parte del recinto amurallado comenzó a construirse a finales del siglo XII y se terminó en el XIV, aunque una de las torres de la fachada permanece aún inacabada la basílica de San Vicente se encuentra muy cerca con ella podemos iniciar el recorrido de otros edificios eclesiásticos que podemos acabar en el Real Monasterio de Santo Tomás, disfrutando de sus maravillosos claustros se trata de una ciudad maravillosa donde se descansa del bullicio de las grandes ciudades, con una gastronomía típicamente castellana y con una interesante oferta hotelera

6 **Coloca el punto donde corresponda, en caso de que sea necesario.**

- nº
- SO (Suroeste)
- La Regenta
- 120 m
- Ilmo
- Año 1942
- EEUU
- Sra

SOLUCIONARIO

4. *La informática, o en una definición más académica, las tecnologías de la información, se han convertido en un ingrediente fundamental en nuestras vidas. Cualquier actividad supone —de una manera o de otra— el recurso a unos sistemas de información integrados por ordenadores, programas específicos y complicados sistemas de comunicaciones, sin los que la mayor parte de la actividad comercial y empresarial actual sería imposible (p. y aparte). Paralelamente, la proliferación de los ordenadores personales ha permitido a millones de personas acceder a la tecnología informática de una forma sencilla y asequible.* **5.** *El primer monumento que debemos visitar en la ciudad de Ávila es su recinto amurallado. Su perímetro es de 2 526 metros y tiene una altura media de 12 metros (p. y aparte). La catedral debe ser nuestro segundo objetivo. Se trata de una iglesia-fortaleza, pues forma parte del recinto amurallado. Comenzó a construirse a finales del siglo XII y se terminó en el XIV, aunque una de las torres de la fachada permanece aún inacabada (p. y aparte). La basílica de San Vicente se encuentra muy cerca. Con ella podemos iniciar el recorrido de otros edificios eclesiásticos que podemos acabar en el Real Monasterio de Santo Tomás, disfrutando de sus maravillosos claustros (p. y aparte). Se trata de una ciudad maravillosa donde se descansa del bullicio de las grandes ciudades, con una gastronomía típicamente castellana y con una interesante oferta hotelera.* **6.** *n.º; SO; La Regenta; 120 m; Ilmo.; Año 1942; EE. UU.; Sra.*

Ejercicios

El punto y coma

7 **Escribe punto y coma, cuando sea necesario, en las oraciones siguientes.**

- A mí me gusta la música a mis hijos, el deporte a mi mujer, el cine.
- Me dijo que le había encantado el regalo sin embargo, creo que no dijo la verdad.
- En el campeonato, el atleta holandés ganó la medalla de oro el polaco, la de bronce.
- Unos opinan que el espectáculo es de gran calidad otros, por su parte, consideran lo contrario.
- En España se consumen aproximadamente 6 kilos de pasta por persona y año en Italia, el consumo es de 25 kilos por persona y año.

8 **Sustituye, en el siguiente texto, las comas por puntos y comas cuando sea necesario.**

En España, los límites de velocidad son los siguientes: 50 km/h en los núcleos urbanos, exceptuando los casos en los que haya otras señales, 90 km/h en las carreteras comarcales si el arcén es igual o superior a 1,5 m (si no, el límite es de 80 km/h), 120 km/h en autovía y autopista, si no hay ninguna otra señal de limitación de velocidad.
El cumplimiento de esta normativa es vital para la seguridad vial.

9 **¿Debe escribirse mayúscula detrás del punto y coma?**

....

10 **¿Con qué signos de puntuación puede combinarse el punto y coma?**

☐ los puntos suspensivos	☐ los dos puntos
☐ el punto	☐ los signos de exclamación
☐ la coma	☐ los signos de interrogación

SOLUCIONARIO

7. A mí me gusta la música; a mis hijos, el deporte; a mi mujer, el cine. Me dijo que le había encantado el regalo; sin embargo, creo que no dijo la verdad. En el campeonato, el atleta holandés ganó la medalla de oro; el polaco, la de bronce. Unos opinan que el espectáculo es de gran calidad; otros, por su parte, consideran lo contrario. En España se consumen aproximadamente 6 kilos de pasta por persona y año; en Italia, el consumo es de 25 kilos por persona y año. **8.** *En España, los límites de velocidad son los siguientes: 50 km/h en los núcleos urbanos, exceptuando los casos en los que haya otras señales; 90 km/h en las carreteras comarcales si el arcén es igual o superior a 1,5 m (si no, el límite es de 80 km/h); 120 km/h en autovía y autopista, si no hay ninguna otra señal de limitación de velocidad. El cumplimiento de esta normativa es vital para la seguridad vial.* **9.** *No, nunca se escribe mayúscula después del punto y coma.* **10.** *El punto y coma puede combinarse con los puntos suspensivos y con los signos de interrogación y de exclamación, pero no con el punto, los dos puntos y la coma.*

Ejercicios

Los dos puntos

11 **Coloca los dos puntos cuando lo creas oportuno.**

- Mis árboles se secan hace mucho que no llueve.
- Hace mucho que no llueve mis árboles se secan.
- Querido Juan Estoy esperando verte...
- Éstos de la foto son mis hermanos Pepe, Rafa, María...
- Esto fue lo que me dijo Antonio «Seguro que te van a dar el premio».
- He comprado varios libros *Fuenteovejuna, Fortunata y Jacinta, La Celestina* y un diccionario.
- Tengo algunas cosas pendientes preparar el equipaje, comprar un plano de carreteras y poner a punto el coche.
- Me encantan los animales; por ejemplo los caballos, los pájaros, los perros y los gatos.

12 **Explica la diferencia que existe entre los enunciados siguientes.**

He estado en el campo: me he resfriado. / He estado en el campo; me he resfriado.

....

....

13 **Escribe dos posibles usos no lingüísticos de los dos puntos.**

....

....

14 **¿Cuándo se escribe mayúscula a continuación de los dos puntos?**

....

....

15 **¿Pueden en algún caso ponerse los dos puntos delante o detrás de la conjunción *que*?**

....

....

SOLUCIONARIO

11. *Mis árboles se secan: hace mucho que no llueve. Hace mucho que no llueve: mis árboles se secan. Querido Juan: Estoy esperando verte... Éstos de la foto son mis hermanos: Pepe, Rafa, María... Esto fue lo que me dijo Antonio: «Seguro que te van a dar el premio». He comprado varios libros:* Fuenteovejuna, Fortunata y Jacinta, La Celestina *y un diccionario. Tengo algunas cosas pendientes: preparar el equipaje, comprar un plano de carreteras y poner a punto el coche. Me encantan los animales; por ejemplo: los caballos, los pájaros, los perros y los gatos.* **12.** He estado en el campo: me he resfriado. *Indica que me he resfriado porque he estado en el campo.* He estado en el campo; me he resfriado *indica que he estado en el campo y me he resfriado, pero no necesariamente por haber estado en el campo.* **13.** *Los dos puntos pueden utilizarse como signo de división en matemáticas (10 : 2 = 5) o para separar las horas de los minutos en la expresión de las horas (4:15 horas).* **14.** *Se escribe mayúscula detrás de los dos puntos al reproducir una cita textual, detrás del vocativo de cortesía, en instancias, certificados, etc., y, generalmente, en la enumeración de apartados.* **15.** *No deben ponerse dos puntos ni delante ni detrás de la conjunción* que, *con excepción de las instancias o informes (Dña. Enriqueta Guzmán, con DNI... EXPONE: Que habiendo solicitado...).*

Ejercicios

Los puntos suspensivos

16 **Indica para qué se utilizan los puntos suspensivos en cada una de estas oraciones.**

- Fuimos a jugar, a nadar, a los columpios..., y el niño no se cansó nada.

  ....

- Pues..., no estoy seguro, mejor..., bueno, decídelo tú.

  ....

- Ya sabes que quien mucho abarca...

  ....

- «El programa ha sido remitido a todos los docentes [...] y a los representantes de alumnos.»

  ....

17 **Escribe los puntos suspensivos cuando sea necesario.**

- Ya sabes que al que a buen árbol se arrima
- Las palabras llanas como *árbol, fácil, dócil* llevan tilde
- Pero ¡cómo te has puesto!
- Dime con quién andas
- Me gustan los compositores románticos: Chopin, Liszt
- Todas las conjunciones *(que, aunque, si)* son átonas.
- Eso no se hace. Eres un c
- Al entrar vi, no sé, algo que se movía ¡Qué miedo!
- Este año las notas Es necesario que estudies un poco más.

18 **¿Existe alguna diferencia entre los puntos suspensivos y la palabra *etcétera* (o *etc.*)? ¿Pueden aparecer los dos juntos?**

....

....

....

SOLUCIONARIO

16. Fuimos a jugar, a nadar, a los columpios..., y el niño no se cansó nada. *Los puntos suspensivos indican que la enumeración podría continuar.* Pues..., no estoy seguro, mejor..., bueno, decídelo tú. *Los puntos suspensivos indican vacilación o titubeo.* Ya sabes que quien mucho abarca... *Los puntos suspensivos indican que se ha dejado algo inacabado, pero que el lector puede fácilmente adivinar su continuación.* «El programa ha sido remitido a todos los docentes [...] y a los representantes de alumnos.» *Los puntos suspensivos entre corchetes (o entre paréntesis) indican que se ha suprimido una parte del texto que se transcribe literalmente.* **17.** *Ya sabes que al que a buen árbol se arrima... Las palabras llanas como* árbol, fácil, dócil... *llevan tilde. Pero... ¡cómo te has puesto! Dime con quién andas... Me gustan los compositores románticos: Chopin, Liszt... Todas las conjunciones* (que, aunque, si...) *son átonas. Eso no se hace. Eres un c... Al entrar vi..., no sé..., algo que se movía... ¡Qué miedo! Este año las notas... Es necesario que estudies un poco más.* **18.** *En general, se prefiere el uso de etc. para las enumeraciones cerradas que no se ponen completas y que responden a textos científicos o técnicos; y puntos suspensivos, en enumeraciones abiertas que se pueden dejar incompletas sin que se dificulte por ello la comprensión del texto. La palabra* etcétera *y los puntos suspensivos no deben aparecer juntos en un texto.*

Ejercicios

Los signos de interrogación y exclamación

19 **Di si es o no correcto escribir los signos de interrogación y exclamación tal y como aparecen en los textos siguientes y explica por qué.**

- ☐ ¿No tengo el mismo derecho que tú!
- ☐ ¡¿No te has enterado de quién ha ganado?!
- ☐ ¡¡¡Enhorabuena!!!

....

....

20 **Explica el uso de los siguientes signos de interrogación y de exclamación.**

- Dice que le prestaron una furboneta (?) para hacer la mudanza.

....

- Luis me contó que tardó una hora (!) en encontrar aparcamiento.

....

- El cuadro *Apolo y Dafne* (1498?) será donado al Museo del Prado.

....

Los paréntesis y corchetes

21 **Utiliza los paréntesis o los corchetes en las oraciones siguientes.**

- Mi profesora es de Tarancón Cuenca.
- «Sólo sé que no sé nada» Sócrates.
- La Inspección Técnica de Vehículos ITV es necesaria para la seguridad vial.
- «En un lugar de La Mancha ... vivía...».
- La exposición estará abierta al público ininterrumpidamente excepto lunes 10:00-14:00 h.

22 **Escribe los signos de exclamación que faltan en este enunciado.**

Esa chica (lo que hay que ver) tiene muy malos modales.

....

SOLUCIONARIO

19. ¿No tengo el mismo derecho que tú! *En los enunciados que son interrogativos y exclamativos al mismo tiempo se recomienda abrir con el signo de exclamación y cerrar con el de interrogación o viceversa.* ¡¿No te has enterado de quién ha ganado?! *Aunque este uso es muy frecuente, se recomienda abrir sólo con el signo de exclamación y cerrar con el de interrogación o viceversa.* ¡¡¡Enhorabuena!!! *Este uso debe restringirse a textos literarios o muy expresivos.* **20.** Dice que le prestaron una furboneta (?) para hacer la mudanza. *El signo de interrogación de cierre entre paréntesis indica una llamada de atención sobre una palabra que provoca duda o que puede ser errónea*. Luis me contó que tardó una hora (!) en encontrar aparcamiento. *El signo de exclamación de cierre entre paréntesis se usa para indicar sorpresa o énfasis.* El cuadro *Apolo y Dafne* (1498?) será donado al Museo del Prado. *El signo de cierre de interrogación indica que no se sabe con certeza la fecha exacta.* **21.** *Mi profesora es de Tarancón (Cuenca). «Sólo sé que no sé nada» (Sócrates). La Inspección Técnica de Vehículos (ITV) es necesaria para la seguridad vial. «En un lugar de la Mancha [...] vivía...». La exposición estará abierta al público ininterrumpidamente (excepto lunes [10:00-14:00 h]).* **22.** *Esa chica (¡lo que hay que ver!) tiene muy malos modales. Los signos de puntuación que corresponden al texto que va dentro de los paréntesis o de los corchetes deben incluirse dentro de ellos.*

Ejercicios

Las comillas

23 **Coloca las comillas, cuando corresponda, en las siguientes oraciones.**

- La verdad es que el concierto fue un poco light.
- Tienes una agudeza...: nunca entiendes un chiste a la primera.
- Esther me dijo que seguramente le iban a dar la beca.
- En ese momento se levantó el director y dijo: Espero estar con Vds. una vez más el próximo año.
- *No dar un palo al agua* significa no trabajar nada o ser un vago.
- El profesor me dijo: Me gusta tu nuevo look.
- ¿Has leído mi artículo Nuevas tendencias del español actual?
- Tu nuevo coche mola más que el mío.

24 **Explica dónde debe aparecer el punto en las siguientes oraciones.**

«Más vale pájaro en mano que ciento volando»
Como dice mi padre: «Más vale pájaro en mano que ciento volando»

El guión

25 **¿De qué posibles maneras pueden separarse las siguientes palabras a final de renglón?**

- viuda: ....
- virrey: ....
- istmo: ....
- constancia: ....
- coautor: ....
- abstracción: ....
- desarraigados: ....
- nosotros: ....

26 **Justifica el uso del guión en las palabras de las siguientes oraciones.**

- Pedro y Susana tienen una relación de amor-odio.
  ....
- Las palabras que empiezan por *biblio-* se escriben con *b*.
  ....

27 **¿Se pueden separar *OTAN, RENFE, Ilmo.* o *V.ºB.º* al final de línea?**

....

SOLUCIONARIO

23. *La verdad es que el concierto fue un poco «light». Tienes una «agudeza»...: nunca entiendes un chiste a la primera. Esther me dijo que seguramente le iban a dar la beca. En ese momento se levantó el director y dijo: «Espero estar con Vds. una vez más el próximo año».* No dar un palo al agua *significa «no trabajar nada» o «ser un vago». El profesor me dijo: «Me gusta tu nuevo 'look'». ¿Has leído mi artículo «Nuevas tendencias del español actual»? Tu nuevo coche «mola» más que el mío.* **24.** *«Más vale pájaro en mano que ciento volando.» El punto debe ir delante de las comillas de cierre, ya que el enunciado se inicia en las comillas de apertura, y las comillas, por tanto, abren y cierran el enunciado. Como dice mi padre: «Más vale pájaro en mano que ciento volando». El punto se debe colocar detrás de las comillas de cierre, ya que el período no ha sido abierto por las comillas y debe cerrarse fuera de ellas.* **25.** *viu-da; coau-tor; vi-rrey; abs-trac-ción; ist-mo; de-sa-rrai-ga-dos / des-a-rrai-ga-dos; cons-tan-cia; no-so-tros / nos-o-tros.* **26.** amor-odio: *El guión sirve para dar mayor sensación de unidad conceptual;* biblio-: *El guión indica que «biblio» es un grupo inicial de palabra.* **27.** *No, porque las abreviaturas, siglas y símbolos no deben dividirse a final de renglón.*

Ejercicios

La raya

28 **Pon las rayas que faltan para dar el sentido correcto al texto.**

Algún tiempo después sería ya verano se oyeron unas pequeñas explosiones alrededor del valle.
¿Qué pasa? le pregunté a *La Vache*.
No pasa nada. Que son las fiestas de algún pueblo de aquí cerca.
¿Fiestas? dije sorprendida. Nunca había oído aquella palabra.
Es lo que dicen, que echan esos cohetes cuando son fiestas. Pero no me preguntes cómo son. Nunca he estado en ninguna.
¡Cómo me gustaría estar en una de esas fiestas! exclamé con toda inocencia. Aún era muy joven e imprudente, y no tuve reparo en expresar aquel deseo. Desgraciadamente, el deseo se cumplió.

Bernardo Atxaga: *Memorias de una vaca*, SM (El Barco de Vapor)

29 **Explica por qué en la primera oración aparece raya de apertura y de cierre enmarcando el enunciado aclaratorio del narrador y en la segunda sólo aparece raya de apertura.**

—Ummm —dijo Marisa—. No sé lo que significa esto.

....

—No he podido estudiar —dijo Javier con aire de preocupación.

....

30 **Coloca los signos de puntuación que faltan en los siguientes enunciados.**

—Niño —gritó el padre— ¿qué haces?

—Estoy de acuerdo —contesté— Suscribo todo lo que has dicho.

Otros signos de puntuación

31 **Coloca los signos que faltan en las siguientes oraciones.**

- El límite de velocidad en esta carretera es de 80 kmh.
- Le encanta pasear por la zona de O Donnell.
- Para solucionar esta duda consúltese (el párrafo) 16.
- *Se informa que la reunión será mañana* es un ejemplo de queísmo.

SOLUCIONARIO

28. *Algún tiempo después —sería ya verano—se oyeron unas pequeñas explosiones alrededor del valle.*
—¿Qué pasa? —le pregunté a La Vache.
—No pasa nada. Que son las fiestas de algún pueblo de aquí cerca.
—¿Fiestas? —dije sorprendida. Nunca había oído aquella palabra.
—Es lo que dicen, que echan esos cohetes cuando son fiestas. Pero no me preguntes cómo son. Nunca he estado en ninguna.
—¡Cómo me gustaría estar en una de esas fiestas! —exclamé con toda inocencia. Aún era muy joven e imprudente, y no tuve reparo en expresar aquel deseo. Desgraciadamente, el deseo se cumplió.
29. —Ummm —dijo Marisa—. No sé lo que significa esto. *Como el inciso está incluido en la frase, se debe poner una raya al principio y otra al final.* —No he podido estudiar —dijo Javier con aire de preocupación. *Como el inciso cierra la frase sólo lleva raya delante y se termina con un punto.* **30.** *—Niño —gritó el padre—, ¿qué haces? —Estoy de acuerdo —contesté—. Suscribo todo lo que has dicho.* **31.** *El límite de velocidad en esta carretera es de 80 km/h. Le encanta pasear por la zona de O'Donnell. Para solucionar esta duda consúltese § 16.* *Se informa que la reunión será mañana *es un ejemplo de queísmo.*

Ejercicios

Puntuación (ejercicios globalizadores)

32 **Elimina los signos de puntuación que no sean necesarios en las siguientes oraciones.**

- Los candidatos a la alcaldía, empezarán pronto a hacer campaña.
- Todos los alumnos, que hayan aprobado, deberán pasar por secretaría; lo antes posible.
- Vengo observando desde hace más de un año: que se está agrietando esta pared, y no sé cómo solucionarlo.
- Según me han dicho, María, no vendrá a la boda.

33 **Coloca comas en las siguientes oraciones de forma que obtengas de cada una de las secuencias dos significados diferentes.**

- ¿Sois vosotros amigos?

  ....

  ....

- No me hagas esa pregunta tonta.

  ....

  ....

- Es empresario y abogado como todos sus hermanos.

  ....

  ....

34 **Escribe los signos de puntuación que faltan en el siguiente texto, poniendo mayúsculas cuando sea necesario.**

Berta atiende bien el encargo que te hago tienes que ir al mercado y comprar lo siguiente azúcar leche limones y arroz por favor no te olvides de nada lo necesito para hacer el postre de tu cumpleaños o sea de tu fiesta del sábado al llegar al mercado sube a la segunda planta y busca el puesto de Pepe el amigo de papá puede que no esté abierto en tal caso compra donde quieras.

SOLUCIONARIO

32. *Los candidatos a la alcaldía empezarán pronto a hacer campaña. Todos los alumnos que hayan aprobado deberán pasar por secretaría lo antes posible. Vengo observando desde hace más de un año que se está agrietando esta pared, y no sé cómo solucionarlo. Según me han dicho, María no vendrá a la boda.* **33.** ¿Sois vosotros, amigos? *El hablante pregunta a sus interlocutores si son sus amigos.* ¿Sois vosotros amigos? *El hablante pregunta a varias personas si son amigos entre sí.* No me hagas esa pregunta, tonta. *El hablante está llamando tonta a la interlocutora.* No me hagas esa pregunta tonta. *El hablante está diciendo que la pregunta es una tontería.* Es empresario, y abogado como todos sus hermanos. *La persona de quien se habla, además de abogado como todos sus hermanos, es empresario.* Es empresario y abogado como todos sus hermanos. *Tanto la persona de quien se habla como todos sus hermanos son abogados y empresarios.* **34.** *Berta, atiende bien el encargo que te hago. Tienes que ir al mercado y comprar lo siguiente: azúcar, leche, limones y arroz. Por favor, no te olvides de nada; lo necesito para hacer el postre de tu cumpleaños, o sea, de tu fiesta del sábado (punto y aparte). Al llegar al mercado, sube a la segunda planta y busca el puesto de Pepe, el amigo de papá. Puede que no esté abierto; en tal caso, compra donde quieras.*

E j e r c i c i o s

35 **Cambia el significado de las siguientes oraciones, utilizando los signos de puntuación.**

- Es tu hermana

  ....

- Me han felicitado María José y Jorge.

  ....

- Los asistentes que estaban de acuerdo con el conferenciante comenzaron a aplaudir.

  ....

36 **Utiliza los signos de puntuación pertinentes en las siguientes oraciones.**

- El circuito eléctrico consta de los siguientes componentes un generador unos cables un aparato y un interruptor.
- Alejandro sorprendido me preguntó estás seguro de lo que dices.
- Deben de ser no sé alrededor de las tres de la tarde.
- ¿Cómo lo has pintado? preguntó el profesor.
- Esto significa subrayó el conferenciante que una alimentación equilibrada es fundamental para el desarrollo.

37 **Coloca los signos de puntuación necesarios para la correcta lectura del siguiente texto, poniendo mayúscula inicial detrás de los puntos.**

El cacao originario de los bosques tropicales de América central ya lo cultivaban los mayas y los aztecas además de proporcionar un alimento muy apreciado era también moneda de cambio .... a España lo trajo Hernán Cortés tras la conquista de México 1519 y se consumía como bebida muchos años después en 1819 un suizo François-Louis Cailler fabricó la primera tableta de chocolate España consume en la actualidad unas 125 000 toneladas de chocolate el 41 % en cacao del desayuno el 8 % en cremas de untar el 24 % en tabletas y en otros 24 % el 2,3 % es sucedáneo el consumo medio por habitante y año es de 3,1 kilos el país europeo más goloso es Gran Bretaña 10,3 kilos al año.

El cómo del porqué. Guía práctica del saber cotidiano, Ediciones SM (adaptación)

SOLUCIONARIO

35. *¿Es tu hermana? Me han felicitado María, José y Jorge. Los asistentes, que estaban de acuerdo con el conferenciante, comenzaron a aplaudir.* **36.** *El circuito eléctrico consta de los siguientes componentes: un generador, unos cables, un aparato y un interruptor. Alejandro, sorprendido, me preguntó: «¿Estás seguro de lo que dices?» Deben de ser..., no sé..., alrededor de las tres de la tarde. —¿Cómo lo has pintado? —preguntó el profesor. Esto significa —subrayó el conferenciante— que una alimentación equilibrada es fundamental para el desarrollo.* **37.** *El cacao, originario de los bosques tropicales de América central, ya lo cultivaban los mayas y los aztecas. Además de proporcionar un alimento muy apreciado, era también moneda de cambio. [...] A España lo trajo Hernán Cortés, tras la conquista de México (1519), y se consumía como bebida. Muchos años después, en 1819, un suizo, François-Louis Cailler, fabricó la primera tableta de chocolate. España consume en la actualidad unas 125 000 toneladas de chocolate: el 41 %, en cacao del desayuno; el 8 %, en cremas de untar; el 24 %, en tabletas, y en otros, un 24 % (el 2,3 % es sucedáneo). El consumo medio por habitante y año es de 3,1 kilos. El país europeo más goloso es Gran Bretaña (10,3 kilos al año).*

IV
Otras cuestiones ortográficas

42 Ortografía de las abreviaturas

42 1 Cuestiones previas

Una **abreviatura** es la representación escrita de una palabra con una o varias de sus letras. Ejemplos:

admón. (administración)
Sra. (señora)
S.M. (Su Majestad)
pág. (página)

Algunas abreviaturas pueden formarse con una barra oblicua (/) o con letras voladitas. Ejemplos:

v/ (visto)
c/ (calle)
art.[o] (artículo)
Prof.[a] (profesora)

- No existe un número limitado de abreviaturas, ya que una misma palabra se puede representar por medio de formas abreviadas distintas. El propio usuario puede elaborar diferentes abreviaturas siempre que siga unas normas establecidas. Ejemplos:

  tel. o *teléf.* (teléfono)
  av. o *avda.* (avenida)
  izq. o *izqda.* (izquierda)
  p.e. o *p.ej.* (por ejemplo)

- Asimismo, una única abreviatura puede designar más de un concepto. Ejemplos:

  s.l. (sin lugar; sus labores)
  S.A. (Su Alteza; Sociedad Anónima)
  CC. AA. (Comunidades Autónomas; Cajas de Ahorro)
  s. (siglo; sustantivo; siguiente)

42 2 Reglas para la formación de abreviaturas

- Las letras de la abreviatura conservan el **mismo orden** que en la palabra. Ejemplos:

  gral. (general) *núm.* (número) *Licdo.* (licenciado)

- Las abreviaturas sólo pueden **terminar en vocal** si ésta es la última letra de la palabra. Ejemplos:

  tpo. (tiempo) *apdo.* (apartado) *dcha.* (derecha)

  En los demás casos, **acaban en consonante**. Ejemplos:

  cts. o *cent.* (céntimos)

- Cuando se forma una abreviatura partiendo la palabra por una sílaba que tiene más de una consonante antes de la vocal, deben escribirse en la abreviatura todas las **consonantes** de esa sílaba que aparezcan antes de la vocal. Ejemplos:

  intr. (in**tran**sitivo) *párr.* (pár**ra**fo)

  Excepción: las palabras que tienen *-cc-* se abrevian con la primera *c* seguida de punto. Ejemplos:

  contrac. (contracción)

- Las abreviaturas se escriben siempre **con punto** (el punto aparece detrás de cada una de las palabras que se abrevian). Ejemplos:

  pról. (prólogo) *p.m.*(post meridiem)

  En las abreviaturas con letras voladitas el punto se coloca delante de dicha voladita. Ejemplos:

  n.º frente a *núm.* (número)
  p.[za] frente a *pza.* (plaza)

  Excepción: No se escribe punto cuando la abreviatura lleva barra. Ejemplos:

  c/ (calle) *v/* (visto) *c/c* (cuenta corriente)

- Cuando una **palabra lleva tilde**, ésta se conserva en la abreviatura si aparece en ella la vocal acentuada. Ejemplos:

  pág. (página) *Cía.* (compañía) *cód.* (código)

42 3 Observaciones a las reglas de formación de abreviaturas

- Después del punto de la abreviatura puede emplearse **cualquier signo de puntuación** (coma, punto y coma, dos puntos, puntos suspensivos...), con excepción del punto. Ejemplos:

  Me encanta la pasta; p.ej., los espaguetis.
  Tienes que apuntar algunos datos del libro: título, autor, número de vol., número de págs.... (los cuatro puntos corresponden al punto de la abreviatura más los tres puntos suspensivos).

  Sin embargo, debe considerarse que el **punto** de la abreviatura funciona también como punto de cierre de un enunciado. Ejemplo:

  Vivo en el primero izq.

- Las abreviaturas que pueden escribirse con las letras finales en voladita llevan el punto delante de la letra voladita y se pueden marcar o no con una raya debajo de ésta. Las palabras que forman su abreviatura con voladitas pueden también abreviarse de forma convencional. Ejemplos:

p.^{za}	o	*pza.*	(plaza)
d.^{cha}	o	*dcha.*	(derecha)
adm.^{or}	o	*admr.*	(administrador)

- En las abreviaturas que se forman con una barra también es posible su escritura con punto. Ejemplos:

c/	o	*c.*	(calle)
s/a	o	*s.a.*	(sin año de impresión)

- Las abreviaturas nunca deben dividirse al final de línea.

42 4 La formación del plural en las abreviaturas

El plural de las abreviaturas se puede formar de distintos modos, según sea el singular de la forma abreviada.

- Si la abreviatura está formada por varias letras, **se añade una** *-s*. Ejemplos:

  vol. (volumen) → *vols.* (volúmenes)
  pág. (páginas) → *págs.* (páginas)

- Si la abreviatura está formada por una sola letra, ésta **se duplica** para formar su plural. Ejemplos:

  s. (siguiente) → *ss.* (siguientes)
  p. (página) → *pp.* (páginas)

- Si la abreviatura está formada por varias letras iniciales correspondientes a un grupo de palabras o a una palabra compuesta, el plural se forma **duplicando** aquéllas. En estos casos, se deja un espacio entre cada grupo de iniciales duplicadas. Ejemplos:

  S.A.R. (Su Alteza Real) → *SS. AA. RR.* (Sus Altezas Reales)
  F.C. (ferrocarril) → *FF. CC.* (ferrocarriles)

- Si la abreviatura está formada con letras voladitas, el plural se forma añadiendo una **-s** detrás de la última voladita. Ejemplos:

  n.^{os} (números) *p.*^{zas} (plazas)

- Algunas abreviaturas carecen de singular. Ejemplo:

  CC. OO. (Comisiones Obreras)

42 5 Distinción entre abreviaturas y símbolos

Es frecuente la confusión entre abreviatura y símbolo (representación con una o varias letras de una palabra científica o técnica) (ver 44).

- La diferencia consiste en que las abreviaturas **no tienen una forma fija**, ya que una misma palabra puede dar lugar a abreviaturas distintas, y los símbolos sí son formas fijas. Además, mientras que las abreviaturas, como norma general, se escriben **con punto**, los símbolos nunca llevan punto. Ejemplos:

Abreviaturas:			Símbolos:		
	párr.	(párrafo)		*N*	(Norte)
	fra.	(factura)		*kg*	(kilogramo)
	cap.	(capítulo)		*min*	(minuto)

- En algunos casos, una misma palabra puede ser representada con una abreviatura o con un símbolo. Ejemplo:

  pta. (abreviatura) o *PTA* (símbolo)

42 6 Distinción entre abreviaturas y siglas

Es frecuente la confusión entre abreviatura y sigla (palabra formada con las iniciales de otras) (ver 43). Las diferencias fundamentales son:

- Cuando se leen en voz alta las abreviaturas, se leen completas la palabra o palabras que se abrevian. En las siglas sólo se pronuncian, generalmente, las letras o sílabas que las componen. Ejemplos:

  Abreviaturas: *pza.* [pláza] Siglas: *ONG* [oenegé]
  v.gr. [verbigrácia] *IVA* [íva]

- Las abreviaturas son formas susceptibles de **variación** y pueden formar su plural. En cambio, las siglas son formas fijas e invariables que carecen de marca de **plural**. Además, las abreviaturas se escriben, como norma general, con punto, y las siglas se escriben sin **punto**. Ejemplos:

  Abreviatura: *avdas.* (avenidas)
  Sigla: *los PVP* (los Precios de Venta al Público)

42 7 Algunos ejemplos de abreviaturas de uso actual

AA. VV.	autores varios (también *VV. AA.*)
A.D.	*anno Dómini* (*año del Señor*)
a.C.	antes de Cristo (también *a. de C.*)
a. de C.	antes de Cristo (también *a.C.*)
admón.	administración
a.m.	*ante merídiem* (*antes del mediodía*)
apdo.	apartado
art., art.º	artículo
Arz., Arzbpo.	arzobispo
A.T.	Antiguo Testamento
atte.	atentamente
av., avd., avda.	avenida
bibl.	biblioteca
b.l.m.	besa la mano
c.	capítulo (también *cap.*); calle (también *c/*)
c/	cargo; cuenta; calle (también *c.*)
C.ª	compañía (también *Cía.*)

cap.	capítulo (también *c.*)
c/c	cuenta corriente
CC. AA.	Cajas de Ahorro; Comunidades Autónomas
CC. OO.	Comisiones Obreras
cént.	céntimo (plural *cts.*)
cf., cfr.	*cónfer* (*compárese*) (también *conf., confr.*)
Cía.	compañía (también *C.ª*)
cód.	código
conf., confr.	*cónfer* (*compárese*) (también *cf., cfr.*)
C.P.	código postal
cta.	cuenta
cts.	céntimos
c/u	cada uno
D.	don
D.ª	doña
d.C.	después de Cristo (también *d. de C.*)
dcho.; dcha.	derecho; derecha
d. de C.	después de Cristo (también *d.C.*)
D.E.P.	descanse en paz (también *R.I.P.*)
depto.	departamento (también *Dpt.º*)
D.F.	Distrito Federal
dir.; dir.ª	director; directora
D.m.	Dios mediante
D.P.	distrito postal
Dpt.º	departamento (también *depto.*)
Dr.; Dra.	doctor; doctora
dto.	descuento
dupdo.	duplicado
ed.	edición; editor
Ed., Edit.	editorial
EE. UU.	Estados Unidos
ej.	ejemplo; ejemplar
Em.ª	Eminencia
Emmo.; Emma.	Eminentísimo; Eminentísima
entlo.	entresuelo
e.p.d.	en paz descanse
et al.	*et alii* (*y otros*)
etc.	etcétera
Exc.ª	Excelencia
Excmo.; Excma.	Excelentísimo; Excelentísima

f., f.º, fol.	folio
f.ª	factura (también *fra.*)
F.C.	ferrocarril (plural *FF. CC.*)
Fdo.	firmado
FF. AA.	Fuerzas Armadas
FF. CC.	ferrocarriles
FF. NN.	Fuerzas Navales
fig.	figurado o figura
Fr.	fray
fra.	factura (también *f.ª*)
g/	giro
g.p., g/p	giro postal
Gral.	general
gta.	glorieta
H.	hermano(a) (de una orden religiosa)
hnos.; hnas.	hermanos; hermanas
hros.; hras.	herederos; herederas
ibíd., ib.	ibídem (*en el mismo lugar*)
íd.	ídem (*lo mismo*)
i.e.	*id est* (*esto es*)
Ilmo.; Ilma.	Ilustrísimo; Ilustrísima
imp.	imprenta
ít.	ítem (*también*)
izq.,	izquierdo(a)
izqdo; izqda.	izquierdo; izquierda
J.C.	Jesucristo
L/	letra de cambio
l.c.	*loco citato* (*en el lugar citado*) (también *loc. cit.*)
Ldo.; Lda.	licenciado; licenciada
loc. cit.	*loco citato* (*en el lugar citado*) (también *l.c.*)
Ltd.	*limited* (*limitado[a]*)
Ltda.	limitada
M.ᵉ	madre (en una orden religiosa)
máx.	máximo
mín.	mínimo
Mons.	Monseñor
ms., MS.	manuscrito
Mtro.	maestro
N.ª S.ª	Nuestra Señora
N.B.	nota bene (*obsérvese*)

N. del T.	nota del traductor
n.º	número (también *núm.*)
N.T.	Nuevo Testamento
ntro.; ntra.	nuestro; nuestra
núm.	número (también *n.º*)
o/	orden
Ob., Obpo.	obispo
ob. cit.	obra citada (también *op. cit.*)
O.M.	Orden Ministerial
op.	*opus* (*obra*, en música)
op. cit.	*ópere citato* (*en la obra citada*) (también *ob. cit.*)
p.	página (también *pág.*; plural *pp.*)
P.	padre (en una orden religiosa); papa
p.ª	para
pág.	página (también *p.*)
párr.	párrafo
P.D.	posdata
Pdte.; Pdta.	presidente; presidenta
p.e., p.ej.	por ejemplo
pl.	plaza (también *P.*^{za})
p.m.	*post merídiem* (*después de mediodía*)
P.M.	policía militar
p.º	paseo
p.o., p/o	por orden
ppal.	principal
Prof.; Prof.ª	profesor; profesora
pról.	prólogo
P.S.	*post scríptum* (*posdata*)
pta.	peseta (plural *pts.*)
pts.	pesetas
p.^{za}	plaza (también *pl.*)
q.b.s.m.	que besa su mano
q.b.s.p.	que besa sus pies
Q.D.G., q.D.g.	que Dios guarde
q.e.g.e.	que en gloria esté
q.e.p.d.	que en paz descanse
q.e.s.m.	que estrecha su mano
q.s.g.h.	que santa gloria haya
R.	reverendo(a) (también *Rdo., Rda., Rev., Revdo., Revda.*); respuesta

R.[bí]	recibí
R.D.	Real Decreto (España)
Rdo.; Rda.	reverendo; reverenda (también *R., Rev., Revdo., Rvda.*)
reg.	registro
rel.	relativo
Rep.	república
Rev.	reverendo(a) (también *R., Rdo., Rda., Revdo., Revda.*)
Revdo.; Revda.	reverendo (también *R., Rdo., Rev.*); reverenda (también *R., Rda., Rev.*)
R.I.P.	*requiescat in pace* (también *D.E.P.*)
Rmo.; Rma.	reverendísimo; reverendísima
R.O.	Real Orden
r.p.m.	revoluciones por minuto
RR. MM.	Reyes Magos
Rte.	remitente
s.	siglo; sustantivo; siguiente (también *sig.*; plural *ss.*)
S.	San; Santo(a) (también *Sto., Sta.*)
s.a., s/a	sin año (de impresión)
S.A.	Su Alteza; sociedad anónima
S.A.I.	Su Alteza Imperial
S.A.R.	Su Alteza Real
S.A.S.	Su Alteza Serenísima
sdad.	sociedad
S.D.M.	Su Divina Majestad
S.E.	Su Excelencia
s.e., s/e	sin (indicación de) editorial
secret.[a]	secretaría
Sermo.; Serma.	Serenísimo, Serenísima
s.e.u.o.	salvo error u omisión
s.f.	sin fecha
sig.	siguiente (también *s.*)
s.l.	sin lugar (de edición); sus labores
s.L.	su letra (de cambio)
S.L.	sociedad limitada
S.M.	Su Majestad (plural *SS. MM.*)
Smo.	santísimo
s/n	sin número

s/o	su orden
S.P.	servicio público
Sr.; Sra.	señor; señora (también *Sr.ª*; plural *Sres., Srs.; Sras.*)
Sr.ª	señora (también *Sra.*)
S.R.C.	se ruega contestación
Sres., Srs.	señores
S.R.M.	Su Real Majestad
Srta.	señorita
s.s.	seguro servidor
S.S.	Su Señoría; Su Santidad
SS. MM.	Sus Majestades
SS.^{mo} P.	Santísimo Padre
s.s.s.	su seguro servidor
Sto.; Sta.	santo; santa (también *S.*)
s.v.	*sub voce* (*bajo la palabra*, en diccionarios y enciclopedias)
tel., teléf., tfno.	teléfono
tpo.	tiempo
trad.	traducción
U., Ud.	usted (también *V., Vd.*)
v.	véase (también *V., vid.*); verso
v/	visto
V.	usted (también *U., Ud., Vd.*); véase (también *v., vid.*)
V.A.	Vuestra Alteza
V.A.R.	Vuestra Alteza Real
Vd.	usted (también *U., Ud., V.*)
Vda.	viuda
V.E.	Vuestra Excelencia, Vuecencia
v.g., v.gr.	verbigracia
vid.	*vide* (*véase*) (también *v., V.*)
V.M.	Vuestra Majestad
V.°B.°	visto bueno
V.O.	versión original
vol.	volumen
V.P.	Vuestra Paternidad
V.R.	Vuestra Reverencia
vro., vra.	vuestro, vuestra
VV. AA.	varios autores (también *AA. VV.*)
Xto.	Jesucristo

43 Ortografía de las siglas y acrónimos

43 1 Cuestiones previas

Una **sigla** es una palabra formada, generalmente, con las iniciales de otras palabras que constituyen un grupo sintáctico. Ejemplos:

ONU (**O**rganización de las **N**aciones **U**nidas)
ESO (**E**nseñanza **S**ecundaria **O**bligatoria)

Algunas siglas que se utilizan en castellano están formadas a partir de expresiones extranjeras. Ejemplos:

PC (**P**ersonal **C**omputer)
FIFA (**F**édération **I**nternationale de **F**ootball **A**ssociation)

Normalmente, las siglas hacen referencia a instituciones y organismos políticos y económicos, aunque su uso está cada vez más extendido a otros ámbitos.

43 2 Clasificación de las siglas

- Existen dos tipos de siglas:
  - **Propias**: se forman sólo con las iniciales de las palabras que constituyen una expresión (exceptuando nexos y artículos). Ejemplos:

    DNI (**D**ocumento **N**acional de **I**dentidad)
    OCU (**O**rganización de **C**onsumidores y **U**suarios)

  - **Impropias**: se forman con las iniciales de todas las palabras que constituyen la expresión, incluyendo palabras de significado gramatical (nexos y artículos); o bien se forma con letras que no son sólo iniciales. Esta clase de siglas recibe a veces el nombre de **acrónimos**. Se escriben, indistintamente, con inicial mayúscula y el resto en minúscula, o con todas sus letras mayúsculas. Ejemplos:

    Insalud o *INSALUD* (**I**nstituto **N**acional de la **Salud**)
    Inem o *INEM* (**I**nstituto **N**acional de **Em**pleo)

- Cuando las siglas han sido creadas para nombrar un nuevo objeto, suelen lexicalizarse y pasan a constituir palabras con una categoría gramatical propia. El nombre de **acrónimo** se utiliza a veces también para designar este tipo de siglas. En estos casos, se escriben con minúscula, incluso la letra inicial. Ejemplos:

  talgo (**t**ren **a**rticulado **l**igero **G**oicoechea-**O**riol)
  sida (**s**índrome de **i**nmunodeficiencia **a**dquirida)

43 3 Otras cuestiones sobre las siglas

- Las letras que forman las siglas se escriben, generalmente, en **mayúscula** y **sin puntos**. Ejemplo:

  FMI (Fondo Monetario Internacional)

  En los casos en que una sigla se ha lexicalizado y ha pasado a constituir una **palabra**, suele escribirse con minúsculas. Ejemplos:

  sonar (Sound Navigation Ranging)
  láser (Light Amplification by Stimulated Emission of Radiation)

- Si una sigla es de origen extranjero y existe la sigla correspondiente en castellano, se recomienda el uso de la **forma castellanizada**. Ejemplos:

  OTAN (Organización del Tratado del Atlántico Norte)
  ADN (Acido Desoxirribonucleico)

  frente a:

  NATO (North Atlantic Treaty Organization)
  DNA (Desoxyribonucleic Acid)

- Cuando la **sigla** va **acompañada del artículo** (o de otro determinativo), éste concuerda generalmente en género y número con la primera palabra de la sigla. Ejemplos:

  el BOE (Boletín Oficial del Estado)
  la AFE (Asociación de Futbolistas Españoles)

  Se exceptúan algunas como (el) *AVE*, en la que el artículo concuerda con el referente «tren».

  Las siglas **no tienen marca de plural**, pero ésta puede aparecer en el artículo (u otro determinativo) que las acompañe. Ejemplo:

  los CD-ROM (*Compact Disc-Read Only Memory*)

  No obstante, se encuentran a veces marcas de plural en las siglas (ONG's, APAs, etc.).

- Las siglas pueden dar lugar a **palabras derivadas**. Ejemplos:

  ETA (Euskadi ta Askatasuna) → *etarra*
  UGT (Unión General de Trabajadores) → *ugetista*

- Las siglas no se pueden dividir al final de renglón, excepto en los casos en los que la sigla se ha lexicalizado (aparece escrita en minúscula) y puede separarse en sílabas. Ejemplo:

  ra-dar (Radio Detection and Ranging)

- Las siglas que comienzan por *a-* tónica y tienen género femenino, no siguen la regla general de estas palabras con el artículo; es decir, éste adopta la forma femenina normal. Ejemplo:

  la APA (Asociación de Padres de Alumnos)

43 4 Pronunciación de las siglas

Las siglas se pueden leer de formas distintas:

- En los casos en los que aparecen dos consonantes seguidas que no pueden leerse dentro de la misma sílaba, la sigla se pronuncia **deletreando** cada inicial. Ejemplos:

  ATS (*Ayudante Técnico Sanitario*) [ateése]
  ITV (*Inspección Técnica de Vehículos*) [iteúve]

- En otros casos se realiza una **lectura silábica**. Ejemplos:

  OTI (*Organización de Televisiones Iberoamericanas*) [óti]
  UNED (*Universidad Nacional de Educación a Distancia*) [unéd]

- En los casos en los que se produce una mezcla de ambos, las siglas se pronuncian combinando **deletreo y silabeo**. Ejemplo:

  CSIC (*Consejo Superior de Investigaciones Científicas*) [cesíc]

43 5 Distinción entre siglas y abreviaturas

Es frecuente la confusión entre sigla y abreviatura (representación escrita de una palabra con una o varias letras) (ver 42). Las diferencias fundamentales son:

- Cuando se leen en voz alta las siglas se pronuncian, generalmente, las letras o sílabas que las componen. En las abreviaturas se lee la palabra entera. Ejemplos:

  Siglas: *ONG* (Organización No Gubernamental) [oenegé]
  IVA (Impuesto sobre el Valor Añadido) [íva]

  Abreviaturas: *pza.* [pláza], no *[pza]
  v.gr. [verbigrácia], no *[vgr]

- Las siglas son formas fijas e invariables, que carecen de **marca de plural**. En cambio, las abreviaturas son formas susceptibles de variación y pueden formar su plural. Además, las siglas se escriben normalmente sin **puntos** y las abreviaturas, como norma general, se escriben con punto. Ejemplos:

  Siglas: *los PVP* (Precios de Venta al Público)
  las ETT (Empresas de Trabajo Temporal)

  Abreviaturas: *avdas.* (avenidas)
  págs. (páginas)

43 6 Algunos ejemplos de siglas y acrónimos de uso actual

ACB	Asociación de Clubes de Baloncesto
ACNUR	Alto Comisionado de las Naciones Unidas para los Refugiados
ADA	Asociación de Ayuda del Automovilista
ADENA	Asociación para la Defensa de la Naturaleza
ADN	Ácido Desoxirribonucleico
AEDENAT	Asociación Ecologista de Defensa de la Naturaleza
AENA	Aeropuertos Españoles y Navegación Aérea
Aenor	Asociación Española para la Normalización y Racionalización
Afanias	Asociación de Familias con Niños y Adultos Subnormales
AFE	Asociación de Futbolistas Españoles
AI	Amnistía Internacional
AM	(*Amplitude modulation*) Amplitud modulada (también *OM*)
AMPA	Asociación de Madres y Padres de Alumnos
ANELE	Asociación Nacional de Editores de Libros de Enseñanza
APA	Asociación de Padres de Alumnos
ARN	Ácido Ribonucleico
ASCII	(*American Standard Code of Information Exchange*) Código Uniforme para el Intercambio de Información

ATS	Ayudante Técnico Sanitario
AVE	Alta Velocidad Española
Aviaco	Aviación y Comercio
BBC	(*British Broadcasting Corporation*) Cadena de Radiotelevisión Británica
BM	Banco Mundial
BNG	(*Bloque Nacionalista Galego*) Bloque Nacionalista Gallego
BOC	Boletín Oficial de Canarias
BOCM	Boletín Oficial de la Comunidad de Madrid
BOE	Boletín Oficial del Estado
BOJA	Boletín Oficial de la Junta de Andalucía
BON	Boletín Oficial de Navarra
BOPV	Boletín Oficial del País Vasco
BUBA	(*Bundesbank*) Banco Central de Alemania
BUP	Bachillerato Unificado Polivalente
CAD	(*Computer Aided Design*) Diseño Asistido por Ordenador
CASA	Construcciones Aeronáuticas, Sociedad Anónima
CBS	(*Columbia Broadcasting System*) Cadena de Radiotelevisión Norteamericana
CC	Coalición Canaria
CD	(*Compact Disc*) Disco Compacto / Club Deportivo / Cuerpo Diplomático
CD-ROM	(*Compact Disc-Read Only Memory*) Disco compacto sólo de lectura, cederrón
CDC	(*Convergència Democràtica de Catalunya*) Convergencia Democrática de Cataluña
CDL	Colegio de Doctores y Licenciados
CDN	Convergencia de Demócratas Navarros
CE	Comunidad Europea
CEAPA	Confederación Española de Asociaciones de Padres de Alumnos
CECA	Comunidad Económica del Carbón y el Acero / Confederación Española de Cajas de Ahorro
CECE	Confederación Española de Centros de Enseñanza
CEE	Comunidad Económica Europea
CEI	Comunidad de Estados Independientes
CEOE	Confederación Española de Organizaciones Empresariales

CEPYME	Confederación Española de la Pequeña y Mediana Empresa
CES	Confederación Española de Sindicatos / Consejo Económico y Social
CESID	Centro Superior de Investigación de la Defensa
CF	Club de Fútbol
CGPJ	Consejo General del Poder Judicial
CIA	(*Central Intelligence Agency*) Agencia Central de Inteligencia
CIF	Código de Identificación Fiscal
CIR	Centro de Instrucción de Reclutas
CIS	Centro de Investigaciones Sociológicas
CiU	(*Convergència i Unió*) Convergencia y Unión
CNT	Confederación Nacional de Trabajadores
Cobol	(*Common Business Oriented Language*) Sistema internacional para programar trabajos de gestión en ordenadores
COE	Comité Olímpico Español
COI	Comité Olímpico Internacional
CONCAPA	Confederación Católica de Padres de Alumnos
Confer	Confederación Española de Religiosos
COU	Curso de Orientación Universitaria
CPU	(*Central Processing Unit*) Unidad Central de Proceso
CSC	(*Convergència Socialista de Catalunya*) Convergencia Socialista de Cataluña
CSIC	Consejo Superior de Investigaciones Científicas
DC	Democracia Cristiana
DDT	Diclorodifeniltricloroetano
DGS	Dirección General de Seguridad (hoy *Dirección de la Seguridad del Estado*)
DGT	Dirección General de Tráfico
DIU	Dispositivo Intrauterino
DM	(*Deutsche Mark*) Marco Alemán
DNI	Documento Nacional de Identidad
DOMUND	Domingo Mundial de Propagación de la Fe
DOS	(*Disk Operating System*) Sistema Operativo de Disco
DVD	Disco de Vídeo Digital
EA	(*Eusko Alkartasuna*) Solidaridad Vasca
EAU	Emiratos Árabes Unidos

EC	(*Esquerra de Catalunya*) Izquierda de Cataluña
EDC	(*Esquerra Democràtica de Catalunya*) Izquierda Democrática de Cataluña
EE	(*Euskadiko Ezkerra*) Izquierda del País Vasco
EGB	Educación General Básica
EH	(*Euskal Herritarrok*) Nosotros los vascos
ELE	Español Lengua Extranjera
EMT	Empresa Municipal de Transportes
EMV	Empresa Municipal de la Vivienda
ENDESA	Empresa Nacional de Electricidad, Sociedad Anónima
EPA	Encuesta sobre la Población Activa
ERC	(*Esquerra Republicana de Catalunya*) Izquierda Republicana de Cataluña
ESO	Educación Secundaria Obligatoria
ETA	(*Euskadi ta Askatasuna*) País Vasco y Libertad
ETS	Escuela Técnica Superior
ETT	Empresa de Trabajo Temporal
EU	Escuela Universitaria
FAO	(*Food and Agricultural Organization*) Organización para la Alimentación y la Agricultura
FBI	(*Federal Bureau of Investigation*) Oficina Federal de Investigación
FC	Fútbol Club
FE de las JONS	Falange Española de las Juntas de Ofensivas Nacional Sindicalistas
FED	Fondo Europeo de Desarrollo
FEDER	Fondo Europeo de Desarrollo Regional
Fenosa	Fuerzas Eléctricas del Noroeste, Sociedad Anónima
FERE	Federación Española de Religiosos de Enseñanza
FEVE	Ferrocarriles Españoles de Vía Estrecha
FIBA	Federación Internacional de Baloncesto
FIFA	(*Fédération Internationale de Football Association*) Asociación de la Federación Internacional de Fútbol
FM	(*Frequency Modulation*) Frecuencia Modulada
FMI	Fondo Monetario Internacional
FN	Frente Nacional
FP	Formación Profesional
FSE	Fondo Social Europeo

GAL	Grupos Antiterroristas de Liberación
GEO	Grupo Especial de Operaciones
Gestapo	(*Geheime Staatspolizei*) Policía Secreta del Estado Nazi
GRAPO	Grupos de Resistencia Antifascista Primero de Octubre
GSM	(*Global System Mobile*) Móvil de sistema global
HB	(*Herri Batasuna*) Unidad popular
Hunosa	Hulleras del Norte, Sociedad Anónima
I+D	Investigación y Desarrollo
IBM	(*International Business Machines Corporation*) Sociedad Internacional de Material Electrónico
ICE	Instituto de Ciencias de la Educación
ICEX	Instituto de Comercio Exterior
ICO	Instituto de Crédito Oficial
Icona	Instituto Nacional para la Conservación de la Naturaleza
IES	Instituto de Enseñanza Secundaria
IHS	(*Iesus Hóminum Salvátor*) Jesús Salvador de los Hombres
IMEC	Instrucción Militar de la Escala de Complemento
Imserso	Instituto Municipal de Servicios Sociales
INE	Instituto Nacional de Estadística
INEF	Instituto Nacional de Educación Física
Inem	Instituto Nacional de Empleo
INI	Instituto Nacional de Industria
Insalud	Instituto Nacional de la Salud
Inserso	Instituto Nacional de Servicios Sociales
Interpol	(*International Police*) Organización Internacional de Policía Criminal
IPC	Índice de Precios al Consumo
IRA	(*Irish Republican Army*) Ejército Republicano Irlandés
IRPF	Impuesto sobre la Renta de las Personas Físicas
IRYDA	Instituto para la Reforma y el Desarrollo
ISBN	(*International Standard Book Number*) Número Internacional Normalizado de Libros
ISO	(*International Standard Organization*) Organización Internacional de Estandarización

ISSN (*International Standard Serial Number*) Número Internacional Normalizado para Publicaciones Seriadas
ITV Inspección Técnica de Vehículos
IU Izquierda Unida
IVA Impuesto sobre el Valor Añadido
JOC Juventud Obrera Cristiana
KAS (*Kordinadora Abertzale Sozialista*) Coordinadora Patriota Socialista
KGB (*Komitet Gosudárstvennoy Bezopásnosti*) Comité de Seguridad del Estado
KIO (*Kuwait Investment Office*) Oficina Kuwaití de Inversión
LODE Ley Orgánica del Derecho a la Educación
LOGSE Ley de Ordenación General del Sistema Educativo
LRU Ley Orgánica de Reforma Universitaria
LSD (*Lysergyc Acid Diethylamide*) Dietilamida del ácido lisérgico
MAP Ministerio para las Administraciones Públicas
MBA (*Master in Business Administration*) Master en Administración de Empresas
MC (*Musicassette*) Casete
MEC Ministerio de Educación y Cultura
MIBOR (*Madrid Interbaking Offered Rate*) Tipo de interés interbancario en el mercado bursátil madrileño
MIR Médico Interno Residente
Modem (*Modulator-Demodulator*) Modulador-Demodulador
MOPTMA Ministerio de Obras Públicas, Transporte, Urbanismo y Medio Ambiente
Muface Mutualidad General de Funcionarios Civiles del Estado
NASA (*National Aeronautics and Space Administration*) Administración Nacional para la Aeronáutica y el Espacio
NBA (*National Basketball Association*) Asociación Nacional de Baloncesto Norteamericana
NBC (*National Broadcasting Company*) Cadena de Radiotelevisión Norteamericana
NIF Número de Identificación Fiscal

OCDE	Organización para la Cooperación y el Desarrollo Económico
OCR	(*Optical Character Recognition*) Reconocimiento óptico de Caracteres
OCU	Organización de Consumidores y Usuarios
OEA	Organización de Estados Americanos
OLP	Organización para la Liberación de Palestina
OM	Onda Media (también *AM*) / Orden Ministerial
OMS	Organización Mundial de la Salud
ONG	Organización No Gubernamental
ONCE	Organización Nacional de Ciegos Españoles
ONU	Organización de las Naciones Unidas
OPA	Oferta Pública de Adquisición
OPAEP	Organización de Países Árabes Exportadores de Petróleo
OPEP	Organización de Países Exportadores de Petróleo
OTAN	Organización del Tratado del Atlántico Norte
OTI	Organización de Televisiones Iberoamericanas
PA	Partido Andalucista
PADRE	Programa de Ayuda a la Declaración de la Renta
Par	Partido Aragonés
PC	(*Personal Computer*) Ordenador Personal
PCE	Partido Comunista de España
PDNI	Partido de Nueva Izquierda
PE	Parlamento Europeo
PER	Plan de Empleo Rural / (*Price Earning Ratio*) Relación cotización-beneficio por acción
PIB	Producto Interior Bruto
PM	Policía Militar
PNB	Producto Nacional Bruto
PNN	Profesor No Numerario
PNV	Partido Nacionalista Vasco
Polisario	Frente Popular para la Liberación del Sáhara y Río de Oro (Sáhara Occidental)
PP	Partido Popular
PSC	(*Partit dels Socialistes de Catalunya*) Partido de los Socialistas de Cataluña

PSG-EG	(*Partido Socialista Galego-Esquerda Galega*) Partido Socialista Gallego-Izquierda Gallega
PSOE	Partido Socialista Obrero Español
PSUC	(*Partit Socialista Unificat de Catalunya*) Partido Socialista Unificado de Cataluña
PSV	Plan Social de la Vivienda
PVC	(*Polyvinyl-chloride*) Cloruro de Polivinilo
PVP	Precio de Venta al Público
PYME	Pequeña y Mediana Empresa
QH	Quiniela Hípica
RACE	Real Automóvil Club de España
RAE	Real Academia Española
RAI	(*Radio Audizioni Italia*) Radiotelevisión Italiana
RAM	(*Random Access Memory*) Memoria de Acceso Directo y de Carácter Efímero
Renfe	Red Nacional de los Ferrocarriles Españoles
Retevisión	Red Técnica Española de Televisión
RNE	Radio Nacional de España
RTVE	Radio Televisión Española
SEMAF	Sindicato Español de Maquinistas de Ferrocarriles
SEPLA	Sindicato Español de Pilotos de Líneas Aéreas
SGAE	Sociedad General de Autores y Editores
SJ	(*Societatis Jesus*) Compañía de Jesús (jesuitas)
SIDA	Síndrome de Inmunodeficiencia Adquirida
SIMO	Salón Informativo de Material de Oficina (hoy *Feria de Muestras Monográfica Internacional del Equipo de Oficina y de la Informática*)
SME	Sistema Monetario Europeo
SMI	Sistema Monetario Internacional / Salario Mínimo Interprofesional
SOC	Sindicato de Obreros del Campo / Sindicato Obrero Canario / (*Solidaritat d'Obrers de Catalunya*) Solidaridad de Obreros de Cataluña
SP	Servicio Público
SS	(*Schuzstaeffel*) Policía política del régimen nazi
TAE	Tomografía Axial Computerizada / Tasa Anual Equivalente
Talgo	Tren Articulado Ligero Goicoechea-Oriol

TC	Tribunal Constitucional
TNT	Trinitrotolueno
TVE	Televisión Española
UCE	Unión de Consumidores de España
UCI	Unidad de Cuidados Intensivos
UJCE	Unión de Jóvenes Comunistas de España
UD	Unión Deportiva
UE	Unión Europea
UEFA	(*Union of European Football Associations*) Unión de Asociaciones Europeas de Fútbol
UGT	Unión General de Trabajadores
UHF	(*Ultra High Frecuency*) Frecuencia Ultra Alta
UK	(*United Kingdom*) Reino Unido
UNED	Universidad Nacional de Educación a Distancia
UNESCO	(*United Nations Educational, Scientific and Cultural Organization*) Organización de las Naciones Unidas para la Educación, la Ciencia y la Cultura
UNICEF	(*United Nations International Children's Emergency Fund*) Fondo Internacional de las Naciones Unidas para la Ayuda a la Infancia
UPG	(*Unión do Pobo Galego*) Unión del Pueblo Gallego
USO	Unión Sindical Obrera
UV	(*Unió Valenciana*) Unión Valenciana
UVI	Unidad de Vigilancia Intensiva
VHF	(*Very High Frecuency*) Muy Alta Frecuencia
VHS	(*Video Home System*) Sistema de Vídeo Doméstico
VIH	Virus de Inmunodeficiencia Humana
VIP	(*Very Important Person*) Persona Muy Importante
WWW	(*World Wide Web*) Red Informática Mundial

44 Ortografía de los símbolos

44 1 Cuestiones previas

Un **símbolo** es la representación, con una o varias letras, de una palabra científica o técnica. Los símbolos son signos convencionales e invariables, y han sido creados por organismos internacionales competentes para los ámbitos de la ciencia y de la técnica. Algunos símbolos se escriben con mayúscula y otros con minúscula, pero siempre se ha de respetar la forma dada por los organismos que los han creado. Ejemplos:

l (litro) *N* (Norte) *Ag* (plata)

44 2 Algunas reglas de los símbolos

- Los símbolos se escriben **sin punto**. Ejemplos:

  kg (kilogramo) *rad* (radián)
  µs (microsegundo) *Hz* (hercio)

- Los símbolos **nunca llevan** *-s* como marca de plural. Ejemplos:

  Mb (megabyte o megabytes)
  t (tonelada o toneladas)

44 3 Distinción entre símbolos y abreviaturas

Es frecuente la confusión entre símbolo y abreviatura (representación escrita de una palabra con una o varias letras) (ver 42).

Los símbolos son formas fijas e invariables, que carecen de **plural**. En cambio, las abreviaturas pueden formar su plural y son formas variables, es decir, pueden crearse diferentes abreviaturas de una misma palabra. Además, los símbolos se escriben **sin punto** y las abreviaturas, como norma general, se escriben con punto. Ejemplos:

Símbolos: *min* (minuto) Abreviaturas: *dcho.* (derecho)
ha (hectárea) *av.* o *avda.* (avenida)

No obstante, en algunos casos, una misma palabra puede ser representada con un símbolo o una abreviatura. Ejemplo:

PTA (símbolo) o *pta.* (abreviatura)

44.4 Algunos ejemplos de símbolos de uso actual

- **Puntos cardinales**. Ejemplos:

  N Norte
  S Sur
  E Este
  O Oeste

  Estos símbolos, a su vez, pueden combinarse entre sí. Ejemplos:

  NE Nordeste
  SE Sureste, Sudeste
  NO Noroeste
  SO Suroeste, Sudoeste

- **Elementos químicos**. Ejemplos:

  Ag plata
  C carbono
  H hidrógeno
  Ra radio
  O oxígeno

  Estos símbolos, a su vez, se pueden combinar entre sí. Ejemplos:

  H_2O agua
  CO_2 anhídrido carbónico

- **Unidades de medida**

  – Unidades de medida del **Sistema Internacional**. Ejemplos:

  m metro
  kg kilogramo
  s segundo
  A amperio
  K kelvin
  mol molécula gramo
  rad radián
  Hz hercio
  N newton
  Pa pascal
  J julio
  W vatio
  C culombio

V voltio
F faradio
Ω ohmio
u unidad de masa atómica

– Unidades de medida de **uso general** incluidas en el Sistema Internacional. Ejemplos:

min minuto
h hora
d día
l litro
t tonelada
a área
ha hectárea
rpm revoluciones por minuto

– **Múltiplos** y **submúltiplos**. Ejemplos:

G giga-
M mega-
k kilo-
h hecto-
da deca-
d deci-
c centi-
m mili-
μ micro-
n nano-

– Las unidades de medida pueden **combinarse** entre sí. Ejemplos:

mm milímetro
km/s kilómetro por segundo
dm decímetro
kJ kilojulio
ns nanosegundo
MHz megahercio

• **Símbolos matemáticos**. Ejemplos:

$<$ menor que
$\leqslant$ menor o igual que

>	mayor que
⩾	mayor o igual que
√	raíz
*	multiplicado por
+	más
−	menos
×	multiplicado por
÷	dividido por
=	igual
≠	desigual
∞	infinito
π	número *pi* (3,1416 aprox.)

- **Otros símbolos**. Ejemplos:

§	párrafo
¶	información complementaria
../..	continúa en la siguiente página
@	arroba (en las direcciones de correo electrónico)
©	*copyright* (derechos de autor)
®	marca registrada
&	y
#	número
%	por ciento
‰	por mil
$	peso (moneda oficial de algunos países); dólar (moneda oficial de los Estados Unidos de América)
€	euro (moneda oficial de la Unión Europea)
£	libra esterlina (moneda oficial del Reino Unido)
¥	yen (moneda oficial de Japón)
<	en Filología, procede de
>	en Filología, pasa a
*	en Filología, forma hipotética o incorrecta

45 Escritura de los numerales

45 1 Cuestiones previas

45 1.1 Los numerales cardinales

Los numerales cardinales son aquellos que expresan la **cantidad concreta de elementos** de un conjunto. Los numerales cardinales se pueden escribir con cifras o con letras. Ejemplos:

*Dividió la tarta en **10** trozos.*
*Dividió la tarta en **diez** trozos.*

45 1.2 Los numerales ordinales

Los numerales ordinales son aquellos que expresan **orden o sucesión**. Los numerales ordinales se pueden escribir con cifras o con letras. Ejemplos:

*Quedé el **3.º** en el campeonato de natación.*
*Quedé el **tercero** en el campeonato de natación.*

45 1.3 Los numerales fraccionarios o partitivos

Los numerales fraccionarios o partitivos son aquellos que expresan las **partes en que se ha dividido una unidad** y las que se han tomado de ella. Los numerales fraccionarios se pueden escribir con cifras o con letras. Ejemplos:

*Me correspondió **1/3** de la tarta.*
*Me correspondió **un tercio** de la tarta.*

45 1.4 Los numerales multiplicativos

Los numerales multiplicativos son aquellos **que contienen a otros un número exacto de veces**; es decir, que expresan multiplicación. Ejemplos:

*El reloj nuevo me ha costado el **doble** que el anterior.*
*Con los ordenadores se avanza el **triple** que antes.*

45 1.5 Los números romanos

Los números romanos son aquellos que están representados por algunas **letras del alfabeto latino**, generalmente mayúsculas, a las que corresponde un valor determinado. La utilización de la numeración romana es menos frecuente que la de los números arábigos y su uso está restringido a algunos casos concretos (ver 45 7.1). Ejemplos:

*Alfonso **X** el Sabio nació en Toledo.*
*La semana pasada se celebró el **V** Congreso de Informática en Vigo.*
*No creo que nadie, en pleno siglo **XXI**, piense como tú.*

45 2 Los numerales cardinales

45 2.1 Escritura de los numerales cardinales en cifra o en letra

Cuando se escribe un texto, los números comprendidos entre el cero y el nueve tienden a escribirse con letra (*tres, seis, cuatro...*).

Los números comprendidos entre el diez y el veinte pueden escribirse con cifra o con letra (*doce* o *12, dieciocho* o *18, trece* o *13...*).

A partir del veinte, se aconseja escribir los números con cifra (*33, 665, 3452*). Los millones y billones se pueden escribir con letra (*dos millones*) o con cifra y letra (*200 millones*).

No obstante, estas indicaciones no son válidas para los escritos que pertenezcan al lenguaje matemático.

45 2.2 Escritura de los numerales cardinales en letra

- Los números cardinales se escriben en una sola palabra hasta el ***treinta***. Ejemplos:

  once *veinticinco*
  veintidós *quince*

45 Escritura de los numerales

- Los números cardinales a partir del ***treinta*** y hasta el ***cien*** se escriben separados (unidos por *y*), excepto en los múltiplos de *diez*, que se escriben en una sola palabra. Ejemplos:

  treinta y uno — *sesenta*
  noventa y nueve — *ochenta*

- Entre ***cien*** y ***mil*** (excluido):

  - Los múltiplos de *cien* se escriben en **una sola palabra**, formando un compuesto con la raíz del número y la forma *-cientos* (excepto *quinientos*). Ejemplos:

    doscientos — *cuatrocientos*
    setecientos — *novecientos*

  - El resto de los números cardinales entre *cien* y *mil* (excluido) se escribe yuxtaponiendo a las centenas el resto del número. Ejemplos:

    ciento treinta y dos
    doscientas cincuenta y tres
    quinientos uno

- Entre ***mil*** y ***un millón*** (excluido):

  - Los múltiplos de *mil* se escriben en **dos palabras** y añadiendo *mil* al número que le precede. Ejemplos:

    dos mil — *ocho mil*
    treinta mil — *quinientos mil*

  - El resto de los números entre *mil* y *un millón* (excluido) se escribe yuxtaponiendo a los millares el resto del número. Ejemplos:

    mil doscientos cincuenta
    dos mil diez
    veinte mil ciento sesenta y tres

- Las series ***millón*** y ***billón*** se escriben siguiendo el mismo esquema que en los casos comprendidos entre *mil* y *un millón*. Ejemplos:

  dos millones doscientos cincuenta mil
  un billón trescientos ochenta y tres millones

45 2.3 Las formas *cien* y *ciento*

Para expresar el número *100*, se emplean las formas *cien* o *ciento*.

- Se emplea la forma *cien* en los casos en los que acompaña a un sustantivo (es un determinativo) explícito o no. Ejemplos:

  *Préstame **cien** pesetas, por favor.*
  *Vinieron **cien**.*

- Se emplea la forma *ciento*:

  – Para expresar porcentajes (excepto en la forma *cien por cien*). Ejemplos:

    *Me hicieron un descuento del **treinta por ciento**.*
    *El **ochenta y cinco por ciento** de los alumnos aprobó el examen.*
    *El **cien por cien** de los asistentes votó a favor.*

  – Cuando es un pronombre. Ejemplo:

    *Más vale pájaro en mano que **ciento** volando.*

45 2.4 Escritura de los numerales cardinales en cifra

- Para escribir los números de **más de tres cifras**, aunque tradicionalmente en castellano se separaba con puntos, la normativa internacional señala que se debe prescindir de él. Para facilitar la lectura de los millares, millones, etc., se recomienda dejar un espacio cada tres cifras (empezando por el final). Ejemplos:

  1 000 000　　*3 256*
  10 250　　*32 000 000*

  Sin embargo, esta separación no debe utilizarse en la escritura de los años, en la numeración de las páginas ni en los números de las leyes, decretos o artículos. Ejemplos:

  *Puedes consultar ese tema en la página **1078**.*
  *La exposición universal de **1992** tuvo lugar en Sevilla.*

- Para escribir los **números decimales,** la Real Academia Española recomienda separar la parte entera de la parte decimal mediante una coma en la zona inferior (no en la superior). Sin embargo, también se permite en estos casos la utilización del punto. Ejemplos:

  12,5　　*6.8*

45 2.5 Concordancia de los numerales cardinales

Los numerales cardinales que tienen como segundo componente *-un(a)*, adoptan la forma del femenino singular delante de los sustantivos femeninos plurales. Ejemplos:

veintiuna pesetas *treinta y una pesetas*

Sin embargo, en los casos en los que estos cardinales preceden a *mil*, adoptan la forma masculina singular, aunque el uso de la forma femenina está muy extendido. Ejemplos:

veintiún mil pesetas *treinta y un mil pesetas*

Cuando a la forma mil, la precede un múltiplo de cien, sólo es posible la forma femenina (ante los sustantivos femeninos). Ejemplos:

doscientas mil pesetas *quinientas mil pesetas*

45 3 Escritura de las fechas

45 3.1 Escritura de las fechas con números o con letras

Las fechas (con día, mes y año) pueden escribirse **con letra, con números**, o **combinando** ambas formas. Se puede escoger una u otra en función del contexto.

- Con números. Ejemplos:

  02-3-1999 *4-IV-00* *30/XII/68*

- Con letras. Ejemplos:

  Ávila, veinte de abril de mil novecientos noventa y nueve.

- Combinando letras y números. Ejemplos:

  05/enero/99 *22 de marzo de 1973* *15 de julio del 82*

Para la expresión de las fechas dentro de un texto es preferible escribir el día y el año con número, y el mes con letra. Ejemplo:

*Nací el **20 de junio de 1962**.*

El orden habitual para la escritura de las fechas en castellano es «día, mes, año», aunque la influencia del inglés hace que varíe en ocasiones (mes, día, año).

45 3.2 La expresión de los años

- Los años de cuatro cifras pueden escribirse con **dos cifras** (los últimos dígitos) o en **cuatro**. Ejemplos:

  Llegué a Cáceres en el ***95****.*
  Llegué a Cáceres en ***1995****.*

- La presencia o ausencia del artículo delante del año depende de las épocas y del uso:

  – En las fechas **anteriores al año 1100**, sobre todo en la lengua oral, los hablantes suelen anteponer el artículo al año. Ejemplo:

  La ciudad de Burgos se fundó en el ***884****.*

  Sin embargo, existen algunos testimonios sin artículo en la lengua escrita.

  – En las fechas **posteriores al 1100** es más frecuente la ausencia del artículo, aunque también se registra a veces con artículo. Ejemplo:

  Cervantes murió en ***1616****.*

  Sin embargo, los hablantes prefieren a menudo usar el artículo en algunas expresiones, especialmente con los años a partir del *dos mil*. Ejemplo:

  Me han ofrecido un contrato de trabajo hasta el ***2003****.*
  Nos darán la casa a principios del ***2002****.*

  – Para la expresión de las fechas en **cartas y documentos**, desde la Edad Media, se prefiere la variante sin artículo delante del año. Ejemplos:

  25 de octubre de 1492
  22 de marzo de 2000

  – En cualquier caso, el artículo es obligado si el año se expresa con sólo las dos últimas cifras (de cuatro). Ejemplo:

  20 de mayo del 98

45 3.3 La expresión de las décadas

Las décadas se escriben **siempre con letra** y **en singular**. Ejemplo:

En los sesenta surgieron numerosos movimientos pacifistas.
*En los *sesentas/*60's surgieron numerosos movimientos pacifistas.*

45 4 Los números ordinales

45 4.1 La escritura de los números ordinales

- Los números ordinales hasta el *vigésimo* se escriben en **una sola palabra**. Ejemplos:

segundo	*duodécima*	*undécimo*
cuarto	*decimonoveno*	*vigésima*

- Se escriben sólo **en dos palabras** los numerales ordinales a partir del *vigésimo primero*. Ejemplos:

  cuadragésimo tercero
  vigésimo cuarto
  quingentésima primera
  milésimo segundo

45 4.2 Otras cuestiones de interés

- La forma *primero(a)* se apocopa delante de los sustantivos masculinos, pero no de los femeninos. Ejemplos:

  *Adrián ganó el **primer** premio.*
  *Gira a la derecha en la **primera** calle.*

- Son incorrectas las formas **decimoprimero* y **decimosegundo*. Las formas correctas son *undécimo* y *duodécimo*, respectivamente.

- Los **ordinales formados por dos palabras** concuerdan en género y número los dos términos con el sustantivo al que acompañan. Ejemplos:

  *la **vigésima cuarta** edición del campeonato de ciclismo*
  *la **trigésima tercera** entrega de premios*

  no:

  **la vigésimo cuarta edición del campeonato de ciclismo*
  **la trigésimo tercera entrega de premios*

En ocasiones, se usan los numerales cardinales en sustitución de los ordinales (especialmente cuando se trata de cantidades elevadas). Ejemplos:

Este libro ya va por la ***treinta y cuatro*** *edición.*
Conmemoramos el ***ciento cincuenta*** *aniversario de su nacimiento.*
¿Has leído el capítulo ***cinco****?*

- Las **abreviaturas** de los ordinales se escriben con una letra voladita. Ejemplos:

1.º (primero)
3.ª (tercera)
15.ºˢ (decimoquintos)

45 5 Los números fraccionarios o partitivos

- Los números fraccionarios o partitivos que expresan la unidad dividida en dos o tres partes son, respectivamente, *medio* y *tercio*. Ejemplos:

Me he comido ***medio*** *sándwich.*
Hemos acabado ya un ***tercio*** *del trabajo.*

- Los números fraccionarios o partitivos comprendidos entre el *cuarto* y el *décimo* (ambos incluidos) se escriben igual que los ordinales. Ejemplos:

Heredé un ***cuarto*** *de su fortuna* (partitivo).

frente a:

El ***cuarto*** *finalista era extranjero* (ordinal).

- Los números fraccionarios o partitivos a partir del ***onceavo*** no se escriben igual que los ordinales y, por tanto, no deben utilizarse en su lugar. Ejemplos:

Me correspondió un ***onceavo*** *del pastel* (partitivo).
Ya hemos cobrado un ***quinceavo*** *del premio* (partitivo).

frente a:

Es nuestro ***undécimo*** *aniversario de matrimonio* (ordinal).
Vivo en el ***decimoquinto*** *piso* (ordinal).

45 6 Los numerales multiplicativos

- Para algunos numerales multiplicativos existe una denominación consolidada (ver 45 8). Ejemplos:

  doble *séptuplo*
  triple *décuplo*

- Los números cuyo numeral multiplicativo carece de denominación se expresan añadiendo al número la fórmula *veces (más, mejor, mayor, etc.)*. Ejemplos:

  Este año los resultados han sido ***diez veces mejor*** *que el año pasado.*

  La fórmula *veces* (*más, mejor, mayor,* etc.) también puede utilizarse para formar los numerales multiplicativos de las palabras del primer grupo. Ejemplos:

  Mi equipo mejoró ***cinco veces*** *su puntuación final.*

45 7 Los números romanos

45 7.1 Empleo de los números romanos

Se escriben con número romanos:

- El número de los **siglos**. Para la escritura de éstos, en los textos impresos, es preferible el uso de la versalita. Ejemplo:

  Las telecomunicaciones serán fundamentales en el siglo ***XXI***.

- El número ordinal con que se distinguen personas del mismo **nombre** (especialmente, papas y reyes). Ejemplos:

  el papa Pablo ***VI***
  la reina Isabel ***II***

- El número de los **congresos, ferias** y **simposios**. Ejemplos:

  Las ***II*** *Jornadas del Medio Ambiente se celebrarán en mayo.*
  Asistimos a la ***XIV*** *Feria de Artesanía.*

– El número de tomos de una obra, las partes, cantos, capítulos y otras **divisiones de una publicación**. Ejemplos:

*El enigma se desvela en el capítulo **III**.*
*El tomo **V** de esta enciclopedia comprende la Edad Media.*

– También se emplea en ocasiones para numerar las páginas de los **prólogos** y **principios** de un libro. En estos casos, se utilizan a veces letras minúsculas *(i, ii, iii, iv, v...).*

45 7.2 Lectura de los números romanos

• En general, los números romanos se leen:

– Como ordinales, si son inferiores a *veintiuno*. Ejemplo:

Carlos V [cárlos quínto]

– Como cardinales, si son superiores a *veintiuno*. Ejemplo:

XXV aniversario [veinticínco aniversário]

45 8 Lista de los numerales

	Cardinales	Ordinales	Fraccionarios o partitivos	Multiplicativos
0	cero			
1	uno	primero		
2	dos	segundo	medio	doble o duplo
3	tres	tercero	tercio	triple
4	cuatro	cuarto	cuarto	cuádruple o cuádruplo
5	cinco	quinto	quinto	quíntuple o quíntuplo
6	seis	sexto	sexto	séxtuplo
7	siete	séptimo	séptimo	séptuplo
8	ocho	octavo	octavo	óctuple u óctuplo
9	nueve	noveno o nono	noveno	

45 Escritura de los numerales

	Cardinales	Ordinales	Fraccionarios o partitivos	Multiplicativos
10	diez	décimo	décimo	décuplo
11	once	undécimo	onceavo	
12	doce	duodécimo	doceavo	
13	trece	decimotercero o decimotercio	treceavo	
14	catorce	decimocuarto	catorceavo	
15	quince	decimoquinto	quinceavo	
16	dieciséis	decimosexto	dieciseisavo	
17	diecisiete	decimoséptimo	diecisieteavo	
18	dieciocho	decimoctavo	dieciochoavo	
19	diecinueve	decimonoveno o decimonono	diecinueveavo	
20	veinte	vigésimo	veinteavo o veintavo	
21	veintiuno, veintiún	vigésimo primero		
22	veintidós			
23	veintitrés			
24	veinticuatro			
25	veinticinco			
26	veintiséis			
27	veintisiete			
28	veintiocho			
29	veintinueve			
30	treinta	trigésimo	treintavo	
31	treinta y uno			
40	cuarenta	cuadragésimo	cuarentavo	
41	cuarenta y uno			
50	cincuenta	quincuagésimo	cincuentavo	
60	sesenta	sexagésimo	sesentavo	

45 Escritura de los numerales

	Cardinales	Ordinales	Fraccionarios o partitivos	Multiplicativos
70	setenta	septuagésimo	setentavo	
80	ochenta	octogésimo	ochentavo	
90	noventa	nonagésimo	noventavo	
100	cien, ciento	centésimo	céntimo o centavo	céntuplo
101	ciento uno	centésimo primero		
200	doscientos	ducentésimo		
300	trescientos	tricentésimo		
400	cuatrocientos	cuadringentésimo		
500	quinientos	quingentésimo		
600	seiscientos	sexcentésimo		
700	setecientos	septingentésimo		
800	ochocientos	octingentésimo		
900	novecientos	noningentésimo		
1 000	mil	milésimo		
1 001	mil uno			
2 000	dos mil	dosmilésimo		
10 000	diez mil	diezmilésimo		
11 000	once mil			
1 000 000	un millón	millonésimo		
1 000 000 000	un millardo			
1 000 000 000 000	un billón	billonésimo		

46 Presentación de los textos impresos

46 1 Cuestiones previas

46 1.1 La ortotipografía

Para la adecuada presentación de un trabajo, un artículo, un libro o cualquier otra clase de documento impreso, es necesario cuidar, además de la ortografía y el estilo, los aspectos tipográficos que intervienen en la composición.

Existe un conjunto de normas relativas a la presentación de los elementos gráficos de los textos no manuscritos. Este conjunto de reglas se denomina *ortotipografía*, y con ellas se pretende dar uniformidad a los textos.

La palabra *ortotipografía* deriva de la combinación de los términos *ortografía* (forma correcta de escribir las palabras y emplear los signos de puntuación en un texto) y *tipografía* (técnica de imprimir textos o ilustraciones). La ortotipografía es, por tanto, el conjunto de reglas que se debe seguir en la composición de los textos impresos.

46 1.2 Los procesadores de textos

En la actualidad se ha generalizado el uso de programas de tratamiento de textos para la presentación de los escritos. Los procesadores de textos permiten aplicar de forma automática algunos elementos ortotipográficos e, incluso, determinar previamente ciertas características generales de los escritos.

Se puede así configurar el tamaño de la *caja* o *mancha* (rectángulo formado por las medidas de altura y anchura del texto que ocupa una página) mediante el establecimiento de los márgenes, o determinar el interlineado, el tipo y cuerpo de la letra que se va a utilizar, etc.

46 2 Diferentes tipos de letra

46 2.1 Descripción

Los tipos de letra más comunes, utilizados en la composición de los textos, son los siguientes:

- **Redonda** (redonda): Es el tipo de letra normal, derecha y circular.

- **Cursiva** (*cursiva*): Letra inclinada, a imitación de la escritura manual. También se llama *bastardilla* o *itálica*.
- **Versal** (VERSAL): Es el nombre dado en tipografía a la *mayúscula*. También se llama de *caja alta*.
- **Versalita** (VERSALITA): Es una letra mayúscula pero de igual tamaño que la minúscula.
- **Minúscula** (minúscula): También llamada de *caja baja*.
- **Negrita** (**negrita**): Es la letra del mismo tamaño que la fina mayúscula o minúscula pero con trazo más grueso. También se llama *negra* o *negrilla*.

46 2.2 Uso de los tipos de letra

Cada uno de los tipos de letra tiene, generalmente, unas determinadas aplicaciones en el texto.

(En todos los ejemplos de este apartado sólo aparecerá la cursiva en aquellos casos en que su uso sea preceptivo.)

- **Redonda:** La redonda fina es la más empleada. Con ella se compone el texto general.
- **Cursiva:** En la actualidad, la cursiva ha sustituido al subrayado de los textos manuscritos.

  En algunos casos, el uso de la cursiva es semejante al empleo de las comillas. No obstante, las comillas se utilizan en muchos casos en los que no debe emplearse la cursiva (ver 38 2).

  Se suelen escribir en cursiva:

  – Los títulos de cualquier obra literaria, científica o técnica, periódicos, revistas, folletos y otros soportes. Ejemplos:

  Calderón de la Barca escribió *La vida es sueño.*
  Luis compró *Saber vivir* y *Fotogramas* en el quiosco.
  El *Manifiesto futurista* es un texto vanguardista.

  – Los nombres o títulos de obras de arte y de composiciones musicales. Ejemplos:

  Fui al Museo del Prado a ver *La fragua de Vulcano.*
  Ana es una apasionada de *El arte de la fuga* de Bach.

– Cualquier palabra o expresión no castellana y, en general, los términos no recogidos en el *Diccionario* académico. Ejemplos:

Guillermo hace *footing* dos días a la semana.
Raquel es una *pasota* y no se interesa por nada.

– Las acotaciones en diálogos y obras teatrales (encerradas entre paréntesis). Ejemplos:

BARELLI: ... ¿A quién, pues?
LEONE: A él. (*Señala a* GUIDO.)
(Pirandello: *El juego de los papeles*)

– Algunas letras, palabras o frases que tengan una función especial dentro del texto, las incógnitas en las fórmulas matemáticas, las letras o palabras usadas como metalenguaje (lenguaje que se utiliza para hablar del propio lenguaje), etc. En estos casos también es frecuente el empleo de las comillas en lugar de la cursiva. Ejemplos:

$a = 2b + 5c$
Las letras *a, e, i, o, u* son vocales.
Ezequiel se escribe con *z*.

– La nomenclatura científica latina. Ejemplo:

La *Tilia argentea* es una de las especies de tilo más comunes en España.

– Aquellas partes del texto que un autor quiere resaltar por algún motivo. Ejemplo:

Nos referimos a los casos *específicos*, no generales.

– Los seudónimos, alias, apodos u otros sobrenombres, cuando van junto al nombre propio. Es frecuente también el uso de las comillas en estos casos. Ejemplos:

José Martínez Ruiz, *Azorín*
Daniel *el Mochuelo*

Sin embargo, no deben escribirse en cursiva estos mismos nombres cuando van solos. Ejemplos:

Azorín
El Mochuelo

– Algunas advertencias en los textos, que deben ir siempre entre paréntesis. Ejemplos:

(Continúa en la página siguiente)
(Conclusión)
(Sigue en página...)

• **Versales**: Sus reglas de utilización corresponden a las de las letras mayúsculas (ver 15).

• **Versalita:** Se escribe generalmente con letra versalita:

– La numeración romana de los siglos. Aunque la Real Academia Española afirma que se escriben con versal, está muy generalizado este uso de la versalita. Ejemplo:

El pintor José Ribera vivió en el siglo XVII.

– Los títulos de obras que se citan a sí mismas. Ejemplo:

Esta ORTOGRAFÍA DE USO DEL ESPAÑOL ACTUAL contiene un extenso índice analítico.

– El nombre del autor en prólogos, epílogos, versos, etc. (excepto la primera letra del nombre y del apellido, que se escriben con versal).

– Los nombres de los personajes de las obras teatrales. Ejemplo:

CARMEN.—No, no. (*A* LUIS.) Mejor escúchame tú a mí. (*Y vuelve a cantar.*)

• **Negrita:** Se emplea, generalmente, en títulos o subtítulos de capítulos, epígrafes, partes, titulillos, etc. Al igual que la cursiva, puede emplearse para resaltar ciertas palabras en un texto.

Todos estos tipos se pueden aplicar en los procesadores de textos (además del subrayado). Debe tenerse en cuenta que la opción de versalitas en algunos programas informáticos se denomina simplemente versal: esta denominación es incorrecta.

46 2.3 Observaciones al uso de los tipos de letra

- Los distintos tipos de letra pueden combinarse entre sí. Ejemplos:

  CURSIVA VERSAL *CURSIVA VERSALITA*
  NEGRITA VERSAL **negrita redonda**

- No se debe abusar de los diferentes tipos de letra (a excepción, por supuesto, de la redonda). Su uso excesivo produce un efecto poco estético y anula la función de resaltar determinados componentes del texto.

46 3 Las familias de letras

La palabra *familia* (en tipografía) hace referencia al conjunto de caracteres tipográficos que tienen unos rasgos comunes (ya sea en redonda, cursiva, negrita, etc.) y que han sido obtenidos partiendo del mismo diseño.

Los procesadores de textos ofrecen un extenso repertorio de familias, normalmente denominadas *fuentes*. Ejemplos:

Arial: Arial, ARIAL, *Arial*, *ARIAL*, **Arial**, **ARIAL**
Times New Roman: TIMES, TIMES, *times*, *TIMES*, times, **times**, **TIMES**
Abrams: ABRAMS, ABRAMS, *ABRAMS*, *ABRAMS*, *abrams*, abrams, **abrams**
Rockwell: ROCKWELL, ROCKWELL, rockwell, *ROCKWELL*, *ROCKWELL*, *rockwell*, **rockwell**, ***ROCKWELL***

46 4 División de palabras al final de renglón

La división de palabras al final de renglón se hace mediante guiones. Una sílaba no debe partirse al final de línea y, por eso, hay que tener en cuenta las reglas de separación al final del renglón (ver 39 4).

Los procesadores de textos ofrecen la posibilidad de no dividir las palabras al final del renglón, o de separarlas mediante guiones. La opción de separar las palabras con guiones ha de ser siempre supervisada, ya que el ordenador lo hace de forma automática y puede dividir palabras erróneamente.

46 5 Composición de los párrafos

46 5.1 Párrafos o parágrafos

Los párrafos o parágrafos son cada una de las partes de un escrito separadas del resto por un punto y aparte. Sirven para organizar y facilitar la lectura del texto.

Con el procesador de textos se pueden establecer las características del párrafo, seleccionando las medidas de la sangría, el tipo de alineación y el interlineado.

46 5.2 Tipos de párrafos según la sangría

Los párrafos pueden tener diferentes formas, que vienen determinadas por el tipo de sangría que lleven. La **sangría** es el espacio en blanco con que una línea empieza más adentro que el resto de la página.

- **Párrafo ordinario**: se caracteriza por llevar sangría en la primera línea.

- **Párrafo francés**: lleva sangría en todas las líneas del párrafo excepto en la primera.

- **Párrafo moderno**: no lleva ninguna sangría.

46 5.3 Alineación

La disposición de las líneas que forman un párrafo constituye la alineación. Se pueden alinear textos a la derecha, a la izquierda, a ambos lados, o bien centrarlos.

- **Alinear a la izquierda** o **en bandera a la derecha**: todas las líneas, sea cual sea su longitud, parten de un mismo punto preestablecido en el margen izquierdo. En este caso no se parten palabras al final de renglón.

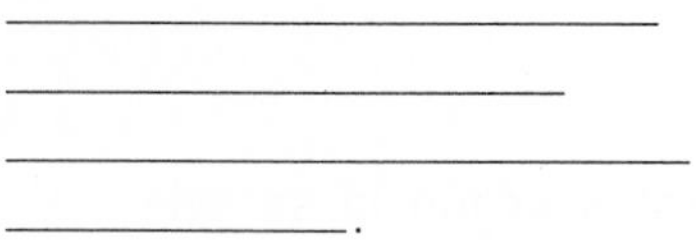

- **Alinear a la derecha** o **en bandera a la izquierda**: todas las líneas, sea cual sea su longitud, llegan hasta el mismo punto preestablecido en el margen derecho.

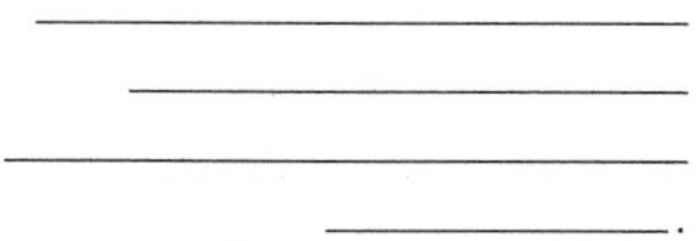

- **Justificar**: todas las líneas tienen la misma longitud, excepto la del final del párrafo si es más corta.

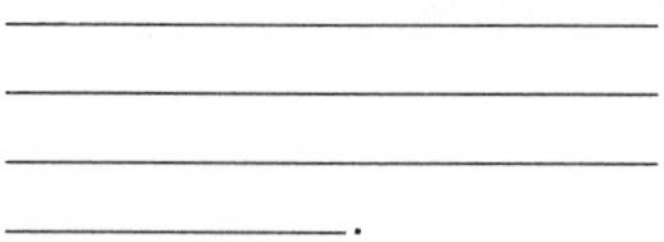

- **Centrar**: las líneas se colocan centradas en la caja de composición.

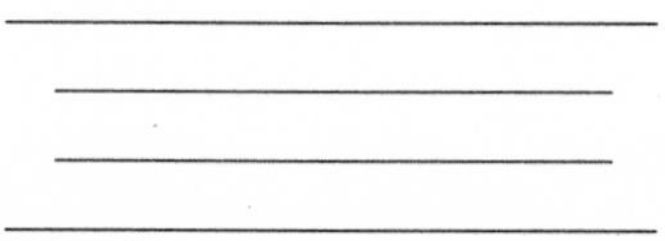

46 5.4 Otras observaciones acerca de los párrafos

- La **línea final de un párrafo**, si es muy corta, no debe ocupar menos espacio que el establecido para la sangría. En general, debe evitarse una línea final con menos de cuatro caracteres.
- Los párrafos de un texto pueden ir separados por una línea en blanco o por un interlineado mayor que el que tienen las líneas dentro del párrafo. También pueden separarse los que vayan numerados o contengan un título, y los ejemplos, citas, versos, fórmulas, etc.
- En párrafos de dos o más líneas, debe evitarse que quede sola al final de una página la primera línea del párrafo (**línea viuda**) o sola al inicio de la página siguiente la última línea del párrafo (**línea huérfana**). Este control lo realiza de forma automática el ordenador, si se selecciona previamente esta opción.

  Es conveniente, por tanto, que vayan juntas, al menos, dos líneas de cada párrafo en la misma página, al final o al inicio, según sea el caso.

46 6 Apartados y títulos

46 6.1 Apartados y subapartados

Los apartados y subapartados sirven para estructurar las partes de un texto y deben estar correctamente marcados y jerarquizados.

En los procesadores de textos hay diferentes modelos para efectuar la división de los apartados del texto. Estas divisiones pueden establecerse de forma automática con números, letras o viñetas.

- Existen varias formas de organizar los apartados y subapartados:
  - Con **números arábigos** correlativos. Ejemplo:

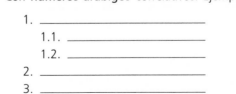

1. ______________________
    1.1. ___________________
    1.2. ___________________
2. ______________________
3. ______________________
    3.1. ___________________
    3.2. ___________________
        3.2.1. ________________
        3.2.2. ________________

Para evitar una sucesión de números demasiado larga, los apartados pueden subdividirse con letras, numerales ordinales o números romanos.

Si el número de apartado va seguido de una letra voladita, un punto o un paréntesis de cierre, debe dejarse a continuación un espacio en blanco. También debe dejarse un espacio entre las letras o las viñetas y el título del apartado. Ejemplos:

1. Las oraciones subordinadas
1) Las oraciones subordinadas
• *La oraciones subordinadas*
a) Las oraciones subordinadas

– Con **letras** (generalmente, en minúscula). Pueden ir seguidas del paréntesis de cierre o de un punto. Ejemplos:

a) Rocas plutónicas
b) Rocas volcánicas

o:

a. Reproducción sexual
b. Reproducción asexual

– Con otros **símbolos** como asteriscos, rayas, flechas, guiones o ciertas viñetas en forma de círculo (•), de cuadrado (□), etc.

• Según la relación de dependencia que tengan los apartados con el párrafo al que pertenecen, se deben puntuar de una u otra forma.

– En caso de que empiecen por versal, a menos que se trate de títulos, los apartados suelen terminar en **punto**. Ejemplo:

1.1. Los animales vertebrados son aquellos que tienen un esqueleto con columna vertebral y cráneo.
1.2. Los animales invertebrados son aquellos que carecen de columna vertebral.

– En caso de que empiecen por minúscula, los apartados terminan con **punto y coma**, menos el último, que termina con punto. Ejemplo:

· *clima oceánico;*
· *clima continental;*
· *clima mediterráneo.*

– En las relaciones sencillas dispuestas en columnas **no se pone punto** ni ningún otro signo. Ejemplo:

Tipos de cultivo:
mijo
cacahuete
algodón

– Si los apartados van dentro de un mismo párrafo, se separan con **punto y coma**, excepto el último, que se separa con coma y la conjunción *y*. Ejemplo:

Tenemos los siguientes medios de transporte: a) los coches, que...; b) las bicicletas, que..., y c) las motos, que...

46 6.2 Títulos

Los **títulos** y **subtítulos** de un escrito representan el contenido del texto que encabezan. Deben ser breves y precisos.

- Pueden escribirse en negrita, cursiva o versalitas, pero con la misma familia de letra que la elegida para el resto del texto (Times, Arial, etc.). El modelo establecido para el título ha de mantenerse a lo largo de todo el escrito.
- Un título largo debe partirse en varias líneas, cuidando de que las partes separadas conserven su entidad. Artículos, preposiciones, conjunciones y otras partículas deben quedar al principio de línea o formar por sí mismos una línea (llamada **línea perdida**). Ejemplo:

  Ortografía
  de uso del español actual

- Nunca debe escribirse punto al final del título. Si el título constara de más de una frase, éstas se separan por punto, pero no se añade el del final. Ejemplo:

  El Modernismo y Rubén Darío. Una aproximación

- En general, los títulos están separados del texto por un interlineado más amplio que el que tienen las líneas dentro del párrafo.

46 7 Tipos de citas

46 7.1 Recomendaciones de uso

Respecto a la incorporación de citas en un texto, se recomienda:

- No llenar un texto de citas puesto que dificulta la lectura y la hace pesada.
- En caso de citar **autores contempóraneos**, hay que extremar las precauciones y ser muy riguroso, para no ocasionar problemas de propiedad intelectual y de derechos de autor.
- Si la cita consiste en un texto en lengua extranjera, se recomienda dar la traducción en una nota.

(En todos los ejemplos de este apartado sólo aparecerá la cursiva en aquellos casos en que su uso sea preceptivo.)

46 7.2 Citas literales

Las citas literales son aquellas que reproducen fielmente las palabras del original.

- Al reproducir una cita literal hay que **atenerse al texto original**, incluso si éste presenta errores evidentes. En tal caso, se añade entre corchetes el adverbio latino *sic* (así), para dar a entender que así se encuentra en el original. Ejemplo:

  En el manual de presentación decía «Miguel de Unamuno nació en 1964 [*sic*]».

- Cuando interesa **destacar** una parte concreta de la cita, ésta se subraya o se escribe en cursiva y se añade entre paréntesis una expresión de este tipo: *el subrayado es mío*, *el subrayado es nuestro*, *la cursiva es nuestra*. Ejemplo:

  Como dijo el filósofo Aristipo: «Todas las cosas imprevistas, en efecto, *parecen* más graves» (el subrayado es nuestro).

- Cuando se omite alguna parte dentro de la cita, se sustituye esta parte por puntos suspensivos, generalmente encerrados entre corchetes [...]. También es posible encontrar los puntos suspensivos entre paréntesis (...). Ejemplo:

Como afirma Paul Bahn en *Introducción a la arqueología*:

> En los tiempos medievales, la gente de Europa comenzó a interesarse por las "ollas mágicas", cerámicas (probablemente urnas crematorias) que surgían misteriosamente del suelo a causa de la erosión [...]. Al mismo tiempo, piedras trabajadas y hachas líticas pulidas afloraban cuando los agricultores araban sus campos.

- Cuando se cita por otro autor y no directamente por el original, es decir, cuando se utiliza una fuente de segunda mano, se añade la preposición latina *apud* (junto a; en) o la expresión *citado por* y, a continuación, el nombre de quien cita. Ejemplo:

  Como dijo el biólogo Sydney Brenner en una ocasión:

  > Durante veinte años compartí mi despacho con Francias Crick y tuvimos por norma que cualquiera de los dos podría decir lo primero que se le pasara por la cabeza. La mayoría de nuestras conversaciones eran totalmente fértiles (*apud* Lewis Wolpert: *La Naturaleza no natural de la ciencia.* Acento).

- Para la **composición tipográfica de las citas** se deben tener en cuenta diferentes casos:

  – **Cita breve:** se escribe dentro del texto, entre comillas y con la misma letra. Ejemplo:

  > La afirmación de Copérnico de que «el Sol es centro del universo» contradecía la teoría de que los astros giraban alrededor de la Tierra.

  Si fuera necesario interrumpir el texto transcrito para hacer alguna aclaración, las comillas se cierran antes del inciso y se vuelven a abrir a continuación. El inciso se coloca entre comas o rayas. Ejemplos:

  > «No puedo ir al partido», dijo Guillermo, «porque he quedado con un amigo».
  > «Vente esta tarde a merendar» —dijo Guillermo—. «He preparado unas rosquillas estupendas».

  – **Cita extensa:** se escribe en párrafo aparte, sin comillas, generalmente con una letra de cuerpo menor que la del texto general y todas las líneas sangradas. Ejemplo:

Es muy interesante el comentario de María Zambrano:

> Galdós es el primer autor español que introduce a todo riesgo las mujeres en su mundo. Las mujeres, múltiples y diversas; las mujeres reales y distintas, «ontológicamente» iguales al varón. Y ésta es la novedad, ésa es la deslumbrante conquista.
>
> (María Zambrano: *La España de Galdós*, pág. 209)

– **Versos:** Pueden escribirse dentro del texto o en párrafo aparte. Cuando se transcriben versos a renglón seguido, la cita va entre comillas, y se señala el final de cada verso con una barra diagonal (/). Ejemplo:

> El profesor de literatura nos recitaba a menudo «Yo soy aquel que ayer no más decía / el verso azul y la canción profana», que es el comienzo de un famoso poema de Rubén Darío.

46 7.3 Citas no literales

Las citas no literales son aquellas que reproducen ideas, pensamientos o referencias ajenas pero sin reproducirlos literalmente.

Cuando se incluyen en un texto, hay que hacer constar la fuente de la que provienen. Ejemplo:

> María Zambrano en *La España de Galdós* afirma que Galdós es el primer autor que concede a los personajes femeninos la misma importancia que tradicionalmente se había dado a los personajes masculinos.

46 7.4 Citas bibliográficas

Cuando se reproduce en el texto una cita ajena, se debe hacer referencia a la fuente de origen. Esto se denomina cita bibliográfica.

Los procedimientos más habituales para hacer citas bibliográficas son:

- Autor-fecha

Se escribe, entre paréntesis, el apellido del autor, el año de publicación y el número de la página en que se encuentra. Va a continuación de la cita y remite a la bibliografía final. Ejemplo:

> «Los datos existentes nos informan de que, desde hace 30 años, el nivel alimenticio medio apenas ha aumentado en la India.» (Klatzmann, 1991: 15)

- Cita-nota

Consta del nombre y apellido del autor, el título de la obra y el número de la página en que se encuentra. Puede ir a continuación de la cita entre paréntesis, o en una nota a pie de página. Ejemplo:

> «Cuando al fin se firmó el acuerdo de Gdansk, el domingo 31 de agosto de 1980, Walesa, a pesar de ser un luchador tenaz, se sentía feliz con esa reconciliación. Consideraba que el acuerdo era un éxito para las dos partes.» (Craig, M., *Lech Walesa* 1990, pág. 36)

Cuando un autor y una obra se citan varias veces, no es necesario repetir todos los datos:

- Se usa la abreviatura latina *ibíd.* (de *ibídem*, «en el mismo lugar») si las citas son consecutivas. Ejemplo:

  Valle-Inclán, R., *Luces de bohemia*, pág. 5
  Ibíd., pág. 25.

- Se usa la abreviatura latina *op. cit.* (de *ópere citato*, «en la obra citada»), o la castellana *ob. cit*, a continuación del nombre de la misma obra, si no son citas consecutivas. Ejemplos:

  Valle-Inclán, R., *Luces de bohemia*, pág. 5
  Ynduráin, D., *Luces*, pág. 15
  Valle-Inclán, *op. cit.*, pág. 16

46 8 Bibliografía

46 8.1 Referencias bibliográficas

Es una lista alfabetizada en la que se detallan los datos bibliográficos completos de las ediciones consultadas. Se agrega al final, delante de los índices.

Existen varias formas de componer o citar una bibliografía. Sea cual sea el modelo escogido, hay que mantener la **uniformidad** en todas las entradas. A continuación se expone sólo uno de ellos.

(En todos los ejemplos de este apartado sólo aparecerá la cursiva en aquellos casos en que su uso sea preceptivo.)

- Libros

APELLIDOS [en mayúsculas], Nombre del autor [o sus iniciales correspondientes seguidas de punto] (año de edición): *Título* [en cursiva o subrayado], tomo [en números romanos], Lugar de edición, Editorial (nombre de la colección, número de edición [entre paréntesis]).
Ejemplo:

MILLÁS, Juan José (1996): *Cuentos a la intemperie*, Madrid, Acento (Club).

Si son **varios** los **autores**, se indican todos sus nombres y apellidos. En caso de ser un número excesivo, se suele utilizar la abreviatura *AA.VV.* o *VV. AA.* (varios autores). Ejemplos:

COUPER, Heather y HENBEST, Nigel (1997): *La historia del universo*, Madrid, Ediciones SM.
AA.VV. (1997): *Antología*, Madrid, ACE.

Cuando el autor es una **institución**, se escribe el nombre de ésta. Incluso pueden utilizarse sus siglas, de ser muy conocidas.
Ejemplo:

RAE (1991): *Esbozo de una nueva gramática de la lengua española*, Madrid, Espasa Calpe (15.ª reimpresión).

- **Artículos de revistas y reseñas de periódicos**

APELLIDOS [en mayúsculas], Nombre del autor [o iniciales correspondientes seguidas de punto] (año de edición): «Título del artículo», en *Nombre de la publicación* [en cursiva o subrayado], Lugar de edición, n.º de la revista [en arábigos], págs. inicial-final.
Ejemplo:

ZAMORA VICENTE, Alonso (1999): «De la Academia por dentro», en *Alacena*, Madrid, n.º 35, págs. 4-6.

46 8.2 Referencias bibliográficas de los recursos electrónicos

En la actualidad, la edición electrónica ha introducido nuevas modalidades de publicación de los documentos a través de redes como Internet y de soportes electrónicos (disquetes, CD-ROM, etc.). Cada vez más, las citas bibliográficas hacen referencia a documentos en formato electrónico.

En la cita de los recursos electrónicos se incluyen, generalmente, los siguientes elementos:

- Autor o entidad responsable del contenido.
- Título.
- Tipo de soporte: en línea, disquete, CD-ROM y cinta magnética.
- Edición y lugar de publicación.
- Editor o editorial y fecha de publicación.
- Notas: es opcional, y se refiere a los soportes electrónicos tangibles. En este apartado se puede especificar si se trata de una base de datos o de un programa, y el número de unidades.
- Acceso: dirección electrónica.
- Fecha de consulta: se aplica a los documentos en línea. La fecha debe ir precedida de la palabra *Consulta*.

Por tanto, un posible modelo de referencia bibliográfica de un elemento con soporte electrónico puede ser el siguiente:

Autor o entidad. *Título* [Tipo de soporte]. Edición. [Lugar de publicación]: Editor, fecha de la publicación. Notas. <Acceso> [Fecha de consulta].
Ejemplos:

Ediciones SM. *Gaia* [En línea]: Ediciones SM. <profes. net> [Consulta: 18 de mayo de 2000]

Enciclopedia Universal Multimedia [CD-ROM]. 8.ª ed. [Madrid]: Micronet, octubre de 1998. 1 CD-ROM.

46 9 Notas

46 9.1 Algunas cuestiones generales

Las notas son **advertencias** o **explicaciones** que se hacen al texto. Pueden ir colocadas al margen, al pie de la página, al final de capítulos, partes, secciones, etc., o al final de la propia obra.

Las notas se indican con una **llamada**, que se sitúa en el lugar del texto sobre el que se quiere introducir una aclaración (en caso de que haya un signo de puntuación, la llamada se coloca detrás del signo correspondiente). El número o signo que figura en la llamada se repite a pie de página o al final del texto, y a continuación se sitúa el texto de la nota (en cuerpo menor que el resto del texto).

Las notas pueden **señalarse** con números arábigos, letras o asteriscos.

- **Números:** mediante números voladitos (a manera de superíndices, [1]), o números normales entre paréntesis (1).
- **Letras:** mediante minúsculas voladitas (a manera de superíndices, [a]) o versales normales entre paréntesis (A).
- **Asteriscos:** sueltos o entre paréntesis (*). Pueden aparecer, como máximo, cuatro asteriscos.

El procesador de textos permite insertar notas con números u otros símbolos seleccionados previamente. Estas notas pueden situarse al final de la página o al final del documento, y la colocación la realiza automáticamente el propio procesador.

46 9.2 Notas a pie de página

- La colocación más frecuente de las notas es en la parte de abajo de cada página. Cuando son muchas o muy extensas, es preferible colocarlas al final, bien del capítulo o del libro.
- Las notas a pie de página se separan del resto del texto mediante una línea fina o una línea **en blanco.**
- Cuando una nota es muy larga y no cabe en una página, se continúa en la página siguiente. Si en ésta también hay notas, el texto restante de la anterior debe aparecer en primer lugar.

46 9.3 Notas marginales

Son notas que van colocadas al margen. También reciben el nombre de **ladillos.** Se emplean, sobre todo, en obras didácticas o técnicas.

Se sitúan a la altura del párrafo al que pertenecen, en el margen izquierdo si es una página par y en el margen derecho si es una página impar.

46 9.4 Notas incluidas dentro del texto

Puede optarse por poner una nota entre párrafos. En este caso no es necesario una llamada. Basta con encabezarla con la palabra, preferiblemente en versalitas, NOTA, NOTA BENE (obsérvese), ADVERTENCIA o ACLARACIÓN.

46 9.5 Notas del autor, editor o traductor

Cuando una nota pertenece al **autor** —si es una traducción—, al **editor** o al **traductor**, se especifica encabezándola por (N. del A.), (N. del E.) o (N. del T.), respectivamente.

Todas ellas pueden ir intercaladas entre el resto de notas normales, si las hubiera.

46 9.6 Notas en cuadros y tablas

Se colocan justo debajo de los cuadros. Para diferenciarlas de las notas a pie de página, las llamadas se harán con asteriscos voladitos o letras voladitas (en cualquier caso, con un tipo de llamada distinta a la que se haya empleado en las notas a pie de página).

46 9.7 Notas en columnas

Se colocan al pie de cada columna, preferentemente. También se pueden colocar al pie de página, considerando como medida el ancho de la página.

46 10 Presentación de un trabajo

46 10.1 Portadilla

La portadilla (también llamada *anteportada* o *falsa portada*) es la primera página impresa del escrito, diferente a la portada o cubierta, y en ella sólo debe figurar el **título** general y el **nombre** del autor.

A veces los trabajos se dividen en capítulos, partes, secciones, unidades, apéndices, etc. Estas divisiones también pueden presentar una portadilla, en la que sólo se escribe su título. Dicho título ya no debe repetirse al comenzar el texto.

46 10.2 Prólogo

El prólogo es el texto que precede al cuerpo del trabajo. Con él se pretende presentar al autor o explicar brevemente la idea principal que se expone en el trabajo.

- El autor del prólogo puede ser el propio autor del trabajo u otra persona. También puede haber más de un prólogo. En este caso, el del autor es el que se coloca justo delante del comienzo del trabajo propiamente dicho.

- Si existe más de un texto preliminar, cada uno de ellos se denomina de diferente forma: **prólogo, presentación, introducción, nota preliminar, nota aclaratoria, pórtico, proemio**, etc.
- La letra de los textos preliminares puede tener un cuerpo menor que la letra del texto general, o ir en cursiva si el texto preliminar no es demasiado extenso.

46 10.3 Apéndices

Los apéndices son los textos accesorios que se agregan al final del trabajo (listas, glosarios, etc.), como apoyo y refuerzo de éste, y pertenecen al autor.

46 10.4 Anexos

Son un conjunto de documentos, ilustraciones, gráficos, cuadros, mapas, etc., que se caracterizan por pertenecer a otros autores y no al autor del trabajo. Éste los recopila como apoyo explicativo a su trabajo.

Se añaden a continuación de los apéndices, si los hubiera, y antes de la bibliografía final.

46 10.5 Índices

Los índices sirven para ayudar al lector a encontrar fácilmente las páginas en que se cita o se trata una información muy concreta.

- Tipos de índices
  - De **capítulos:** son una lista ordenada de los capítulos y epígrafes desarrollados en el trabajo. Abarcan desde la introducción hasta el anexo, en el caso de que existan. También se denominan **sumario, índice general, contenido** o **tabla de contenido.** Estos índices se sitúan al final en las obras literarias y al principio en las obras científicas, técnicas e históricas.
  - **Alfabéticos:** presentan, en orden alfabético, los **nombres propios** o las **materias** (palabras que resumen los temas tratados en la obra) que se citan en el trabajo. Los primeros también se llaman **onomásticos,** y los segundos, **analíticos**. Se sitúan siempre al final del libro.

– **Cronológicos:** exponen ordenadamente las **fechas** y los **sucesos** que se citan en el trabajo. Se incluyen, principalmente, en los textos de Historia. Estos índices van siempre al final.

- **Ordenación de los índices alfabéticos**

La alfabetización puede hacerse por **letras correlativas** (tiene prioridad la primera palabra, esté compuesta por una letra o por varias) o por **palabras** (prescindiendo de los artículos, preposiciones o conjunciones, que se ponen a continuación del término). Ejemplos:

a ultranza	*ultracorrección*
abogar	*ultranza, a*
accesorio	*unipersonal*

La alfabetización de los **nombres propios** se realiza siguiendo una serie de pautas:

– **Nombres de personas:** generalmente se ordenan por el apellido. Se alfabetizan por el primer apellido seguido del segundo apellido y el nombre propio, aunque en algunos países la tradición marca la cita por el segundo apellido, seguido del nombre propio y el primer apellido. Ejemplos:

Jiménez Mantecón, Juan Ramón
Pessoa, Fernando António Nogueira

Si el primer apellido lleva la preposición *de*, se alfabetiza por el primer apellido seguido del segundo apellido y, a continuación el nombre seguido de la preposición. Ejemplo:

Cervantes Saavedra, Miguel de

Los nombres de **reyes**, **emperadores** y **papas** se alfabetizan por el nombre propio. En el caso de los reyes o reinas, conviene añadir de dónde lo fueron. Ejemplos:

Isabel II de España
Juan VI de Portugal
María Luisa de Austria, emperatriz de Francia

Si tienen sobrenombres o apodos, se ordenan igualmente por el nombre. Ejemplos:

Alejandro Magno
Fernando el Católico

Los **nombres de santos** se alfabetizan por el nombre completo, separado por coma de las palabras *san, santo, santa, beato,* etc., según corresponda. Ejemplos:

Juan de Dios, san
Tomás de Aquino, santo

Los **seudónimos** compuestos por nombre y apellido se alfabetizan normalmente y a continuación se remite a su nombre verdadero. Ejemplo:

Sijé, Ramón. Ver *Marín Gutiérrez, José Ramón*

Si el seudónimo lleva artículo, éste se pospone, y a continuación se remite a su nombre verdadero. Ejemplo:

Caballero Audaz, El. Ver *Carretero, José M.ª*

– **Nombres geográficos:** Si llevan artículo, éste se suele posponer aunque forme parte del nombre geográfico. Ejemplos:

Graciosa, La
Salvador, El

Si el lugar geográfico tiene nombre de santo, se alfabetiza tal cual. Ejemplos:

San Francisco
San Sebastián

– **Nombres de obras:** Pueden posponerse o no los artículos. Ejemplos:

Meninas, Las o *Las Meninas*
Náusea, La o *La Náusea*

46 10.6 Foliación

- La numeración de las páginas se realiza con números arábigos, de forma correlativa desde el primer folio hasta el último.

  A veces se numeran con romanos los textos preliminares, y se reserva la numeración arábiga para el resto de la obra, que no es correlativa con la numeración romana.

- Si el trabajo consta de varias partes, o una obra de varios volúmenes, la foliación puede ser **continua** o **discontinua,** es decir, puede seguirse correlativamente en las sucesivas partes o interrumpirse y comenzar en cada una de ellas.

- Las portadas y portadillas no suelen llevar el número del folio escrito en su página, aunque sí cuentan a efectos de numeración de las páginas.
- La numeración de las páginas puede hacerse de forma automática con el procesador de textos. Existe la posibilidad de no numerar la primera página si es la portada. Además, puede determinarse la posición y alineación del número en la página.

46 11 Corrección de pruebas

Una vez se ha terminado de escribir el original, es conveniente revisarlo antes de su impresión definitiva para detectar posibles erratas o deslices tipográficos.

Esta revisión se puede realizar sobre una primera copia en papel y marcar en ella los errores mediante una serie de signos convencionales. Estos signos se denominan **signos de corrección tipográfica** y son generalmente utilizados en el ámbito editorial. No obstante, pueden ser de gran utilidad para la corrección de cualquier clase de texto.

46 11.1 Signos de corrección tipográfica

- **Llamadas:** Son numerosas y tienen formas variadas. Cada corrector suele emplear siempre las mismas. Se marcan sobre la letra o palabra que se ha de corregir y se repiten al margen seguidas de la corrección. A continuación se transcriben algunas de ellas.

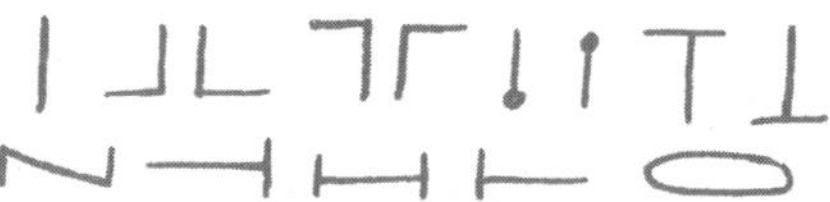

- **Signos**: Sirven para indicar la modificación que se ha de realizar. Se anotan en el margen. El lugar en que se encuentra viene señalado por una llamada, que también se repite al margen. A continuación se detallan los más importantes.
  - Sangrar línea:
  - Suprimir sangría:
  - Suprimir:

- Quitar espacio:
- Poner espacio: #
- Separar líneas:
- Juntar líneas:
- Acentuar: á A´
- Suprimir el acento:
- Letra, número o signo volados:
- Subíndices:
- Dudoso, por confirmar: ¿? ¡ojo! v. orig.
- Hacer párrafo aparte:
- Poner seguido:
- Bajar una letra o palabra a la línea siguiente: [
- Subir una letra o palabra a la línea anterior:]
- Transponer letras:
- Transponer palabras:
- Caja a la izquierda o a la derecha:
- Alinear: ||
- Corrección errónea: ... (vale)

Tipos de letras

- Cursiva: cva.
- Negrita: negr.
- Cursiva negrita:
- Redonda: rda
- Versales: c.a.
- Versales negritas:
- Versales cursiva:
- Versalitas:
- Minúscula: c.b.

46 11.2 Ejemplo de corrección

negr.

La mitología griega

Los griegos no sólo crearon una mitollogía, es decir, no sólo ensamblaron y organizarón en sistema una serie de relatos míticos, sino que, además, inventaron la mitología enel sentido de la «ciencia de los mitos». Es decir, trataron

de extraer de los mitos el fnodo de verdad que contenían, los criticaron en aras de la razón o de la moral o, por el contrario, los salvaron a través de una relectura *alegórica*. Y la gente de hoy, a veces sin de cirlo o incluso sin saberlo retoma sus interpretaciones.

Suzanne Saïd: *Introducción a la Mitología griega*. Acento [Flash])

La mitología griega

Los griegos no sólo crearon una mitología, es decir, no sólo ensamblaron y organizaron en sistema una serie de relatos míticos, sino que, además, inventaron la mitología en el sentido de la «ciencia de los mitos». Es decir, trataron de extraer de los mitos el fondo de verdad que contenían, los criticaron en nombre de la razón o de la moral o, por el contrario, los salvaron a través de una relectura alegórica. Y la gente de hoy, a veces sin decirlo o incluso sin saberlo, retoma sus interpretaciones.

(Suzanne Saïd: *Introducción a la Mitología Griega*. Acento [Flash])

47 Ortología o correcta pronunciación

47 1 Cuestiones previas

47 1.1 Qué es la ortología

La ortología es la disciplina que establece las normas para la **correcta pronunciación**.

Aunque el español es una de las lenguas en las que hay mayor proximidad entre pronunciación y escritura, en algunos casos existen **divergencias** entre la lengua **oral** y la lengua **escrita**.

Por este motivo, es de gran utilidad la formulación de unas normas que permitan al hablante distinguir, en los casos en que puede haber confusión, cuál es la pronunciación adecuada de una palabra.

Sin embargo, en la pronunciación relajada se pueden producir a menudo vacilaciones en la articulación de una palabra (relajación de ciertas consonantes, variaciones en el timbre vocálico, etc.), pero esto nunca debe reflejarse en la escritura.

47 1.2 Correspondencias y desajustes entre grafías y sonidos

El sistema ortográfico del español resulta de la unión de tres aspectos: la **pronunciación**, el **origen** o etimología de una palabra, y el **uso** en los diversos ámbitos geográficos y sociales. Esto hace que se produzcan desajustes entre las grafías y los sonidos.

En la lengua española, hay tres tipos de relación entre el sistema fónico y el sistema gráfico:

- **Una sola grafía** representa **un único sonido**. Ejemplos:
  - La letra ***a*** representa siempre el mismo sonido: *casa*, *lápiz*, *árbol*, *botella*.
  - La letra ***f*** representa siempre el mismo sonido: *flauta*, *Rafael*, *fiesta*.
  - La letra ***t*** representa siempre el mismo sonido: *toalla*, *mantel*, *tríptico*.

- **Una sola grafía** representa **varios sonidos**. Ejemplos:
  - La letra ***y*** representa a veces un sonido consonántico: *yegua*, *aya*, *ayuda*.

    La letra ***y*** representa a veces el sonido de la vocal *i*: *brandy*, *samuray*, *paipay*.
  - La letra ***r*** representa a veces el sonido vibrante simple: *cara*, *pera*, *director*.

    La letra ***r*** representa a veces el sonido vibrante múltiple: *raqueta*, *río*, *enrollar*.
- **Varias grafías** representan **un único sonido**. Ejemplos:
  - Las letras ***b***, ***v***, ***w*** representan en algunas palabras un mismo sonido: *bote*, *volar*, *wolframio*.
  - Las letras ***g*** (ante *e, i*) y ***j*** representan (salvo en ciertas palabras de origen extranjero) un mismo sonido: *gitano*, *general*, *jirafa*, *jefe*.

En los casos en los que una sola grafía representa varios sonidos, o varias grafías representan un único sonido, se producen a veces vacilaciones en la escritura.

47 2 Orientaciones generales para la correcta pronunciación de las vocales

47 2.1 Pronunciación de las vocales

Las vocales representan siempre sus correspondientes sonidos vocálicos, independientemente de la posición que ocupen en la palabra o de las letras que las sigan o las precedan. Ejemplos:

ábaco *barco* *tractor* *academia*

No obstante, es preciso mantener una pronunciación clara para evitar confusiones.

47 2.2 Vacilaciones en la pronunciación de diptongos e hiatos

En la pronunciación relajada se producen a veces vacilaciones en las vocales, especialmente en los diptongos y los hiatos (ver 25). Éstos son algunos fenómenos que se deben **evitar**:

- Reducción a diptongo de los hiatos formados por dos vocales abiertas cerrando una de las vocales. Ejemplos:

  *aé**re**o*, no [aério]
  *lí**ne**a*, no [línia]
  ***Joa**quín*, no [juaquín]

- Pronunciación de los diptongos formados por una vocal abierta y una cerrada como dos vocales cerradas. Ejemplos:

  ***neu**mático*, no [niumático]
  ***neu**monía*, no [niumonía]

- Pronunciación (por ultracorrección) de un hiato donde hay un diptongo. Ejemplos:

  *espu**rio***, no [espúreo]
  *gera**nio***, no [geráneo]

- Reducción a un solo sonido de dos vocales iguales seguidas. Ejemplos:

  *contr**aa**tacar*, no [contratacár]
  *r**ee**structurar*, no [restructurár]

  Se exceptúan los casos en los que la Real Academia Española recoge la doble grafía (con una o dos vocales). En estos casos, se admite la pronunciación con un solo sonido. Ejemplo:

  *contr**aa**lmirante* o *contr**a**lmirante*

47 3 Orientaciones generales para la correcta pronunciación de las consonantes

47 3.1 Desajustes entre grafía y sonido

- Las letras ***b*** y ***v*** se pronuncian siempre igual (ver 2). Ejemplos:

  vaca *baca*
  tuvo *tubo*

47 Ortología o correcta pronunciación

- La letra **c** se pronuncia como *k* delante de las vocales *a, o, u* (ver 9). Ejemplos:

  ***ca**ma* ***co**lina* *es**cu**adra*

  La letra **c** se pronuncia como *z* delante de las vocales *e, i* (ver 7). Ejemplos:

  *as**ce**nsión* ***ci**gala*

  – La letra *c* (ante *e, i*) y la *z* se pronuncian con el sonido de la *s* en la mayor parte del español meridional y americano. Este fenómeno se denomina **seseo** y está recogido en la norma académica (ver 7 8). Ejemplos:

  ***za**pato* [sapáto]
  ***ce**na* [séna]

  – La letra *s* se pronuncia con el sonido de la *z* en algunas zonas del español meridional. Este fenómeno se denomina **ceceo** y no está recogido en la norma académica (ver 7 8). Ejemplos:

  ***s**ierra* [ziérra]
  *ca**s**a* [cáza]

- La letra **g** representa el sonido de la *g* (distinto de la *j*) cuando va seguida de las vocales *a, o, u* (ver 3). Ejemplos:

  *a**gá**rrate* *va**gó**n* ***gu**sano*

  – También se representa el sonido de la *g* (distinto de la *j*) con el dígrafo ***gu*** cuando va seguido de **e**, ***i*** (la *u* no se pronuncia). Ejemplos:

  *va**gue**ría* ***gui**sante*

  – En los casos en los que ha de pronunciarse la *u* en las secuencias ***gue***, ***gui***, se pone **diéresis** sobre la *u*. Ejemplos:

  *a**güe**ro* *lin**güí**stica*

  La letra *g* representa el sonido de la *j* cuando va seguida de *e, i* (ver 5). Ejemplos:

  *ar**ge**ntino* ***gi**tano*

- La ***h*** no representa, generalmente, ningún sonido en español (ver 1). Ejemplos:

  haya *almohada* *¡eh!*

  No obstante, en algunas zonas y sectores sociales del español, y también en ciertas palabras de origen extranjero, la *h* se pronuncia con una aspiración (como una *j* muy suave). Ejemplos:

  harto [járto] (con *j* suave)
  halar [jalár] (con *j* suave)
  hitleriano [jitleriáno] (con *j* suave)
  hegeliano [jegeliáno] (con *j* suave)

- La letra ***j*** representa siempre el mismo sonido (ver 4). Ejemplos:

  jarabe *Jesús* *jirones* *ajo* *juego*

  No obstante, es muy frecuente la aspiración de la *j* en ciertas zonas. Ejemplos:

  jaula (con *j* suave)
  juerga (con *j* suave)

- El dígrafo ***qu*** representa el sonido de la *k* (la *u* no se pronuncia) (ver 9). Ejemplos:

  quimera *queso*

  Sin embargo, la *u* sí se pronuncia en algunas palabras de origen latino o extranjero. En estos casos, la secuencia *qu* no es un dígrafo, sino **dos letras** independientes. Ejemplos:

  quark [cuárc]
  quídam [cuídam]

- La letra ***r*** representa (ver 12):

  – El sonido **vibrante simple** en posición intervocálica y cuando va detrás de *b, d, t, p, c, g* o *f* dentro de la misma sílaba. Ejemplos:

  aro *abrir* *adrenalina*
  oprobio *acritud* *agrio*

– El sonido **vibrante múltiple** en posición inicial de palabra; detrás de las consonantes *l, n, s,* detrás de *b* o *d* cuando forman parte de sílabas distintas, y detrás de *t* cuando forma parte del prefijo *post*. Ejemplos:

***r**ubio*
***r**eacio*
*a**lr**ededor*
*e**nr**ollar*
*I**sr**ael*
*pos**tr**omántico* [post·rromántico]
*a**br**ogar* [ab·rrogár]
*ciuda**dr**ealeño* [ciudad·rrealéño]

– En posición final de palabra o de sílaba ante consonante, su sonido es vibrante simple, aunque se puede convertir en vibrante múltiple en casos de énfasis. Ejemplos:

*a**r**te* *come**r*** *ha**r**to*

- La letra ***w*** se pronuncia como *b* en las palabras de origen alemán (ver 2). Ejemplos:

wagneriano [bagneriáno]
watt [bat]

La letra ***w*** se pronuncia como *gü* en las palabras de origen inglés. Ejemplos:

whisky [güíski]
western [güéster]

- La letra ***x***, cuando va **delante de consonante** o está en posición **inicial** de palabra, se pronuncia, en la lengua no esmerada, como *s* (ver 6). Ejemplos:

xilófono [silófono] *e**x**celente* [escelénte]

La letra ***x***, cuando aparece en posición **intervocálica** o al **final** de palabra, se suele pronunciar normalmente como la secuencia *-gs-*. Ejemplos:

*e**x**agerado* [egsagerádo] tóra***x*** [tórags]
*a**x**ioma* [agsióma] clíma***x*** [clímags]

La letra **x** se pronuncia en algunas palabras como la letra *j*. En esto casos, la *x* es un arcaísmo gráfico. Ejemplos:

*te**x**ano* [tejáno]
*oa**x**aqueño* [oajaquéño]
*Mé**x**ico* [Méjico]

- La letra **y** representa un sonido **consonántico** en posición inicial o interior de palabra (ver 11). Ejemplos:

yema *mayo*

La letra **y** representa el sonido **vocálico** de la *i* en posición final de palabra. Ejemplos:

hay *buey*

El sonido de la *ll* se identifica en la pronunciación de la mayor parte de los hablantes de español con el sonido de la *y*. Este fenómeno se denomina **yeísmo** y está recogido en la norma académica. Ejemplos:

***ll**ave* [yáve]
***ll**uvia* [yúvia]

47 3.2 Algunos grupos consonánticos

En la lengua oral se producen a veces vacilaciones en la pronunciación de grupos consonánticos poco habituales en español (ver 14). Éstos son algunos casos:

- Los grupos consonánticos iniciales ***ps-*** y ***pt-*** pueden pronunciarse omitiendo el sonido de la *p* (incluso, en algunos casos, la RAE ha recogido la doble escritura). Ejemplos:

***ps**icoanálisis*, pronunciado generalmente [sicoanálisis]
***pt**eridofita*, pronunciado generalmente [teridofíta]

- Los grupos consonánticos iniciales ***gn-, cn-, mn-*** pueden pronunciarse omitiendo los sonidos *g, c, m* respectivamente (incluso, en algunos casos, la RAE ha recogido la doble escritura). Ejemplos:

***gn**omo*, pronunciado generalmente [nómo]
***cn**idario*, pronunciado generalmente [nidário]
***mn**emontecnia*, pronunciado generalmente [nemotécnia]

- El grupo consonántico -***bs***- cuando va seguido de consonante se pronuncia a menudo sólo con el sonido de la *s*.

  – A veces, ante otra consonante, la RAE recoge la doble grafía (con y sin *b*), por lo que puede pronunciarse con *b* o sin *b*. Ejemplos:

  *o**bs**curo* u *o**s**curo*
  *su**bs**tancia* o *su**s**tancia*

  – En otros casos no debe omitirse el sonido de la *b*. Ejemplos:

  *o**bs**truir,* no [ostruír]
  *o**bs**ceno,* no [oscéno]

- Los grupos consonánticos -***bl***-, -***br***- y -***dr***- en posición interior de palabra suelen formar en español parte de la misma sílaba. Ejemplos:

  *sa-**bl**e* *a-**br**i-go* *la-**dr**ar*

  No obstante, en los casos en los que forman parte de sílabas distintas, esto debe percibirse en la pronunciación. Ejemplos:

  *su**bl**unar* [sub·lunár]
  *su**br**ayar* [sub·rrayár]
  *ciuda**dr**ealeño* [ciudad·rrealéño]

47 3.3 La letra -*d*- en posición intervocálica

En la actualidad está muy extendida la **supresión de la** -*d*- intervocálica de los participios en -*ado* en el registro coloquial, pero su pronunciación es preceptiva en situaciones más formales (ver 10 4). Ejemplos:

*empeza**d**o*, pronunciado en la lengua coloquial [empezáo]
*acaba**d**o*, pronunciado en la lengua coloquial [acabáo]

Sin embargo, debe evitarse la supresión de la -*d*- intervocálica en el resto de los casos. Ejemplos:

*comi**d**o*, no [comío] *esta**d**o*, no [estáo]
*de**d**o*, no [déo] *bofeta**d**a*, no [bofetá]

47 3.4 Modificaciones en función de la posición de las consonantes

Se debe mantener la pronunciación de todas las letras **consonantes** en posición **final de sílaba** y de **palabra**. Aunque su pronunciación pueda relajarse, debe percibirse claramente el punto de articulación:

- Debe evitarse la pronunciación como *f* o como *z* de la ***p*** al final de sílaba. Ejemplos:

  *suscri**p**ción*, no [suscrifción] ni [suscrizción]
  *egi**p**cio*, no [egífcio] ni [egízcio]

  Tampoco se debe suprimir el sonido de *p* al final de sílaba (excepto en los casos en los que la Academia recoge una doble grafía). Ejemplos:

  *hi**p**notizar,* no [inotizár]
  *exce**p**ción,* no [exceción]

  frente a:

  *se**p**tiembre* o *setiembre*
  *sé**p**timo* o *sétimo*

- Debe evitarse la pronunciación de la ***d*** al final de sílaba y de palabra como *z*, como *t*, o su omisión. Ejemplos:

  *aba**d***, no [abáz]
  *a**d**ministrar*, no [azministrár]
  *dignida**d***, no [dignidát]
  *verda**d***, no [verdát]
  *eda**d***, no [edá]
  *ciuda**d***, no [ciudá]

  No se debe cambiar la *d* final de los imperativos por una *r* (se convierten entonces en infinitivos). Ejemplos:

  *¡Calla**d**!*, no *¡Callar!
  *¡I**d**!*, no *¡Ir!

- Debe evitarse la pronunciación de la **c** al final de sílaba como *z*. Ejemplos:

  *té**c**nica*, no [téznica]
  *do**c**tor*, no [doztór]

No debe omitirse el sonido de la *c* al final de sílaba. Ejemplos:

reducción, no [redución]
conducto, no [condúto]

- Debe evitarse la neutralización (confusión en la pronunciación) de la ***r*** y la ***l*** al final de sílaba o de palabra. Ejemplos:

arboleda, no [alboléda]
saltamontes, no [sartamóntes]

- La aspiración y la pérdida de la ***s*** al final de sílaba o de palabra están muy extendidas en algunas áreas del español meridional. Ejemplos:

estos, no [éhtoh] ni [éto]
mismas, no [míhmah] ni [míma]

47 4 Pronunciación de las palabras procedentes de otras lenguas

En castellano se utilizan bastantes palabras que proceden de otras lenguas, cuya pronunciación no se ajusta a su ortografía (ver 23). Ejemplos:

blues [blus]
marketing [márketin]
ballet [balé]

Para su correcta pronunciación se recomienda la consulta de un diccionario que contenga información ortológica.

48 Uso adecuado del corrector ortográfico

48 1 Cuestiones previas

48 1.1 Tipos de correctores

El desarrollo de la informática ha extendido y ha facilitado el uso de los procesadores de textos. Estos programas informáticos llevan incorporada la función de un **corrector** que revisa automáticamente el texto, facilitando la detección de errores.

Hay dos tipos de correctores: **ortográficos** (los que detectan erratas, errores de acentuación, etc.) y **sintácticos** (los que detectan fallos en la concordancia de palabras, tiempos verbales, etc.).

No obstante, aunque el corrector facilita el control de algunos errores, nunca debe sustituir a una corrección no automática.

48 1.2 Funcionamiento del corrector ortográfico

La revisión ortográfica se realiza mediante un **diccionario interno** de palabras que contiene el programa informático. En el caso de que una palabra no exista en ese diccionario, el corrector la señala como incorrecta. A continuación, el corrector permite sustituir dicha palabra por alguna de la lista alternativa de palabras que ofrece. También es posible modificar o volver a escribir la palabra desconocida para sustituirla.

48 2 Usos del corrector ortográfico

El corrector ortográfico permite detectar algunas faltas de ortografía. Ejemplo (aparecen en redonda y subrayadas las palabras o signos incorrectos que señalaría el corrector):

> *El fin* desemana *pasado* fuímos *de* excursion *al* canpo ,. bimos *una liebre, una bandada de* paloomas *y* mchos *saltamontes. Mi abuelo dice que* antiguemente *se* vían *más animales en* aquell *término.*

Los errores que detecta el corrector son:

- De **letras y palabras** (**desemana*, **bimos*...)
- De **acentuación** (**excursion*, **fuímos*...)

- De **puntuación** (*,.)
- Otras **erratas** (**paloomas*, **mchos*...)

El corrector ortográfico también permite crear un **glosario personalizado** de palabras para que el corrector las reconozca como válidas, además del diccionario interno que lleva incorporado.

En este caso, el corrector sólo señalará estas nuevas palabras si en ellas aparece alguna errata.

48 3 Limitaciones del corrector ortográfico

48 3.1 Palabras que el corrector considera válidas

El corrector ortográfico sólo es capaz de reconocer las palabras que están recogidas en su diccionario interno y, si se ha creado, en el glosario personalizado.

Por tanto, el corrector ortográfico no se detendrá en ninguna de estas palabras recogidas en su inventario, aunque su uso en algunos casos sea incorrecto. Esto sucede con las palabras parónimas (ver 48 3.2), homófonas (ver 48 3.3), con tildes diacríticas (ver 48 3.4), palabras con distinta ortografía (ver 48 3.5) u otras (ver 48 3.6).

48 3.2 Palabras parónimas

El corrector ortográfico no distingue las palabras parónimas (palabras que se escriben y se pronuncian de forma parecida pero que tienen significados distintos).

Si al escribir una palabra se comete un error y se escribe en su lugar una palabra parónima, el corrector no la señala como errónea, porque forma parte de su inventario de palabras. Ejemplo (aparecen en redonda y con asterisco las palabras utilizadas incorrectamente):

El fin de semana *pastado (→ pasado) *fuimos de excursión al campo. Vimos una* *libre (→ liebre), *una bandada de palomas y muchos* *asalta *montes (→ saltamontes). *Mi abuelo dice que antiguamente se veían más animales en aquel* *termino (→ término).

48 3.3 Palabras homófonas

El corrector ortográfico no distingue las palabras homófonas (palabras que se pronuncian igual pero se escriben de forma diferente y tienen distinto significado).

Si al escribir una palabra se comete un error y se escribe en su lugar una palabra homófona, el corrector no la señala como errónea, porque forma parte de su inventario de palabras. Ejemplos (aparecen en redonda y con asterisco las palabras utilizadas incorrectamente):

> *Hecho (→ echo) *mucho de menos aquellos largos paseos por el campo.*
> *Me parece una decisión muy* *savia (→ sabia).

48 3.4 Tildes diacríticas

El corrector ortográfico no distingue las palabras que llevan **tilde diacrítica** (tilde que se utiliza para diferenciar palabras que tienen la misma forma pero distinto significado o distinta función gramatical).

- Algunos **monosílabos** (ver 26 3) que coinciden en la forma escrita se distinguen por la presencia o ausencia de la tilde. Sin embargo, el corrector ortográfico no reconoce estos casos. Ejemplos (aparecen en redonda y con asterisco las palabras utilizadas incorrectamente):

  > *Espero que Guillermo me* *de (→ dé) *su libro* *sí (→ si) *lo tiene.*
  > *En mi casa no solemos tomar* *te (→ té).

- Los **interrogativos y exclamativos** (ver 27 3.2) siempre llevan tilde. Sin embargo, coinciden en la forma escrita con otras palabras (*donde*, *cuando*...) que no la llevan. El corrector ortográfico no distingue en qué casos deben escribirse con tilde. Ejemplos (aparecen en redonda y con asterisco las palabras utilizadas incorrectamente):

  > *¿Sabes* *donde (→ dónde) *está el libro que me dio Guillermo?*
  > *No sé* *cuando (→cuándo) *nos van a entregar las llaves del piso.*

- Los **demostrativos** (ver 28 3.2) llevan tilde cuando son pronombres y hay posibilidad de ambigüedad. Sin embargo, el corrector ortográfico no detecta en qué casos la tilde es preceptiva. Ejemplo (aparece en redonda y con asterisco la palabra utilizada incorrectamente):

  ¿Has traído tú *éstos (→ estos) *papeles?*

- *Las formas **sólo*** (adverbio) y ***solo*** (adjetivo) (ver 29) se distinguen porque el adjetivo nunca lleva tilde y el adverbio puede llevarla de forma opcional. El corrector ortográfico no diferencia ambos casos. Ejemplo (aparece en redonda y con asterisco la palabra utilizada incorrectamente):

  Me gusta más el café *sólo (→ sólo) *que con leche.*

48 3.5 Palabras juntas o separadas, con tilde o sin tilde, con distinto significado

- Las formas ***porque***, ***porqué***, ***por que*** y ***por qué*** (ver 17) son palabras con distinta ortografía según su función o categoría gramatical. El corrector considera válida cualquiera de estas formas, independientemente de qué función desempeñen en cada caso concreto. Ejemplos (aparecen en redonda y con asterisco las palabras utilizadas incorrectamente):

  No fui al cine con vosotros *por que (→ porque) *no me encontraba bien.*
  No tengo *porqué (→ por qué) *darte las razones de mi ausencia.*

- Las formas ***conque***, ***con que*** y ***con qué*** (ver 18) se escriben con distinta ortografía en relación con diversos aspectos gramaticales. El corrector considera válida cualquiera de estas formas, independientemente de qué función desempeñe en cada caso concreto. Ejemplos (aparecen en redonda y con asterisco las palabras utilizadas incorrectamente):

  No tengo *con que (→ con qué) *vestirme para la boda.*
  Ésta es la medalla *conque (→ con que) *me galardonaron.*

- Las formas ***adónde***, ***adonde*** y ***a donde*** (ver 19) se escriben con distinta ortografía según su función gramatical. El corrector considera válida cualquiera de estas formas, independientemente de qué función desempeñen en cada caso concreto. Ejemplos (aparecen en redonda y con asterisco las palabras utilizadas incorrectamente):

  La casa *a donde (→ adonde) *voy no está lejos.*
  ¿Vais *adónde (→ a donde) *siempre?*

- En el caso de las palabras que cambian su significado en función de su escritura en ***una sola palabra*** o en ***más de una***, el corrector ortográfico resulta ineficaz. Ejemplos (aparecen en redonda y con asterisco las palabras utilizadas incorrectamente):

  *Sino (→ si no) *vienes antes de las seis, me pasaré a buscarte al trabajo.*
  Los niños se colocaron *entorno (→ en torno) *a la mesa.*

48 3.6 Otros casos

En otros casos como en las contracciones (*al* y *del*) y las conjunciones (*y/e, o/u*), el corrector no puede determinar si hay o no errores. Ejemplos (aparecen en redonda y con asterisco las palabras utilizadas incorrectamente):

Vino *a (→ al) *cine.*
Carlos *y (→ e) *Inés se casaron el sábado.*

48 4 Palabras no recogidas en el diccionario interno

A veces el corrector ortográfico se detiene innecesariamente en palabras que no reconoce pero que están correctamente empleadas. Esto sucede con tecnicismos, palabras de otras lenguas, nombres propios, topónimos, gentilicios y neologismos.

En algunos casos, el corrector ortográfico no contiene en su repertorio palabras recogidas en el *Diccionario* académico, algunas formas verbales o palabras prefijadas y compuestas. Ejemplos (aparecen subrayadas las palabras en las que se podría detener el corrector):

Los habitantes de Badajoz se llaman pacenses

Un monomio es una expresión algebraica con una sola indeterminada.

Ayer salí a hacer un poco de footing.

Einstein formuló la teoría de la relatividad.

Llegó la policía y pilló al ladrón in fraganti.

El precontrato establece la fecha de la firma del acuerdo.

La cultura judeoespañola es aún recordada hoy en algunas comunidades.

No obstante, este inconveniente se puede solucionar parcialmente incorporando dichas palabras al glosario personalizado, aunque no siempre es posible, dada la gran cantidad de palabras de este tipo que pueden ir surgiendo.

48 5 Conclusiones

El corrector ortográfico es práctico porque puede llamar la atención sobre algunos errores ortográficos y ofrecer soluciones mediante la sustitución automática. Pero resulta ineficaz e insuficiente en algunos casos, por lo que nunca debe sustituir a una revisión no automática del texto.

El corrector es una herramienta de trabajo útil para hacer una primera revisión del texto, pero sus rectificaciones han de ser corroboradas por los usuarios. Asimismo, hay que estar atento a otras cuestiones que el corrector ortográfico no puede detectar.

49 Los topónimos

49 1 Cuestiones previas

Los **topónimos** son los nombres propios de lugares geográficos. En ellos se incluyen nombres de países, ciudades, accidentes geográficos, mares, etc. Ejemplos:

Cádiz *Amberes* *Guatemala* *Mediterráneo* *Teide*

49 2 Dificultades en el uso de los topónimos

- La **denominación** de los lugares geográficos puede producir dificultades, especialmente en los casos en los que hay más de una forma para designar un mismo lugar.

  La elección del topónimo puede ocasionar dudas en los siguientes casos:

  - Cuando se vacila entre la forma castellana y la forma original del topónimo. Ejemplos:

    Figueres o *Figueras*
    Nueva York o *New York*

  - Cuando un topónimo ha cambiado de denominación en un corto espacio de tiempo (generalmente por razones políticas). Ejemplos:

    Sri Lanka o *Ceilán*
    Myanmar o *Birmania*

  - Cuando se vacila al transcribir al español los nombres geográficos procedentes de alfabetos no latinos. Ejemplos:

    Beijing o *Pekín*
    Botswana o *Botsuana*

- Algunos topónimos tienen un nombre **plural**. En estos casos se pueden plantear dificultades a la hora de establecer la concordancia dentro de una oración. En los topónimos que tienen forma plural se deben seguir las siguientes normas:

  - Cuando no va acompañado del artículo, su concordancia ha de ser en singular. Ejemplos:

    Estados Unidos ***apoyó*** *el pacto entre los gobiernos.*
    Filipinas no ***participó*** *en esos acuerdos.*

– Cuando se emplea la forma acompañada del artículo, la concordancia ha de ser en plural. Ejemplos:

Los Estados Unidos **apoyaron** *el pacto entre los gobiernos.*

Las Filipinas no **participaron** *en esos acuerdos.*

- En general, las palabras *río, mar, península, montes...* que acompañan a los nombres propios de lugar deben escribirse con minúscula, a menos que formen parte del nombre propio. Ejemplos:

  península de Yucatán

  frente a:

  Sierra Morena

49 3 Los topónimos extranjeros

Cuando la lengua original del topónimo es distinta del castellano, se producen a veces vacilaciones en su denominación. Se exponen a continuación la clasificación y las recomendaciones establecidas por la Agencia EFE para la nomenclatura de los topónimos extranjeros.

- Los topónimos extranjeros que tienen una denominación tradicional en castellano deben designarse con el **nombre castellano**. Ejemplos:

  Bruselas (no *Bruxelles*)
  Pekín (no *Beijing*)
  Milán (no *Milano*)

- Los topónimos extranjeros que, teniendo correspondencia en castellano, aparecen con frecuencia con la **forma del país de origen** deben designarse según esta forma, aunque recordando siempre su equivalente en castellano. No obstante, si la forma castellana está bastante arraigada, pueden designarse únicamente con la forma castellana. Ejemplos:

  Ho Chi Minh (Saigón)
  Malabo (Santa Isabel)

- Los topónimos extranjeros que originalmente están escritos en caracteres no latinos deben **transcribirse** adaptando al **alfabeto latino** los sonidos y las grafías extranjeros. Son, entre otros, los nombres griegos, chinos, árabes, rusos o rumanos. Ejemplos:

  Abiyán (no **Abidjan*)
  Ucrania (no **Ukrania*)

49.4 Algunos topónimos extranjeros

En la lista que se transcribe a continuación se encuentran, por orden alfabético, las distintas denominaciones de algunos topónimos de uso (topónimos oficiales, topónimos tradicionales en castellano, transcripciones incorrectas). Ejemplos:

- Varanasi → Benarés

  Desde el topónimo usual se remite al topónimo recomendado por la Agencia EFE.

- Ankara (Angora)

  El topónimo que aparece en primer lugar es el recomendado por la Agencia EFE, aunque puede recordarse su denominación tradicional castellana entre paréntesis.

- *Azerbaiján → Azerbaiyán

  Desde una transcripción incorrecta, se remite a la transcripción del topónimo recomendada por la Agencia EFE.

Lista de topónimos extranjeros

Aachen → Aquisgrán
Abu Dabi (no **Abu Dhabi*)
*Abu Dhabi → Abu Dabi
Alto Volta → Burkina Faso
Amberes (no *Anvers*, no *Antwerp*)
Angora → Ankara
Ankara (Angora)
Antakya → Antioquía [Turquía]
Antioquia [Colombia] (no **Antioquía*)
*Antioquía [Colombia] → Antioquia
Antioquía [Turquía] (no *Antakya*)
Antwerp → Amberes
Anvers → Amberes
Aomen → Macao
Aquisgrán (no *Aachen*)
Arcila (no *Asilah*)
Asilah → Arcila
Avignon → Aviñón
Aviñón (no *Avignon*)

*Azerbaidzhan → Azerbaiyán
*Azerbaiján → Azerbaiyán
Azerbaiyán (no **Azerbaidzhan*, no **Azerbaiján*)
Bangla → Bengala
Basel → Basilea
Basilea (no *Basel*)
Basora (no *Basra*)
Basra → Basora
Bâton Rouge (no **Batton Rouge*)
Beijing → Pekín
Belarus → Bielorrusia
Belgrado (no *Beograd*)
Benarés (no *Varanasi*)
Bengala (no *Bangla*)
Beograd → Belgrado
Bielorrusia (no *Belarus*)
Bioko (Fernando Poo)
Birmania (no *Myanmar*, no *Burma*)
Bologna → Bolonia
Bolonia (no *Bologna*)
Bombay (no *Mumbay*)
Bordeaux → Burdeos
Botsuana (no **Botswana*)
*Botswana → Botsuana
Bruselas (no *Bruxelles*)
Bruxelles → Bruselas
Burdeos (no *Bordeaux*)
Burkina Faso (Alto Volta)
Burma → Birmania
Cachemira (no *Kashmir*)
Calcuta (no *Kolkata*)
Cali (no **Calí*)
*Calí → Cali
Camboya (no *Kampuchea*)
Cantón (no *Guangzhou*)
Carolina del Norte (no *North Carolina*)
Carolina del Sur (no *South Carolina*)
Cayo Hueso (no *Key West*)
Ceilán (no *Sri Lanka*)
Chad (no **Tchad*)

Chechenia → República Chechén
Checoeslovaquia → Checoslovaquia
Checoslovaquia (no *Checoeslovaquia*)
*Chequia → República Checa
Ciudad de El Cabo → Ciudad del Cabo
Ciudad del Cabo (no *Ciudad El Cabo*, no *Ciudad de El Cabo*)
Ciudad El Cabo → Ciudad del Cabo
Colonia (no *Köln*)
Cusco → Cuzco
Cuzco (no *Cusco*)
Dakota del Norte (no *North Dakota*)
Dakota del Sur (no *South Dakota*)
Danzig (no *Gdansk*) (la *Ortografía* académica prefiere *Dánzig*)
Den Haag → La Haya
*Djibouti → Yibuti
Dresde (no *Dresden*)
Dresden → Dresde
Fernando Poo → Bioko
Fes → Fez
Fez (no *Fes*)
*Fidji → Fiyi
*Fiji → Fiyi
Fiyi (no **Fidji*, no **Fiji*)
Formosa → Taiwán
Fráncfort (no *Frankfurt*)
Frankfurt → Fráncfort
Freiburg → Friburgo
Friburgo (no *Freiburg*)
Gdansk → Danzig (la *Ortografía* académica prefiere *Dánzig*)
Genève → Ginebra
Ginebra (no *Genève*)
*Grosnii → Grozny
*Grosny → Grozny
*Groznij → Grozny
Grozny (no **Grosnii*, no **Grosny*, no **Groznij*)
Guangzhou → Cantón
Guayana holandesa → Surinam
Hawai (no *Hawaii*)
Hawaii → Hawai
Ho Chi Minh (Saigón)

Jartum (no **Khartoum*)
*Jibuti → Yibuti
Kampuchea → Camboya
Kashmir → Cachemira
*Katar → Qatar
Kazajistán (no **Kazakhistán*, no **Kazajstán*)
*Kazajstán → Kazajistán
*Kazakhistán → Kazajistán
Kenia (no **Kenya*)
*Kenya → Kenia
Key West → Cayo Hueso
*Khartoum → Jartum
*Kilimandjaro → Kilimanyaro
Kilimanyaro (no **Kilimandjaro*)
Kolkata → Calcuta
Köln → Colonia
*Koweit → Kuwait
Kuwait (no **Koweit*)
La Goleta (no *La Golette*)
La Golette → La Goleta
La Haya (no *Den Haag*)
La Meca (Makkah)
La Valeta (no *La Valletta*)
La Valletta → La Valeta
*Lesotho → Lesoto
Lesoto (no **Lesotho*)
Liorna (no *Livorno*) (la *Ortografía* académica prefiere *Liorno*)
Livorno → Liorna (la *Ortografía* académica prefiere *Liorno*)
Lorena (no *Lorraine*)
Lorraine → Lorena
Louisiana → Luisiana
Luisiana (no *Louisiana*)
Macao (no *Aomen*, no *Macau*)
Macau → Macao
Machu Picchu (no **Machu Pichu*, no **Machupichu*, no **Machupicchu*)
*Machupicchu → Machu Picchu
*Machu Pichu → Machu Picchu
*Machupichu → Machu Picchu
Magreb (no **Mogreb*)

Maguncia (no *Mainz*)
Mainz ➔ Maguncia
Makkah ➔ La Meca
Malabo (Santa Isabel)
Malaisia ➔ Malasia
Malasia (no *Malaya*, no *Malaysia*, no *Malaisia*)
Malaui (no **Malawi*)
*Malawi ➔ Malaui
Malaya ➔ Malasia
Malaysia ➔ Malasia
Manaos (no *Manaus*)
Manaus ➔ Manaos
Mantova ➔ Mantua
Mantua (no *Mantova*)
*Marrakesh ➔ Marraquech (Marruecos [ciudad])
Marraquech (Marruecos [ciudad]) (no **Marrakesh*)
Marruecos [ciudad] ➔ Marraquech
Méjico ➔ México
México (Méjico)
Milán (no *Milano*)
Milano ➔ Milán
Misisipi o Misisipí (no *Mississippi*)
Mississippi ➔ Misisipi o Misisipí
Missouri ➔ Misuri
Misuri (no *Missouri*)
*Mogreb ➔ Magreb
Moscowa ➔ Moscú
Moscú (no Moscowa)
Mumbay ➔ Bombay
München ➔ Múnich
Múnich (no *München*)
Myanmar ➔ Birmania
Nápoles (no *Napoli*)
Napoli ➔ Nápoles
Newfoundland ➔ Terranova
New Jersey ➔ Nueva Jersey
New Mexico ➔ Nuevo México
New Orleans ➔ Nueva Orleans
New York ➔ Nueva York
North Carolina ➔ Carolina del Norte

North Dakota ➔ Dakota del Norte
Nouakchott ➔ Nuakchot
Nuaakchot (no *Nouakchott*)
Nueva Jersey (no *New Jersey*)
Nueva Orleans (no *New Orleans*)
Nueva York (no *New York*)
Nueva Zelanda (no *Nueva Zelandia*)
Nueva Zelandia ➔ Nueva Zelanda
Nuevo México (no *New Mexico*)
Oajaca ➔ Oaxaca
Oaxaca (Oajaca)
Oregon ➔ Oregón
Oregón (no *Oregon*)
Otawa ➔ Ottawa
Ottawa (no *Otawa*)
*Ouagadougou ➔ Uagadugú
Padova ➔ Padua
Padua (no *Padova*)
Pekín (no *Beijing*)
Pennsylvania ➔ Pensilvania
Pensilvania (no *Pennsylvania*)
Perugia ➔ Perusa
Perusa (no *Perugia*)
Qatar (no **Katar*)
Rangún (no *Yangon*)
Ratisbona (no *Regensburg*)
Regensburg ➔ Ratisbona
República Checa (no **Chequia*)
República Chechén (no *Chechenia*)
Rhin ➔ Rin
Riad (no **Riyad*)
Rin (no **Rhin*)
*Riyad ➔ Riad
Rumania ➔ Rumanía
Rumanía (no *Rumania*)
Sahara ➔ Sáhara
Sáhara (no *Sahara*)
Saigón ➔ *Ho Chi Minh*
Saint John Newfoundland ➔ San Juan de Terranova
San Juan de Terranova (no *Saint John Newfounland*)

Salónica (no *Tesalonique*)
Santa Isabel → Malabo
Sidney [Australia] → Sydney (la *Ortografía* académica prefiere *Sidney*)
Sofia → Sofía
Sofía (no *Sofia*)
South Carolina → Carolina del Sur
South Dakota → Dakota del Sur
Sri Lanka → Ceilán
Surinam (no *Guayana holandesa*)
Sydney (no *Sidney* [Australia]) (la *Ortografía* académica prefiere *Sidney*)
Tahiti → Tahití
Tahití (no *Tahiti*)
Taibei → Taipei
Tailandia (no **Thailandia*)
Taipei (no *Taibei*)
*Taiwan → Taiwán
Taiwán (Formosa) (no **Taiwan*)
Tarablos → Trípoli
*Tchad → Chad
Tejas → Texas
Terranova (Newfoundland)
Tesalonique → Salónica
Tetouan → Tetuán
Tetuán (no *Tetouan*)
Texas (Tejas)
*Thailandia → Tailandia
Tokio (no **Tokyo*)
*Tokyo → Tokio
Torino → Turín
Trípoli (no *Tarablos*)
Tubinga (no *Tubingen*)
Tubingen → Tubinga
Túnez (no *Tunicia*, no *Tunecia*)
Tunecia → Túnez
Tunicia → Túnez
Turín (no *Torino*)
Uagadugú (no **Ouagadougou*)
Ucrania (no **Ukrania*)

*Ukrania → Ucrania
Varanasi → Benarés
Virginia Occidental o Virginia del Oeste (no *West Virginia*)
West Virginia → Virginia Occidental o Virginia del Oeste
Yangon → Rangún
Yibuti (no **Djibouti*, no **Jibuti*)
Yugoeslavia → Yugoslavia
Yugoslavia (no *Yugoeslavia*)
Zimbabue (no **Zimbawe*)
*Zimbawe → Zimbabue

49 5 Los topónimos españoles

Para designar los topónimos de las comunidades españolas bilingües se ha de tener en cuenta lo siguiente:

- Si se escribe un texto en castellano para un ámbito hispanohablante, se usan generalmente los topónimos castellanos. Ejemplos:

  Jijona (no *Xixona*)
  Noya (no *Noia*)

- Si se trata de textos periodísticos o de viajes se recomienda utilizar el topónimo castellano y el topónimo en su lengua original, cuando ambos son oficiales. Ejemplos:

  Alicante o *Alacant*
  Sagunto o *Sagunt*
  Alsasua o *Altsasu*

- Los topónimos de accidentes geográficos locales se escriben generalmente en su lengua original. Ejemplos:

  Cabo de San Jordi, no *Cabo de San Jorge*
  Cabo Matxitxako, no *Cabo Machichaco*
  Serra de la Queixa, no *Sierra de la Queja*

  No obstante, aquellos accidentes geográficos que superan el ámbito de una comunidad (ríos, sistemas montañosos...) se escriben siempre en castellano. Ejemplo:

  Ebro, no *Ebre*

49 6 Algunos topónimos de España

Correspondencia de topónimos oficiales en castellano con los topónimos en lenguas autonómicas y sus nombres oficiales:

CATALUÑA / CATALUNYA

CASTELLANO	CATALÁN	OFICIAL
Barcelona	**Barcelona**	**Barcelona**
Badalona	Badalona	Badalona
Barcelona	Barcelona	Barcelona
Castelldefels	Castelldefels	Castelldefels
Cornellá	Cornellà de Llobregat	Cornellà de Llobregat
Gavá	Gavà	Gavà
Granollers	Granollers	Granollers
Hospitalet	l'Hospitalet de Llobregat	l'Hospitalet de Llobregat
Igualada	Igualada	Igualada
Manresa	Manresa	Manresa
Mataró	Mataró	Mataró
Mollet	Mollet del Vallès	Mollet del Vallès
Prat de Llobregat	el Prat de Llobregat	el Prat de Llobregat
Rubí	Rubí	Rubí
Sabadell	Sabadell	Sabadell
San Adrián de Besós	Sant Adrià de Besòs	Sant Adrià de Besòs
San Cugat del Vallés	Sant Cugat del Vallès	Sant Cugat del Vallès
San Feliú de Llobregat	Sant Feliu de Llobregat	Sant Feliu de Llobregat
San Sadurní de Noya	Sant Sadurní d'Anoia	Sant Sadurní d'Anoia
Santa Coloma de Gramanet	Santa Coloma de Gramenet	Santa Coloma de Gramenet
Sitges	Sitges	Sitges
Tarrasa	Terrassa	Terrasa
Vich	Vic	Vic
Villafranca del Panadés	Vilafranca del Penadès	Vilafranca del Penadés
Villanueva y Geltrú	Vilanova i la Geltrú	Vilanova i la Geltrú
Gerona	**Girona**	**Girona**
Bañolas	Banyoles	Banyoles
Blanes	Blanes	Blanes
Figueras	Figueres	Figueres
Gerona	Girona	Girona
Lloret de Mar	Lloret de Mar	Lloret de Mar
Olot	Olot	Olot
Palafrugell	Palafrugell	Palafrugell
Palamós	Palamós	Palamós
Puigcerdá	Puigcerdà	Puigcerdà
Ripoll	Ripoll	Ripoll
Salt	Salt	Salt
San Feliú de Guixols	Sant Feliu de Guíxols	Sant Feliu de Guíxols
Lérida	**Lleida**	**Lleida**
Balaguer	Balaguer	Balaguer
Lérida	Lleida	Lleida

Mollerusa	Mollerussa	Mollerussa
Seo de Urgel	la Seu d'Urgell	la Seu d'Urgell
Tárrega	Tàrrega	Tàrrega
Tarragona	**Tarragona**	**Tarragona**
Amposta	Amposta	Amposta
Calafell	Calafell	Calafell
Cambrils	Cambrils	Cambrils
Reus	Reus	Reus
Salou	Salou	Salou
San Carlos de la Rápita	Sant Carles de la Ràpita	Sant Carles de la Ràpita
Tarragona	Tarragona	Tarragona
Tortosa	Tortosa	Tortosa
Valls	Valls	Valls
Vendrell	el Vendrell	el Vendrell

COMUNIDAD VALENCIANA / COMUNITAT VALENCIANA

CASTELLANO	VALENCIANO	OFICIAL
Alicante	**Alacant**	**Alicante / Alacant**
Alcoy	Alcoi	Alcoy / Alcoi
Alicante	Alacant	Alicante / Alacant
Almoradí	Almoradí	Almoradí
Altea	Altea	Altea
Aspe	Asp	Aspe
Benidorm	Benidorm	Benidorm
Calpe	Calp	Calpe
Callosa de Segura	Callosa de Segura	Callosa de Segura
Cocentaina	Cocentaina	Cocentaina
Crevillente	Crevillent	Crevillente
Denia	Dénia	Dénia
Elche	Elx	Elche / Elx
Elda	Elda	Elda
Ibi	Ibi	Ibi
Jávea	Xàbia	Jávea / Xàbia
Jijona	Xixona	Jijona / Xixona
Monóvar	Monòver	Monóvar
Novelda	Novelda	Novelda
Orihuela	Oriola	Orihuela
Petrel	Petrer	Petrer
San Juan de Alicante	Sant Joan d'Alacant	San Juan de Alicante
San Vicente de Raspeig	Sant Vicent del Raspeig	San Vicente del Raspeig
Santa Pola	Santa Pola	Santa Pola
Torrevieja	Torrevella	Torrevieja
Villajoyosa	La Vila Joiosa	Villajoyosa / la Vila Joiosa
Villena	Villena	Villena
Castellón de la Plana	**Castelló de la Plana**	**Castellón de la Plana / Castelló de la Plana**
Almazora	Almassora	Almazora / Almassora
Benicarló	Benicarló	Benicarló
Benicasim	Benicàssim	Benicasim / Benicàssim

Burriana	Borriana	Burriana
Castellón de la Plana	Castelló de la Plana	Castellón de la Plana / Castelló de la Plana
Morella	Morella	Morella
Nules	Nules	Nules
Segorbe	Sogorb	Segorbe
Vall de Uxó	la Vall d'Uixó	Vall de Uxó / la Vall d'Uixó
Villarreal	Vila-real	Villarreal / Vila-real
Vinaroz	Vinaròs	Vinaròs
Valencia	**València**	**Valencia**
Alacuás	Alaquàs	Alaquàs
Alboraya	Alboraia	Alboraya
Alcira	Alzira	Alzira
Aldaya	Aldaia	Aldaia
Alfafar	Alfafar	Alfafar
Algemesí	Algemesí	Algemesí
Almusafes	Almussafes	Almussafes
Burjasot	Burjassot	Burjassot
Canals	Canals	Canals
Carcagente	Carcaixent	Carcaixent
Carlet	Carlet	Carlet
Catarroja	Catarroja	Catarroja
Cullera	Cullera	Cullera
Gandía	Gandía	Gandía
Játiva	Xàtiva	Xàtiva
Liria	Llíria	Llíria
Manises	Manises	Manises
Masamagrell	Massamagrell	Massamagrell
Mislata	Mislata	Mislata
Moncada	Montcada	Moncada
Oliva	Oliva	Oliva
Onteniente	Ontinyent	Ontinyent
Paterna	Paterna	Paterna
Requena	Requena	Requena
Sagunto	Sagunt	Sagunto / Sagunt
Silla	Silla	Silla
Sueca	Sueca	Sueca
Tabernes de Valldigna	Tavernes de Valldigna	Tavernes de Valldigna
Torrente	Torrent	Torrent
Utiel	Utiel	Utiel

GALICIA / GALICIA

CASTELLANO	GALLEGO	OFICIAL
La Coruña	**A Coruña**	**A Coruña**
Arteijo	Arteixo	Arteixo
Betanzos	Betanzos	Betanzos
Boiro	Boiro	Boiro
Cambre	Cambre	Cambre

Carballo	Carballo	Carballo
Ferrol	Ferrol	Ferrol
La Coruña	A Coruña	A Coruña
Muros	Muros	Muros
Noya	Noia	Noia
Órdenes	Ordes	Ordes
Ortigueira	Ortigueira	Ortigueira
Outes	Outes	Outes
Padrón	Padrón	Padrón
Puentes de García	As Pontes de García Rodríguez	As Pontes
Puerto del Son	Porto do Son	Porto do Son
Rianjo	Rianxo	Rianxo
Santa Comba	Santa Comba	Santa Comba
Santiago de Compostela	Santiago de Compostela	Santiago de Compostela
Lugo	**Lugo**	**Lugo**
Cervo	Cervo	Cervo
Chantada	Chantada	Chantada
Lugo	Lugo	Lugo
Monforte de Lemos	Monforte de Lemos	Monforte de Lemos
Ribadeo	Ribadeo	Ribadeo
Sarria	Sarria	Sarria
Villalba	Vilalba	Vilalba
Vivero	Viveiro	Viveiro
Orense	**Ourense**	**Ourense**
El Barco de Valdeorras	O Barco de Valdeorras	O Barco de Valdeorras
Carballino	O Carballiño	O Carballiño
Ginzo de Limia	Xinzo de Limia	Xinzo de Limia
Orense	Ourense	Ourense
Ribadavia	Ribadavia	Ribadavia
Verín	Verín	Verín
Viana del Bollo	Viana do Bolo	Viana do Bolo
Pontevedra	**Pontevedra**	**Pontevedra**
Bueu	Bueu	Bueu
Cambados	Cambados	Cambados
Cangas de Morrazo	Cangas de Morrazo	Cangas de Morrazo
El Grove	O Grove	O Grove
La Guardia	A Guarda	A Guarda
Lalín	Lalín	Lalín
Marín	Marín	Marín
Moaña	Moaña	Moaña
Nigrán	Nigrán	Nigrán
Pontevedra	Pontevedra	Pontevedra
Porriño	O Porriño	O Porriño
Puenteareas	Ponteareas	Ponteareas
Redondela	Redondela	Redondela
Sangenjo	Sanxenxo	Sanxenxo
Vigo	Vigo	Vigo
Villargarcía de Arosa	Vilagarcía de Arousa	Vilagarcía de Arousa

ISLAS BALEARES / ILLES BALEARS

CASTELLANO	CATALÁN	OFICIAL
Alcudia	Alcúdia	Alcúdia
Calviá	Calvià	Calvià
Ciudadela de Menorca	Ciutadella de Menorca	Ciutadella de Menorca
Felanitx	Felanitx	Felanitx
Ibiza	Eivissa	Eivissa
Inca	Inca	Inca
La Puebla	sa Pobla	sa Pobla
Lluchmayor	Llucmajor	Llucmajor
Mahón	Maó	Maó
Manacor	Manacor	Manacor
Palma	Palma	Palma
Pollensa	Pollença	Pollença
Santa Eulalia del Río	Santa Eulària des Riu	Santa Eulària des Riu
Sóller	Sóller	Sóller
Valldemosa	Valldemossa	Valldemossa

NAVARRA / NAFARROA

CASTELLANO	EUSKERA	OFICIAL
Alsasua	Altsasu	Alsasua / Altsasu
Burlada	Burlata	Burlada
Cintruénigo	Cintruénigo	Cintruénigo
Corella	Corella	Corella
Estella	Lizarra	Estella / Lizarra
Olite	Erriberri	Olite
Pamplona	Iruñea	Pamplona / Iruña
Sangüesa	Zangoza	Sangüesa
Tafalla	Tafalla	Tafalla
Tudela	Tutera	Tudela
Vera de Bidasoa	Bera	Vera de Bidasoa / Bera
Villava	Atarrabia	Villava / Atarrabia

PAÍS VASCO / EUSKADI

CASTELLANO	EUSKERA	OFICIAL
Álava	**Araba**	**Álava-Araba**
Amurrio	Amurrio	Amurrio
Llodio	Laudio	Llodio
Salvatierra	Agurain	Salvatierra / Agurain
Vitoria	Gasteiz	Vitoria-Gasteiz[1]
Guipúzcoa	**Gipuzkoa**	**Gipuzkoa**
Andoain	Andoain	Andoain
Azcoitia	Azkoitia	Azkoitia

[1] El guión indica que el nombre oficial es todo ello.

Azpeitia	Azpeitia	Azpeitia
Beasain	Beasain	Beasain
Éibar	Eibar	Eibar
Elgoibar	Elgoibar	Elgoibar
Fuenterrabía	Hondarribia	Hondarribia
Hernani	Hernani	Hernani
Irún	Irun	Irun
Lasarte	Lasarte-Oria	Lasarte / Oria
Mondragón	Arrasate	Arrasate / Mondragón
Pasajes	Pasaia	Pasaia
Rentería	Errenteria	Errentería
San Sebastián	Donostia	Donostia-San Sebastián[1]
Tolosa	Tolosa	Tolosa
Vergara	Bergara	Bergara
Zarauz	Zarautz	Zarautz
Zumárraga	Zumarraga	Zumarraga
Vizcaya	**Bizkaia**	**Bizkaia**
Baracaldo	Barakaldo	Barakaldo
Bilbao	Bilbo	Bilbao
Durango	Durango	Durango
Guecho	Getxo	Getxo
Guernica	Gernika-Lumo	Gernika-Lumo[1]
Lejona	Leioa	Leioa
Munguía	Mungia	Mungia
Ondárroa	Ondarroa	Ondarroa
Portugalete	Portugalete	Portugalete
Santurce	Santurtzi	Santurtzi
Sestao	Sestao	Sestao

PRINCIPADO DE ASTURIAS

CASTELLANO	BABLE	OFICIAL
Aller	Ayer	Aller
Cangas de Onís	Cangues d'Onís	Cangas de Onís
Gijón	Xixón	Gijón
Grado	Grau	Grado
Langreo	Llangréu	Langreo
Llanes	Llanes	Llanes
Luarca	Lluarca	Luarca
Mieres	Mieres	Mieres
Pravia	Pravia	Pravia
Ribadesella	Ribesella	Ribadesella
Tineo	Tinéu	Tineo
Villaviciosa	Villaviciosa	Villaviciosa

[1] El guión indica que el nombre oficial es todo ello.

Ejercicios

Ortografía de las abreviaturas

1 **Escribe dos formas posibles de femenino de las siguientes abreviaturas.**

- Sr.: ....
- Dr. : ....

2 **Indica el plural de las abreviaturas que aparecen a continuación.**

- C.A. (comunidad autónoma): ....
- F.C. (ferrocarril): ....
- p. (página): ....
- vol. (volumen): ....
- s. (siguiente): ....
- Dr. (doctor): ....
- af.^{mo} (afectísimo): ....

3 **Indica qué formas de las siguientes son abreviaturas, cuáles son siglas y cuáles son símbolos.**

- Avda.: ....
- kg: ....
- min: ....
- c/c: ....
- pto.: ....
- pág.: ....
- AA. VV.: ....
- V.° B.°: ....
- S.P.: ....
- párr.: ....
- ITV: ....
- OTAN: ....
- n.°: ....
- ESO: ....

4 **¿Cómo se leen las formas *tfno.*, *p.e.* y *gta.*?**

....

Ortografía de los numerales

5 **Escribe con letra los números que aparecen en las oraciones siguientes.**

- Juan ha cumplido 18 años el mes pasado.

....

- Han participado 331 personas en la carrera.

....

- Mi hermana gana 275 000 pesetas al mes.

....

SOLUCIONARIO

1. *Sra.*, *Sr.ª*; *Dra.*, *Dtora.* **2.** *CC. AA.*, *FF. CC.*, *pp.*, *vols.*, *ss.*, *Dres.*, af.^{mos}. **3.** abreviaturas: *Avda.*, *c/c*, *pto.*, *pág.*, *AA. VV.*, *V.° B.°*, *S.P.*, *párr.*, *n.°*; siglas: *ITV*, *OTAN*, *ESO*; símbolos: *kg*, *min*. **4.** tfno. [*teléfono*]; p.e. [*por ejemplo*]; gta. [*glorieta*]. **5.** Juan ha cumplido *dieciocho* años el mes pasado. Han participado *trescientas treinta y una* personas en la carrera. Mi hermana gana *doscientas setenta y cinco mil* pesetas al mes.

Ejercicios

6 **Transforma las siguientes oraciones escribiendo con letra los ordinales correspondientes.**

- Quedé el 11 en la carrera.

  ....

- Soy el 21 de la lista de espera.

  ....

7 **¿Por qué no es correcta la oración **Soy el doceavo presidente de la comunidad de vecinos de este inmueble*?**

....

Ortografía de los topónimos

8 **Según las recomendaciones de la Agencia EFE que aparecen en la unidad de los topónimos, elige el topónimo más adecuado en cada caso.**

- El campeonato tuvo lugar en Tokio / Tokío / Tokyo: ....
- Visité Rumanía / Rumania en el viaje fin de carrera: ....
- Queremos atravesar con camiones el desierto del Sáhara / Sahara: ....
- Estuvimos cerca de la ciudad de Ginebra / Genève cuando esquiamos en Avoriaz: ....
- Este verano pasaremos por Fráncfort / Frankfurt cuando tomemos la autopista en dirección a Viena: ....
- Ese jugador va a ser convocado próximamente por la selección de Yugoeslavia / Yugoslavia: ....
- Nunca debimos dejar el Mississippi / Misisipi: ....

9 **Escoge la forma verbal adecuada en las siguientes oraciones.**

- Estados Unidos no (han votado / ha votado) .... el acuerdo sobre vertidos tóxicos a la atmósfera.
- Los EE. UU. (obtuvieron / obtuvo) .... nueve medallas en los últimos Juegos de Invierno.
- Los Países Bajos (no votaron / no votó) .... la propuesta española de prohibición de las redes de deriva.

SOLUCIONARIO

6. Quedé el *undécimo* en la carrera. Soy el *vigésimo primero* de la lista de espera. **7.** *Porque no se debe utilizar el fraccionario o partitivo* (doceavo), *sino el ordinal* (duodécimo). **8.** El campeonato tuvo lugar en *Tokio*. Visité *Rumanía* en el viaje fin de carrera. Queremos atravesar con camiones el desierto del *Sáhara*. Estuvimos cerca de la ciudad de *Ginebra* cuando esquiamos en Avoriaz. Este verano pasaremos por *Fráncfort* cuando tomemos la autopista en dirección a Viena. Ese jugador va a ser convocado próximamente por la selección de *Yugoslavia*. Nunca debimos dejar el *Misisipi*. **9.** Estados Unidos no *ha votado* el acuerdo sobre vertidos tóxicos a la atmósfera. Los EE. UU. *obtuvieron* nueve medallas en los últimos Juegos de Invierno. Los Países Bajos *no votaron* la propuesta española de prohibición de las redes de deriva.

Bibliografía

Bibliografía

AGENCIA EFE (1995): *Manual de español urgente*, Madrid, Cátedra (11.ª ed.).

— (1995): *Vademécum del español urgente* (Vol. I), Madrid, Agencia EFE (2.ª ed.).

— (1996): *Vademécum del español urgente* (Vol. II), Madrid, Agencia EFE.

ALVAR EZQUERRA, M., y MEDINA GUERRA, Antonia M.ª (1995): *Manual de ortografía de la lengua española,* Barcelona, Vox.

BENITO LOBO, José Antonio (1992): *Manual práctico de puntuación*, Madrid, Edinumen.

— (1992): *La puntuación: usos y funciones*, Madrid, Edinumen.

BERNARDO WOLF, Kurt (dir.) (1986): *Manual de lenguaje y tipografía científica en castellano*, México, Trillas S.A.

DÍEZ RODRÍGUEZ DE ALBORNOZ, Raquel (1998): *Vademécum del castellano usual,* Santa Fe, El Litoral.

GÓMEZ TORREGO, Leonardo (1997): *Gramática didáctica del español,* Madrid, Ediciones SM.

— (2000): *Manual de español correcto* (2 vols.), Madrid, Arco/Libros (10.ª ed.)

HERNÁNDEZ, Humberto, (1998): «En defensa de la ortología (hacia una fonética normativa del español actual)», en *Español Actual*, Madrid, núm. 70, págs. 37-55.

MALDONADO GONZÁLEZ, Concepción (dir.) (1996): *CLAVE. Diccionario de uso del español actual,* Madrid, Ediciones SM.

MARTÍNEZ DE SOUSA, José (1984): *Diccionario internacional de siglas y acrónimos*, Madrid, Pirámide.

— (1992): *Diccionario de usos y dudas del español actual,* Barcelona, Biblografía (2.ª ed.).

— (1995): *Diccionario de ortografía*, Madrid, Paraninfo.

— (1995): *Diccionario de tipografía y del libro*, Madrid, Paraninfo.

— (1999): *Diccionario de ortografía técnica,* Madrid, Fundación Germán Sánchez Ruipérez.

— (2000): *Manual de estilo de la lengua española*, Gijón, Ediciones Trea., S.L.

MOLINER, María (1998): *Diccionario de uso del español*, Madrid, Gredos (2.ª ed.).

MORENO DE ALBA, José (1992): *Minucias del lenguaje*, México, Fondo de Cultura Económica.

MURCIA GRAU, Miguel (1998): *Diccionario de abreviaturas, siglas y acrónimos*, Barcelona, Península.

OLSEN DE SERRANO REDONNET, M.ª Luisa, y ZORRILLA DE RODRÍGUEZ, Alicia M.ª (1996): *Diccionario de los usos correctos del español,* Buenos Aires, Estrada.

PALACIOS FERNÁNDEZ, Emilio (dir.) (1993): *Prontuario de ortografía práctica con dos apéndices sobre gramática y tipografía para autores*, Madrid, Del Olmo Editor.

POLO, José (1974): *Ortografía y ciencia del lenguaje*, Madrid, Paraninfo.

REAL ACADEMIA ESPAÑOLA (1992): *Diccionario de la lengua española*, Madrid, Espasa Calpe.

— (1999): *Ortografía de la lengua española*, Madrid, Espasa Calpe.

SECO, Manuel (1989): *Diccionario de dudas y dificultades de la lengua española,* Madrid, Espasa Calpe (9.ª ed.)

SECO, Manuel; ANDRÉS, Olimpia, y RAMOS, Gabino (1999): *Diccionario del español actual*, Madrid, Aguilar.

Índice analítico

Índice analítico